北京物资学院学术专著出版资助基金项目

2022 年度校级青年科研基金 （项目号：2022XJQN41）

译介·变异·想象：
媒介环境学在中国的理论旅行

Translation Variation Perspective :
The Travelling Theory of Media Ecology in China

朱豆豆　著

首都经济贸易大学出版社
Capital University of Economics and Business Press
·北京·

图书在版编目(CIP)数据

译介·变异·想象:媒介环境学在中国的理论旅行/朱豆豆
著. --北京:首都经济贸易大学出版社,2023.12
ISBN 978-7-5638-3572-0

Ⅰ.①译… Ⅱ.①朱… Ⅲ.①传播媒介—环境学—研究—
中国 Ⅳ.①G219.2

中国国家版本馆 CIP 数据核字(2023)第 156386 号

译介·变异·想象:媒介环境学在中国的理论旅行
YIJIE BIANYI XIANGXIANG:MEIJIE HUANJINGXUE
ZAI ZHONGGUO DE LILUN LÜXING
朱豆豆 著

责任编辑	胡 兰
封面设计	风得信·阿东 FondesyDesign
出版发行	首都经济贸易大学出版社
地 址	北京市朝阳区红庙(邮编 100026)
电 话	(010)65976483 65065761 65071505(传真)
网 址	http://www.sjmcb.com
E-mail	publish@cueb.edu.cn
经 销	全国新华书店
照 排	北京砚祥志远激光照排技术有限公司
印 刷	北京建宏印刷有限公司
成品尺寸	170 毫米×240 毫米 1/16
字 数	314 千字
印 张	18
版 次	2023 年 12 月第 1 版 2023 年 12 月第 1 次印刷
书 号	ISBN 978-7-5638-3572-0
定 价	65.00 元

前　言

2020 年是多事之秋,在新冠疫情席卷全球的同时,文化研究领域泰斗吉尔特·霍夫斯泰德(Geert Hofstede)于 2020 年 2 月 12 日不幸与世长辞。霍夫斯泰德的研究使文化学者意识到,在研究中,必须考虑到研究对象所处的语境。他在 1980 年曾抛出一个经典的问题:"美国的理论是否适用于别的国家?"①在他之前,跨文化传播学先驱斯图亚特·霍尔(Stuart Hall)就曾提出过"传播即文化,文化即传播"②的命题,强调文化情境的差异会影响人与人之间的沟通,而了解一种文化是如何传播的,可以帮助个人在众多文化的差异和共性中找到自己的身份,从而有效避免误解或无知导致的隔离、分裂甚至战争。而著名文化批评学家爱德华·W. 萨义德(Edward W. Said)将研究对象规设到理论角度,并将视域拓展至社会文化及历史语境层面,因此,跨文化传播研究也被赋予了除文化之外的对社会环境、时代背景等因素的考量。萨义德在 1982 年的季刊《拉里坦》(Raritan)中提出"理论旅行"(travelling theory)的概念,也译为"旅行的理论",强调理论是对特定社会文化及历史情境的回应。

对于霍夫斯泰德提出的"美国的理论是否适用于别的国家"这个问题,现在看来仍然值得探讨。可以说,任何一种理论跨文化、语言、语境传播到异质文明语境中,理论原初的力量及意义都会在一定程度上被误读、重构或流失,从而为接受国所用。这种重构必然在接受国自身的学术规则及历史语境基础上进行,亦即理论的"他国化"。从国家及本土实践层面看,无论是理论"走出去"以上达国家政策的特殊作用,还是"引进来"以走向中国的本土实践,研究外来理论如何适应本土语境,促进理论的超越以至于达到"回传"对原理论产生影响,对理论进行阶段性反思必不可少。

且将讨论对象置于传播学理论上来。作为引进学科,由北美学者建构的传播学理论是否适用于中国的本土语境? 诞生于西方语境的理论是如何在异质

---

① HOFSTEDE G. Motivation, leadership and organization: do American theories apply abroad? [J]. Organizational dynamics,1980, 9(1):42-63.

② HALL E T. Beyond culture[M]. Garden City, N. Y. : Anchor Press, 1976.

文明语境中旅行的？这些西方理论是否真的适合用来阐释、解读中国语境下的传播现象？我国学者在面对西方理论时，是在有意识地推动理论发展，还是不自觉地停留在盲目追随权威、反刍别人思想的层面？这些问题都值得深入思索。

让我们再把研究对象具体化。传播学三大学派之一——媒介环境学（Media Ecology），起源于加拿大，发展于美国，其理论影响力已越出国界，在包括中国的很多国家发挥着重要影响。由何道宽翻译的媒介环境学派系列译著，相较于其他学派而言，已相当完善且具有一定的系统性。然而，正如刘海龙所言，媒介环境学派"旅行"至中国后，在看似经典的历史叙述之外，也存在着许多被遗漏的声音。作为传播学三大学派之一，媒介环境学的一些概念、术语、理论在不同国别语境下的发展与应用，也在不同程度上拓展和挑战着原初理论。

在中国，媒介环境学一向被看作新闻传播学领域的理论。然而，媒介环境学关注的范围涉及文化、哲学、美学、教育、历史、社会等不同学科，也是人文领域的一部分。作为舶来品，中国传播学研究的萌芽与发展一直深受西方影响，且"中国的传播学研究与西方不同，主要在新闻学术场域中进行"①。因此，西方传播学理论在融入中国语境时势必会根据在地语境需求和社会环境的变化做出适应性改变。中国新闻传播学领域的治学者也因此始终保留反思的传统来审视理论的应用困境或发展瓶颈。其中，理论如何跨文化旅行亦成为中国新闻传播学研究中关注的重要部分。

媒介环境学的研究不能仅仅置于新闻传播学领域来进行，而要放到人文领域的大框架内。国内对北美媒介环境学的研究中，反思相关理论如何旅行的研究相对较少，媒介环境学旅行至中国的过程中呈现了怎样的接受过程，产生了哪些断裂和遗失，发生了何种变异和转型，均被长期搁置和回避，部分问题至今模糊，有待学界进一步发掘。围绕这些问题，本书着眼于北美媒介环境学在中国的发展理路，依据萨义德"理论旅行"论的"四步骤"、"制度化"与"批判意识"等相关概念，结合布鲁姆的"误读"及知识社会学等相关理论，采用文献计量学、访谈等研究方法对媒介环境学在中国的学术旅行展开分析。

本书绪论部分介绍本书的研究缘起、主要理论借鉴、研究意义及研究思路等相关背景。正文部分主要围绕省思和展望两条主线展开。第二、三、四章阐释了媒介环境学在中国的接受、移植过程和国内学者围绕媒介环境学派产生的论争及对论争的省思，即从媒介环境学派在中国的纵深发展、横向移植及"驯

---

① 刘海龙. 重访灰色地带：传播研究史的书写与记忆[M]. 北京：北京大学出版社，2016：128.

化"的具体过程探讨其跨时空、跨地域的动态演变过程;第五章借鉴中西媒介研究领航人的各方观点,审视了媒介环境学派的理论局限,并从微观、中观及宏观多维度探索其在数字媒介时代的可能性突破;第六章探索媒介环境学在中国的学术想象力建构等相关问题。

纵观全书可以发现,本书至少包含以下内容及研究价值:

第一,深入历史语境,明晰了媒介环境学派在中国的引介和接受历程,即梳理出媒介环境学研究在中国被边缘化、被误读以及澄清"误读"的知识生产过程,并分析了当下媒介研究的欧洲转向及关于传播"物质性"的研究动态。本书在媒介环境学理路繁多、思想纷乱的中文文本中厘清了知识演进的具体脉络,有助于更好地把握媒介环境学在当下的研究趋势和方向。

第二,通过寻根溯源,探索了中国媒介环境学研究产生断裂或遗失的学术脉络。汉语世界的媒介环境学在经典主流历史叙述之外,存在着许多被疏漏和遗忘的声音。本书试图重新追溯"失踪"的经典,如古典学者哈弗洛克的"口语—文字"观及记忆理论,麦克卢汉的"全球剧场""全球膜""媒介教育"等观点,在一定程度上可以加深且拓展国内学者对媒介环境学的整体理解。

第三,省思了媒介环境学派在中国语境中的融合和变异等问题。在学科层面,媒介环境学派的学科属性根据外部学术环境的变化发生了从后现代思潮下的边界"内爆"到收编于新闻传播学领域的转变;在应用层面,以"传播的仪式观""传播的偏向"等理论为例,媒介环境学派基于宏观、批判的理论视野和取向在解读微观实践时往往会被实体化为中性的分析工具。为防止理论变为种种温吞的学术产物,本书提出应诉诸一种"空间感",以保持对理论应用困境的警醒。

第四,从译介学和符号学等角度研究了媒介环境学派起点的明晰、概念的廓清、生存空间的明确、研究方法的正视等过程,审视了媒介环境学派在中国发展过程中所遇到的阻力,呈现出理论得以建构并在新的空间中流动、丰实、转换的过程,并思考媒介环境学派涉及的理论本土化、"泛隐喻论"、学术话语霸权、思辨研究等关键性问题。

第五,多维度分析媒介环境学派的理论局限及在数字媒介时代的可能性突破。主要以"学术期刊与微信公众号的媒介融合"、"从口语日志到视频日志(Vlog)、图片日志(Plog)"及"离身"传播与社会原子化现象等话题为例进行解读。

第六,主张从知识社会学视角提高媒介环境学派的学术想象力。分别从拓宽知识视野、探索学科边界、观照实践前沿、打捞"遗失的经典"等方面，对媒介环境学在中国发展的未来面向加以分析。

最后在借鉴诸多中西方媒介研究领航人观点的基础上，提出未来的媒介环境学研究应打破传统的将"媒介作为环境"的单一研究视野，发展媒介环境学的哲学观、"媒介即中介"等多种面向的学术脉络，以促进媒介环境学派在未来媒介实践前沿中的应用性。同时，从译者的选择性转译、学科及时代语境层面反思了在学术交流日益频繁的当下，这些"遗失的经典"始终未能进入国人视野的原因。重返经典以探另类新知，倡导立足本国国情，遵循本国文化发展规律，最终突破中西方研究取向差异的藩篱，建立一个更加完善的基于本土语境的媒介环境学，这或许是本书的最终研究取向。

一项学术研究成果，最重要的价值之一在于它能否提出新的问题、带来新的研究思路、拓展更多研究视野。从视野及创新上来看，本书致力于发掘媒介环境学派在"引进来"过程中的误读、冲突与"遗失的经典"，探究"走出去"过程中的阻力与融合困境，着力于从翻译、传播、应用等层面来开掘媒介环境学派本土化的创新之路，以拓展国人研究的新视野，甚至为国际传播研究提供中国方案。因此，本书对在国际视野中思考中国问题的相关议题具有一定的借鉴意义。本书强调媒介环境学派在中国的本土化问题，对解决我国从传统大众传播到社交网络传播过程中出现的新问题、新现象提供了思路。换言之，本书既对传播学研究如何更好融入国际体系提供了理论支撑，也对当下现实问题的解决有所助益，具有长远社会价值。

当然，这并非意味着本书在以上方面做得尽善尽美。由于本书主要将研究内容局限在新闻传播学领域，对旅行至其他学科领域的相关研究关注较少，因此研究的广度也需要进一步拓宽。同时，个别地方论证也较为简略，某些观点还有待继续推敲。

本书源于笔者2021年完成的博士论文，当时得到了论文评阅人和答辩委员的诸多好评，他们也提出了很多建议。笔者并不想原封不动地将论文出版，而是想利用各种机会不断修改完善，并试图寻找新的叙述角度和材料来对原论文的不同层面进行深耕。但无奈时间和精力有限，研究水平离笔者的期望值还存在很大的差距，但笔者相信，这本书基于北美视野且立足于国内现实，当中的很多观点应该可以为新闻传播专业的研究者和学生，或从事翻译、文学、哲学研究的专业人士，乃至一般读者带来一丝启发。毕竟，媒介是现代世界的镜像，我们需要理解媒介，因为每个人都置身其中。

目　录

上篇　译介

中篇　变异

下篇　想象

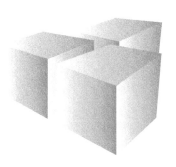

第一章
绪　论

第一节 研究缘起

中国政府 2000 年提出的文化"走出去"战略及 2004 年再次提出的中国传媒"走出去"战略,预示着我国"走出去""引进来"的双向开放走向纵深发展。党的十七大报告指出:"加强对外文化交流,吸收各国优秀文明成果,增强中华文化国际影响力。"① 党的十九大报告也明确提出:"加强中外人文交流,以我为主,兼收并蓄。"② 党的二十大报告指出:"要尊重世界文明多样性,以文明交流超越文明隔阂、文明互鉴超越文明冲突、文明共存超越文明优越,共同应对各种全球性挑战。"③ 类似指导性文字出现在我国各种纲领性文件中。这一方面凸显了跨文化传播在我国的重要性,另一方面也急需我国学者在该领域做出更有深度的研究。就本国的语言、新闻、信息、作品等关涉各个层面的文化交流活动而言,如何被异质文明语境所接受,这本身就包含着跨文化传播的过程。跨文化传播研究关系到在解构中如何建构新的世界秩序,新形势下如何使"引进来"的文化更好地适应本土语境,这是探索文化"引进来"之后如何"走出去"的必经之路。面对当前国际传播空间的博弈日盛,我国在这方面的研究似乎正穿越历史,走到了一个学术发展和实践导向的重要节点。

作为一门舶来学科,中国的传播学本身就包含了跨文化传播。回望中国的传播学研究,若以斯迈思 1971 年访华为起点,现在已接近知天命之年;若以 1977 年施拉姆访问香港中文大学为开端,现在也已过不惑之年。1978 年,郑北渭译述的华伦·K. 艾吉的《公众传播工具概论》与《美国资产阶级新闻学:公众传播》二文正式发表于《外国新闻事业资料》,自此,传播学终于正式进入了中国。④ 时至 2021 年,无论是研究领域和人才培养,还是理论创生或对现实的观照,国内传播学的发展俨然有了很大的进步,新闻学研究似乎也在传播学的影响下变得更具学理性。

---

① 胡锦涛在党的十七次全国代表大会上作报告(摘要)[R/OL].(2007-10-15)[2021-11-12]. http://www.gov.cn/ldhd/2007-10/15/content_776431.htm.

② 习近平:决胜全面建成小康社会 夺取新时代中国特色社会主义伟大胜利——在中国共产党第十九次全国代表大会上的报告 [R/OL].(2017-10-27)[2021-11-12]. http://www.gov.cn/zhuanti/2017-10/27/content_5234876.htm.

③ 胸怀天下 互通互鉴促进共同发展 [N]. 光明日报,2023-03-07(09).

④ 王怡红,胡翼青.中国传播学30年 [M].北京:中国大百科全书出版社,2010:5.

在笔者与传播学及跨文化研究近距离接触的几年间，对其发展现状产生了一些困惑，这些困惑来源于笔者对自身学术研究的反思，也来源于一次次的扪心自问：国内新闻传播学长期被西方"普遍"/中国"特殊"这一二元对立框架所羁绊，那么，诞生于西方语境的理论，是否真的适合用来阐释、解读中国语境下的新闻与传播现象？我国新闻传播学学者在面对西方理论时，是在有意识地推动理论发展，还是不自觉地停留在盲目追随权威，反刍别人思想的层面？以潘忠党提出的宏观目标来加以审视，即新闻传播学经过几十年的发展，是否"为人类知识体系提供了有启蒙意义的东西"①？这就要求我们对西方理论如何被引入、传播、吸收，结合本土精神进行理论创生等过程来加以审视，以检视自身新闻传播学研究发展的不足。理论的跨文化传播研究的重要性日益凸显。

诚然，对新闻传播学研究进行阶段反思并非新鲜话题，但却是国内新闻传播学者必须面对的问题。特别是在"历史唯物主义普世主义"或"左翼普世主义"框架内②，我们需要分析西方理论和国内传播实践之间的鸿沟，也需要讨论在具体历史条件下西方理论在我国的引介、吸收及变异的过程。这些思考对检视自身的不足及更好地进行理论创生，甚至对发展出具有中国特色的理论域而言，都是必要且必需的。

然而，以笔者目前的研究视野及知识积累，恐怕不足以站在整个新闻传播学领域的高度去俯瞰这些问题。力所能及的是对某一理论或学派的跨文化发展进行梳理与反思，探讨其在汉语世界的引介、接受、融合及变异等具体过程。

本书探讨的理论，是日渐成为新闻传播学领域主要理论来源的媒介环境学。之所以选择该理论，主要原因有三方面：首先是个人兴趣使然。因笔者攻读硕士学位期间的研究兴趣是跨文化传播，博士阶段则主要专注于国外媒介理论，出于长久以来对媒介环境学研究的兴趣，在近几年的学习中，笔者一直对该理论有所关注，因此该选题能较好地将自身兴趣与专长相结合。其次是媒介环境学作为本土新闻传播学研究的重要理论资源，呈现了日渐强劲的生命力。诸多北美媒介环境学学者的观点如"延伸论"、"媒介偏向论"及"传播的仪式观"等理论精华，在技术变革突飞猛进的当下，其生命力显得尤

---

① 潘忠党. 反思、思维的独立和研究真问题 [J]. 新闻大学，2008（2）：30-33.
② 赵月枝. 否定之否定？从中外传播学术交流史上的3S说起 [J]. 国际新闻界，2019（8）：6-37.

为旺盛。因此，对该学派的探索无疑会对我国未来不同的研究面向起到积极的引导作用。最后，该学派在中国的引入、传播及应用过程中因适应性问题产生了诸多论争，因此反思该学派理论在国内的旅行将会对传播学本土化研究具有较强的启发作用。在引介的过程中，北美媒介环境学恰恰与中国文化环境下发展的媒介生态学产生了强烈的碰撞与交融，众多学者隔空进行了富有洞见性的对话，了解众多学者产生了哪些论争、这些论争产生的原因为何、论争是否得以解决以及如何解决显得极为必要，对论争的梳理及反思有利于审视媒介环境学被"规训"的动态过程，这种反思无疑会对未来更加科学化、建设性的传播学引进和研究树立典范。

媒介是现代世界的镜像，我们需要理解媒介，因为每个人都置身其中。作为一种旅行而至的学说或理论，媒介环境学仿佛理论旅行者，在中国新闻传播学界已行走多时。笔者认为，是时候沉下心来对媒介环境学在国内的研究做一番梳理和理论反思了。在这段理论旅行过程中，媒介环境学作为国内新闻传播学相关研究领域的理论支撑，在阐释国内传媒实践、变革等过程中产生了重要影响。就理论本身而言，有学者基于媒介环境学的诞生土壤发问：诞生于西方发达环境的媒介环境学如何以普世的面貌应用于发达社会之外？世界范围的媒介环境学理论应该向何处发展？[①] 学者虽未给出答案，但这些问题的关注重点与本研究似乎不谋而合。从理论缘起到学术继承，从精确描摹理论到理论建构，基于中国语境的媒介环境学研究如何适应来自域外的媒介环境学？当中承继了哪些学术传统，又经历了何种变异？对这些问题的思考是本研究的最初原动力。

本书试图探究理论旅行视域下媒介环境学在特定的中国情境中的接受、变异和形塑过程以及未来面向，无疑可以为媒介环境学的普适应用性提供一定的思考价值。有必要指出的是，由于媒介环境学包含了诸多学者的观点，本研究多将媒介环境学视为一种学术共同体来研究，在具体探讨时往往以具有共性的个别代表性理论为分析对象，以期达到以点带面的效果。

---

① 单波，王冰．西方媒介生态理论的发展及其理论价值与问题 [J]．新闻与传播研究，2006 (3)：2-13，93．

第二节 主要理论借鉴及篇章结构

一、理论旅行

(一) 何谓 "理论旅行"?

"理论旅行" (travelling theory, 也译为 "旅行的理论") 由著名的文化批评学家爱德华·W. 萨义德于 1982 年在《拉里坦》季刊发表的文章《理论旅行》中首次提出, 该文后于 1983 年收录于其颇具影响力的论文集《世界、文本和批评家》中。他在开篇即提出:"各种观念及理论正如人们和批评学派一样, 也会在人与人、情境与情境, 以及时代与时代之间旅行。文化和精神生活通常由观念流通所滋养, 也由此得到维系。"① 萨义德提出了观念和理论从一个时空到另一个时空的挪用和移植问题, 主要关注乔治·卢卡奇 (Georg Lukács) 的物化理论 (theory of reification), 萨义德认为卢西恩·古德曼 (Lucien Goldmann) 和雷蒙德·威廉姆斯 (Raymond Williams) 在后来对物化概念的表述中, 理论最初的力量已经被逐渐驯化和制度化。

1994 年, 萨义德又发表了《理论旅行再思考》。为重新强调卢卡奇理念中的革命性力量, 萨义德部分修正了语境的变化会导致理论力量 "被降格、被减弱" 的说法。② 在分析卢卡奇理念对法兰克福代表人物西奥多·阿多诺 (Theodor Adorno) 和后殖民批评先驱弗兰茨·法侬 (Frantz Fanon) 的启迪之后, 萨义德否定了语境的变异会引起理论的退化现象 (degradation), 而是指出特定理论在新的社会情境中会 "获得重生的契机"。萨义德称之为 "理论越界" (transgressive theory)③。同时, 萨义德不再单纯地陈述理论旅行的事实, 而是从中寻找理论旅行的可能性和原初理论在跨越时空的过程中发生了何种改变及为何发生了这种改变。

萨义德的 "理论旅行" 自提出之日起就在人文社科领域引起了强烈反响,

---

① Traveling theory [M] //SAID E W. The world, the text, and the critic. Cambridge, Mass.: Harvard University Press, 1983: 226.

② SAID E W. Reflections on exile and other literary and cultural essays [M]. London: Granta Books, 2000.

③ Traveling theory reconsidered [M] //SAID E W. Reflections on exile and other literary and cultural essays. Cambridge, Mass.: Harvard University Press, 2002: 436-452.

并迅速成为人文领域考察理论跨时空旅行的重要理论视角。① 该理论进入中国后，引起了国内学者的广泛关注。在一些对该理论本身的研究、阐释的启发下，不少文学理论研究者对西方文学理论在中国的引入和传播展开了一系列研究。

就理论本身而言，不同学者对之进行了不同的阐释。"跨语际实践"论的提出者刘禾认为，萨义德的"理论旅行"是为了探讨理论或观念在不同时空中的演变过程，强调在国际环境中不同文化、语言对理论的影响，以及概念和理论从原初地向引入地移植的问题。② 加布里尔·施瓦布（Gabriel Schwab）则将之与"全球化的力量"结合，认为应从"全球"和"当地"同步思考，并认为"当地""不仅指理论被'拿来'的发源地，还包括它被'输入'的目的地"，而"全球"则指的是"一种理论之流入一个不同的民族和互文的语境（intertextual context）。这种流动也包括具体的、决定其跨疆界传播以及因此标志其接受历史的政治、社会、经济和文化的因素"③。在笔者看来，这些见解均在阐释萨义德的一个中心论点：理论是对特定社会及历史情境的回应。

萨义德曾言，理论旅行"无论是公开的还是无意识的影响，是创造性的借用还是全盘式的挪用"，都是理论在再语境化过程中的知识生产，"必定牵涉到与原初理论不同的再现和制度化过程"④。可见，他确实更多地关注理论在特定语境中的具体意义及理论在不同语境中力量的演变过程。因此，治学者应努力阐明理论在跨越时空后的落地形态，并结合特定语境以探讨理论气质发生了何种变化以及发生变化的原因。

此外，"理论旅行"探讨理论在不同地域间的流动性，不是从强势文化向弱势文化的单向输出，而是一种双向互动的过程。理论的发展其实是一个互融互鉴的过程，故步自封的观念很可能造成理论旅行的中断，进而失去发展空间。因此，并不存在哪种理论先进、哪种理论低劣的说法。也就是说，通过审视理论旅行的这一过程，在探索中进行理论创生，在吸收中进行理论建

---

① KNAPP G A. Race, class, gender: reclaiming baggage in fast travelling theories [J]. European journal of women's studies, 2005, 12 (3): 249-265.

② 刘禾. 跨语际实践 [M]. 宋伟杰，等译. 北京：生活·读书·新知三联书店，2020: 111.

③ 施瓦布. 理论的旅行和全球化的力量 [J]. 国荣，译. 文学评论，2000 (2): 143.

④ Traveling theory [M] //SAID E W. The world, the text, and the critic. Cambridge, Mass.: Harvard University Press, 1983: 226.

构，最终使舶来的理论逆向流通也变得不无可能。

（二）"理论旅行"：作为省思理论跨语境传播的一种研究视角

萨义德的"理论旅行"不仅是一种理论，而且提供了一种解读理论力量如何演变的全新视角。具体而言，按照萨义德"理论旅行"所阐释的四步骤①，理论的旅行过程可以从如下四个方面来加以探究。

1. 理论得以发轫的起始阶段

萨义德在《理论旅行》一文中写道，理论旅行的第一个步骤是"需要一个理论起点，即观念得以在其中生发并进入话语的一系列与之类似的发轫情境"②。换言之，任何理论的旅行都有其起源地。该起源地是理论旅行的必要条件，是理论跨文化及跨语境传播得以发生、发展的基础，而理论得以发轫的起始阶段不仅包括理论的生发地，也应包括理论的引入地。

那么，影响理论生发的因素有哪些？分析萨义德的观点可以得知，"理论旅行"更多地考察从原初地到引入地的文化、社会背景等形成的特定历史情境对理论的形塑过程。萨义德认为，卢卡奇观点的诞生有着不可回避的历史情境。卢卡奇在1919年写作《历史与阶级意识》时，正值匈牙利无产阶级同资产阶级斗争的新阶段，因此，该著作是为无产阶级斗争提供理论支持及反抗资产阶级压迫而诞生的。在这样一种历史情境下，卢卡奇的"理论产生"观点才得以产生。也就是说，"卢卡奇的'物化'理论"推演出了'理论'本身的起源"③。因此，有什么样的历史语境就会生发出与之适应的理论，理论的产生与发展与国家的文化、社会环境、历史变革等因素有着密切的关系。如果说理论的落地是结果，那么探寻理论的落地过程就必须深入到理论得以生发的具体历史情境之中。

因此，考察理论的旅行首先需要对理论得以发轫的历史情境，包括原初地及引入地，进行深入分析，才能更好地理解理论在引入地的发展进程。

2. 理论在时空中的跨越

萨义德理论旅行的第二个步骤，即"需要有一个距离的横跨（distance transversed），一条穿过纷繁芜杂的语境压力的通道，观念因此得以从原初

---

① Traveling theory [M] //SAID E W. The world, the text, and the critic. Cambridge, Mass.：Harvard University Press，1983：226-227.

② Traveling theory [M] //SAID E W. The world, the text, and the critic. Cambridge, Mass.：Harvard University Press，1983：226-227.

③ 唐佳. 萨义德"旅行理论"探析 [D].西安：西北大学，2012：8.

某一点穿越到重新凸显的另一个时空中"①。所谓"距离的跨越",指的是理论的生发地到引入地之间需要具备一定的跨度。跨度意味着环境的变化,理论的变形。如果没有跨度,理论或许仅会在原初地驻留,无法真正开启旅行的征程。理论较弱的旅行能力即是如此,最终结果只能是理论的消失与灭亡。

萨义德认为,卢卡奇的物化理论的原初形态所具有的批判性在他的学生戈德曼那里消失了,后者"贬低或降格了物化理论的重要性,在某种程度上驯化了它"②。换言之,作为接受者的戈德曼所处的历史情境与原初理论的历史情境相比发生了巨大变化,历史情境的不同导致了二者在理论理解中的差别。卢卡奇写《历史与阶级意识》,是为了将之作为激战时所需的武器;而戈德曼的《隐蔽的上帝》是从史学的角度而作的博士论文,目的是"研究 17 世纪文学与神学之间的类似之处"③。情境的差异造就了萨义德所说的理论衰退现象,"理论之后的形态之所以无法复制出原生的力量,是因为情势已经平静下来并发生了改变,理论由此被降格、力量被削弱,成为一种温顺的学术替代物"④。萨义德用驯化(domestication)一词来指理论从原始语境到引入地的过程不是简单的复制和搬运,而是呈现明显的地域性特征。地域性意味着差距、冲突和流失,意味着在新的语境下被不可避免地重塑和改造。

因此,该步骤探讨的"距离的横跨",即理论旅行跨越地域的"横向移植"问题,反映的是新的语境及在地学者如何对理论进行"驯化"的过程:理论在旅行中经历了怎样特定的历史情境,呈现了怎样的理论形态;在地学者又是如何对理论进行阐释和读解的。对于后者,可以通过反思国内学者围绕媒介环境学的论争与研讨来检视被"驯化"的具体过程。

3. 理论的接受过程

萨义德所言的第三个步骤,即"需要具备一系列特定情境,姑且可把它们称为接受(acceptance)条件,或者作为接受的必然过程,把它们称为各种

---

① Traveling theory [M] //SAID E W. The world, the text, and the critic. Cambridge, Mass.: Harvard University Press, 1983: 226-227.

② Traveling theory [M] //SAID E W. The world, the text, and the critic. Cambridge, Mass.: Harvard University Press, 1983: 234-236.

③ ROBBINS B. The East is a career: Edward Said [M]//WILLIAMS P. Edward Said: Vol 1. London: Sage Publication, 2001: 189.

④ Traveling theory reconsidered [M] //SAID E W. Reflections on exile and other literary and cultural essays. Cambridge, Mass.: Harvard University Press, 2002: 436.

抵抗，即面对这种移植而来的理论或理念，无论看起来多么异类，使之尽可能地得以引进或融入"①。萨义德认为，理论旅行不仅包含从原初地到接受地的时空转移，还包括对某些原初理论在广阔的全球文化空间中的传播和接受。这就要求引入地语境对理论的接受具备一定的包容性，如果一个旅行能力弱（或普世性弱）的理论，且接受地的文化或社会背景不能包容这种差异性，那么理论旅行就无法完成了。

因此，考察理论的旅行需要对理论的接受过程进行深入分析，才能更好地理解理论在引入地的发展进程。

4. 理论的融合及变异

萨义德说道："此刻全部（或部分）得以适应（或融合）的观念，在一个新时空里因其新用途、新位置使之发生某种程度的变异。"② 换句话说，在理论跨语境旅行的过程中，经过译者的选择、修饰及治学者的演绎，新形态的理论成为解释当地社会现实的工具，不仅获得了本土语境的适用性，也获得了不同于以往理论形态的学术气质。在这一过程中，理论的原初形态必定会发生变化：或放大某些学术传统，或产生某些学术盲区。因此，该步骤探讨的是理论在新语境下对原初理论的承继和变异。

概言之，上述四个要点构成了某一理论再语境化的研究要素。其中第一步的关键词是"引入"及"发轫情境"，第二步的关键词是"距离的跨域"及"驯化"，第三步强调的是"接受过程"，第四步强调的是"融合"（承继）和"变异"。本书依据萨义德提出的理论旅行四阶段中的关键概念，结合彼时理论诞生地及引入地的历史情境，将媒介环境学在中国的学术旅行分为省思和展望两部分。省思部分主要从对媒介环境学在中国的"纵向延伸""横向移植""论争与研讨"等层面加以考察，即从"引入与接受""承继与变异""旅行中的'驯化'"审视媒介环境学在中国的学术旅行；展望部分主要是理论与在地实践之间展开对话，通过借鉴媒介环境学的宏观视域，使媒介环境学更好地与在地语境相融合，并从知识社会学视角提出媒介环境学在中国发展的未来构想。

具体而言，理论旅行可作为考察理论力量是否减弱的一种省思视域。在

---

① Traveling theory［M］//SAID E W. The world, the text, and the critic. Cambridge, Mass.：Harvard University Press, 1983：226-227.

② Traveling theory［M］//SAID E W. The world, the text, and the critic. Cambridge, Mass.：Harvard University Press, 1983：226-227.

萨义德看来，理论旅行到新时空后，很容易在当地学术应用中失去其原有的批判性，成为"一种理论上的夸大其词，一种理论上的拙劣模仿，而它最初是为了纠正或克服这种情况而制定的"①。萨义德关注的是理论从原始语境传播至引入地时，理论批判性如何消失的动态演变过程。借由雷蒙德·威廉姆斯之口，萨义德指出，"某种理念一旦因其显著的有效性和强大作用而开始广泛传播，那么，在其流通过程中，很有可能被降维（reduced）、被编码化（codified）、被制度化（institutionalized）"；在这种状况下，必须对理论的旅行加以省思，因为"如果不加批判地、重复地、毫无限制地运用这一理论的话，这种突破就会变为一种困境"②。因为在新时空中，理论有可能以其特权和权威而变为一种教条式的正统，从而失去批判性。因此，为了避免这种困境，研究者应始终保持一种批判意识。

此外，理论旅行从起点到终点并不只是一种简单的时空跨越，理论在引入、传播和应用过程中，其理论力量都可能被削弱。首先，萨义德理论旅行的四个阶段并不是简单的模式归纳，而是强调这一过程中会有一系列中介机制或隐或暗地在推动或阻挡着理论的旅行。对于域外理论而言，特别是新闻传播学理论而言，翻译便是其中一种。一如新闻传播学整体的理论自生性不足，其绝大多数理论资源来源于西方。对于译者，译著的挑选必定受制于市场及文本的文化适应性等因素；同时，对于治学者，则往往根据自身视野、理论资源和外部环境来决定如何将之演绎。所以，译者和治学者、市场及环境等多种因素共同决定着一个理论在引入地的接受过程。而在理论的传播和应用过程中，"制度化"与"批判意识"则是必须时刻关注的焦点，即通过审视理论的最终形态来检验理论是否发生了变化、发生了何种变化、是否被制度化，批判意识是否被削弱等。因此，如何更好地在本土引入、传播、应用外域理论，以至于最终"回传"并对原初理论产生影响，无疑可以从该理论的诸多概念中加以审视。

总之，理论的旅行过程不是简单的理论描摹或孤立的理论挪用，而是越来越多地成为纠缠于政治、经济及文化的一种社会实践。就媒介环境学而言，其诞生过程嵌入了西方复杂的文化和政治背景。作为一种旅行而至的学说或

---

① Traveling theory［M］//SAID E W. The world, the text, and the critic. Cambridge, Mass.：Harvard University Press，1983：239.

② Traveling theory［M］//SAID E W. The world, the text, and the critic. Cambridge, Mass.：Harvard University Press，1983：241-242.

理论，其在中国的学术旅行并非一蹴而就，而是有着一段从边缘化批判阶段到多元学术取向逐渐合流，最终呈现出学科互涉学理特性的复杂历史进程。在这一再语境化的过程中，北美媒介环境学如何在中国落地生根恰好是萨义德"理论旅行"强调的内容：由于社会历史、政治文化等历史情境的不同，理论从起源地到引入地、从此时到彼时的旅行过程中发生变异。萨义德的"理论旅行"为媒介环境学在中国的引入、传播、应用提供了新的研究视角和理论依据。因为无论是对媒介环境学著作的选择性译介、接受或抵制阶段，还是从内化到创造性运用的整个过程，皆表现为一种从原发地到引入地、从原著到译著、从译者到治学者的学术旅行。

（三）"理论旅行"与"误读理论"

文学修正主义理论家哈罗德·布鲁姆（Harold Bloom）曾提出"误读理论"，旨在阐释"'误读'是诗人摆脱前人创作的必要的、开拓性的偏离"[①]。布鲁姆在《误读的地图》（*A Map of Misreading*）[②] 一书中认为，前辈诗人凭借着自己的作品在文学史上赢得了声誉和名望，而后辈诗人往往在前辈们的"阴影"下成长，他们在时间维度上丧失了优先权，很难超越前辈为自己赢得地位。所以后辈要想确立自己在诗歌史（文学史）中的地位，凸显自身的独创性，就必须对前人进行误读。在他看来，误读是后辈诗人试图超越前辈的一种对抗策略，是为自己争夺知识承认、赢得名誉的一种手段和方法。通过有意"误读"，后辈往往成功获得名誉并跻身强者行列。也就是说，"误读"和"修正"等手段，有助于人们达到创新的境地。布鲁姆形象地将这种情况概括为文学上的"俄狄浦斯情结"。

布鲁姆认为，"误读"是一种策略式的批评，强调批判家对以往的研究成果要保持一种批判意识，这与萨义德在"理论旅行"中强调的批判意识不谋而合。然而，与"理论旅行"强调的历史情境对理论的形塑作用不同，"误读理论"强调的是后辈把"误读"作为一种方法和手段来超越前辈。前者在于重视历史情境的差异性，通过对权威理论保持一种批判性，发现其不合在地语境之处，将之改造以更适合当下情境的发展需要；后者则追求留名，以超越为目的，放在学术环境中则以追求知识承认为目的。

天才是强大的，但天才所处的时代是脆弱的，而强大的诗人在成为诗人

---

① 米勒.修正主义、反讽与感伤的面具 [M] //王宁.新文学史.北京：清华大学出版社，2001：27.

② BLOOM H. A map of misreading [M]. New York：Oxford University Press，1980.

的早期过程中有溺水的危险。正如布鲁姆在《卡巴拉与批评》（*Kabbalah and Criticism*）中所解释的，"强大的诗人一定会被误读；在理解他们的时候没有什么大的错误，正如他们自己的阅读错误也没有什么大的错误一样。每一个诗人都在讽刺传统，每一个强大的诗人都必然会被他所培育的传统所误读"①。若将"误读理论"置于"理论旅行"范畴中思考，"误读"并非简单地从知识层面直接否定，而是超越前人的一种方式。此外，旅行能力弱的理论在旅行中很可能因种种"误读"而遭遇"夭折"。因此，考察"误读"的发展情况可视为解读理论旅行过程的一个必要方面，以便更好地反思如何才能按照引入地的境况适时作出调整以适应当下的发展。

无论是萨义德的"理论旅行"，还是布鲁姆的"误读理论"，国内对二者的研究多集中于理论探索及解读层面，对这些理论的应用也多集中在文学领域。然而，作为舶来品的传播学，其各种理论在跨文化及语境的旅行中必然经历种种误读，特别是以麦克卢汉为旗手的媒介环境学。作为考察国内媒介实践前沿的种种"洞见"，媒介环境学的相关著作在国内也经历了种种误读，甚至在初期也经历了所谓"溺水"的风险。媒介环境学在国内的发展史可谓一部阅读史，当中充满了"误读"，也自然包含了澄清"误读"的过程。若将这种被视为一种对抗式批评的"误读"置于历史情境中加以审视，即将"误读"视为一种国内学者如何对权威不盲从，如何打破定论，进而取得创造性成果的手段，那么，对于探究理论旅行的过程显得尤为必要。因此，本书通过对媒介环境学在引入中国后被误读以及被澄清的曲折历史，来阐释媒介环境学在中国的接受过程。这可作为省思媒介环境学在中国发展历程的一种视角。

二、篇章结构

以 1981 年涉及麦克卢汉的第一篇中文文献算起，中国关于媒介环境学的研究已有 40 余年的历史。在此期间，中国在北美媒介环境学的研究和推进过程中积累了一批文献成果，它们构成了当前开展媒介环境学研究的文献基础。因此，本书将选题定为"北美媒介环境学在中国的理论旅行"，对相关文献进行系统、全面的考察。本书考察的是媒介环境学在中国的理论旅行，主要基于萨义德"理论旅行"的四个步骤及"制度化"与"批判意识"等相关概

① BLOOM H. Kabbalah and criticism［M］. New York：Seabury Press，1975：103.

念，并结合布鲁姆的"误读"、译介学及知识社会学等其他相关理论，以省思和展望两大板块对媒介环境学在中国的理论旅行展开分析。

本书主体包括七个部分。绪论部分主要介绍研究由来、相关理论借鉴、研究成果综述、研究意义、拟解决的主要学术问题。目前媒介环境学已经积累了一定的研究基础，但以"理论旅行"框架解读媒介环境学在中国学术旅行的发展还比较欠缺。本书是对当前媒介研究趋势及动向的一种回应，目的在于通过提出新问题、引入新视角以拓展深化媒介环境学研究。

第二章考察媒介环境学的纵深发展，即审视媒介环境学在中国的引入进程及接受过程。通过对北美环境学引入中国的文献进行系统、全面的梳理，尽可能清晰地呈现基于历史语境的北美媒介环境学的引进状况，并解析中国语境下媒介环境学的接受过程及特点。具体而言，主要结合"理论旅行"论及"误读"理论，采用历史文献分析法深入理论生发的具体历史语境，阐释媒介环境学在中国引进过程中被边缘化、被误读以及澄清"误读"的发展历程，并分析当下媒介研究的欧洲转向及关于媒介"物"的研究动态，以完整呈现媒介环境学在不同时期线性的历史接受过程及发展趋势。

第三章研究媒介环境学的横向移植，从引入、传播及应用逐层分析，探寻中国学界对北美学术传统的承继及发展。笔者以中外数据库相关文献为分析样本，采用文献计量分析方法，对中西学界媒介环境学研究的知识生产主体、学科场域及主题演进等层面进行全面考察和分析。通过探寻"中西之差"发现，在翻译层面，目前中国学界对北美媒介环境学的研究主要集中于经典作品，这在很大程度上是经由翻译完成的"再经典化"的结果，而古典学者哈弗洛克的思想和作品，麦克卢汉的"全球剧场"、"全球膜"及"媒介教育"等观点又影响了国内学者对媒介环境学理解的整体观；在传播层面，北美媒介环境学的诞生正值后现代主义思潮的兴起之时，导致其学科边界的瓦解，但旅行至中国后被规训为新闻传播学领域，这与新闻传播学学科环境整体大为转好的历史背景不可分割；在应用层面，媒介环境学正经历从宏观到微观、从批判到建构的学术转变，以"传播的仪式观""传播的偏向"等理论应用为例研究发现，媒介环境学部分理论精华往往会被国内学者转变为一种中性的分析工具，而这样的转变可能并不利于理论的进一步发展，因此，笔者提出应诉诸一种"空间感"，以保持对理论应用困境的警醒。

第四章阐释旅行中的"驯化"，即探讨汉语世界的媒介环境学在论争与研讨中被形塑的具体过程。本章是基于第二、三章后更为细致的文本探微。在起点层面，笔者梳理了 Media Ecology 翻译所引发的论争，省思了其本土化问题；在概念层面，以"媒介即讯息"的概念翻译及其释义、"传播的仪式观"的误用引发的论争为例，提出避免传播乱象的最重要方式，即理解媒介环境学的隐喻思维；在生存空间层面，探讨了"技术决定论"评价的论争，并提出应理解该评价背后的实质，即一种来自实证主义传播学的学术话语霸权；在研究方法层面，回顾了媒介环境学研究方法论的论争，并主张为其思辨研究方法正名。本章梳理了媒介环境学在国内研究的起点、概念混淆、生存空间、研究方法等问题，有助于我们理解汉语世界媒介环境学在发展过程中所遇到的阻力，展现理论得以建构并在新的空间中流动、丰实、转换的过程。

第五章主要通过对话以期实现理论与在地语境的融合。笔者基于李明伟提出的媒介环境学理论框架，分析了媒介环境学的四大理论局限并提出借鉴其宏观视域的必要性，继而从微观、中观及宏观三个层面分析其在数字媒介时代的可能性突破和应用。在微观层面，提出应聚焦媒介偏向性，关注媒介融合在本土实践中呈现的问题；在中观层面，提出"媒介的演变分析"既可以用来反思旧媒介、改造旧媒介，又是推测新媒介未来发展面向的有效定律，同时以"从口语日志到视频日志（Vlog）、图片日志（Vlog）"为例对之做具体阐释；在宏观层面，提出分析某些具体现象需借鉴哲学、现象学等相关分析框架，并以"离身"传播与社会原子化现象、媒介记忆等话题为例做具体解读。

第六章展望媒介环境学在中国的学术想象，以知识社会学视角，分别从知识视野、学科边界、实践前沿、打捞"遗失的经典"等方面对媒介环境学在中国发展的未来面向加以探索和分析。在知识视野层面，通过起底其宗教基因、追溯其思想起源，尝试捕捉媒介环境学更多未知的研究面向；在实践前沿层面，提出应以互联网为基础，关注媒介环境学关于"物"的研究面向；在学科层面，主张应发展其"根茎状"式的学科潜质，同时提出应观照其未尽的翻译事业，以打捞起"遗失的经典"。

最后借鉴中西方诸多媒介研究领航人的各方观点，总结了本研究的优势和不足之处，为今后的研究提供了新的思路和方向。

本书将萨义德"理论旅行"论的四步骤框架化，采用文献分析、访谈等研究方法探察媒介环境学是如何经裁剪和修饰嵌入中国当代社会的具体场景中的，具体从媒介环境学的引入与接受、承继与变异、旅行中的"规训"、对话与融合及学术想象力的建构五个方面深入，对理论的跨语境旅行过程进行省思和展望。

第三节　文献综述

媒介环境学起源于加拿大，发展于美国，其理论影响力已越出国界，在包括中国的很多国家发挥着重要作用，不仅表现在理论层面，而且表现在对不同国家的媒介实践、传媒在未来的发展面向等层面。

一、媒介环境学研究综述

（一）国外媒介环境学研究综述

媒介环境学跨越并整合了西方古希腊、现代和后现代的世界观，审视了与主流传播技术交织在一起的文化、人类及社会的历史变迁。由于媒介环境学派体系庞杂，学者众多，因此，本节以尼尔·波兹曼（Neil Postman）对该派的命名为起点，以该派的核心人物马歇尔·麦克卢汉（Marshall McLuhan）为中心，分别围绕埃里克·A. 哈弗洛克（Eric A. Havelock）和沃尔特·J. 翁（Walter J. Ong）的口语与书面文化研究、哈罗德·亚当斯·伊尼斯（Harold Adams Innis，又译作英尼斯）及詹姆斯·W. 凯瑞（James W. Carey）发展的媒介环境学文化面向、刘易斯·芒福德（Lewis Mumford）的技术观几个层面展开概述。

1. 关于媒介环境学派在北美的诞生及命名过程

媒介环境学在北美的诞生可追溯至 20 世纪 60 年代。1967 年，波兹曼、马歇尔·麦克卢汉和埃里克·麦克卢汉（Eric McLuhan）在一次对话中提及了 Media Ecology①，不到一年后，波兹曼就在公开演讲中使用了这一术语，并称"我并非在虚构这一学派，我只是在命名它"②。他声称自己并非该派的创始人，也未指明谁是真正的开创者，就这样为该领域的起源问题保持了开放的姿态，并暗示媒介环境学自古以来就以这样或那样的形式存在着，但他确实将媒介环境学定义为"将媒介作为环境来研究"，解释了媒介环境学主要关注的是传播媒介如何影响人类的感知、理解、感觉和价值以及我们与媒体的互

---

① STRATE L. A Media Ecology review ［J］. Res. trends, 2005, 23：1-48.

② POSTMAN N. The reformed English curriculum ［M］// EURICH A C. High school 1980：the shape of the future in American secondary education. New York：Pitman，1970：161.

动如何促进或阻碍我们的生存机会，"生态学"一词意味着对环境的研究：环境的结构、内容以及对人类的影响。① 1971 年，波兹曼所在的纽约大学成立了 Media Ecology 的博士项目。1998 年，纽约大学多伦多媒介研究学院和圣路易斯大学联合资源成立了媒介生态学协会（Media Ecology Association，MEA）。该协会创立不到 4 年后，会长兰斯·斯特拉特（Lance Strate）推出了一份国际期刊《探索媒介环境学》（*Explorations in Media Ecology*）。到目前为止，已出版数本专门讨论媒介环境学的专著。

在过去的半个多世纪里，Media Ecology 一词在纽约和多伦多以外的地区逐渐被广泛使用。在某些情况下，其最初的含义已经消失或发生了改变，北美也经常会出现一些其他术语来指代与之相同的学术传统，如杰克·古迪（Jack Goody）称之为"多伦多学派"②，约书亚·梅罗维茨（Joshua Meyrowitz）称之为"媒介理论"③，凯瑞称之为"美国文化研究"④，而欧洲媒介学者雷吉斯·德布雷（Régis Debray）称之为"媒介学"⑤，中国则称之为"媒介环境学"⑥。此外，由于该派与哈弗洛克和翁的学术传统紧密相连，因此"口语与文字研究"⑦（orality-literacy studies）有时被用作该派的同义词。近年来，Media Ecology 一词逐渐被广泛接受。

2. 关于麦克卢汉的媒介环境学论著及相关观点

波兹曼将 Media Ecology 定义为一个研究领域，而麦克卢汉在使用这个术语时则更强调实践。例如，在 1977 年的一次电视采访中，麦克卢汉在回答"现在，简单地说，媒体环境学到底是什么？"时答道："媒介环境学意味着不同媒介之间相互助力以使它们彼此不会凭空消失，而是使一种媒介成为另一

① POSTMAN N. The reformed English curriculum ［M］//EURICH A C. High school 1980：the shape of the future in American secondary education. New York：Pitman，1970：161.

② GOODY J. Literacy in traditional societies ［M］. Cambridge, Eng.：Cambridge University Press，1968.

③ MEYROWITZ J. No sense of place：the impact of electronic media on social behavior ［M］. New York：Oxford University Press，1986.

④ CAREY J W. Communication as culture ［M］. New York：Routledge，2009.

⑤ DEBRAY R. Media manifestos：on the technological transmission of cultural forms ［M］. New York：Verso，1996.

⑥ 何道宽. 异军突起的第三学派：媒介环境学评论之一 ［J］. 深圳大学学报（人文社会科学版），2006（6）：104-108.

⑦ ONG W J. Orality and literacy：the technologizing of the word ［M］. London：Routledge，1982.

种媒介的演化动力。"① 那么，麦克卢汉对媒介环境学的贡献是什么？对此，保罗·莱文森（Paul Levinson）在《麦克卢汉与媒介环境学》一文中提道，"如果没有麦克卢汉在 20 世纪 50 年代和 60 年代的开拓，就不会有一个研究领域试图通过传播媒介来解释人类历史上的差别和伟大变革是如何实现的，即媒介如何决定人们的社会思想和行为"②。

无论国内还是国外，可以肯定的是，知道媒介环境学的，肯定没有知道麦克卢汉的多，这从相关文献数量的悬殊对比中可见一斑。因此，有必要先介绍麦克卢汉的相关研究。麦克卢汉的第一本书《机器新娘——工业人的民俗》（The Mechanical Bride：Folklore of Industrial Man，以下简称《机器新娘》）最初出版于 1951 年，在绝版多年后，银杏出版社（Gingko Press）于 2002 年重新发行。与他后来强调"媒介"的书相比，该书有时被视为一本强调"内容"的书。事实上，《机器新娘》是对流行文化如何反映和促进技术社会的态度、信念和价值观的分析，时间的跨度使人们逐渐认识到该作的价值。1953—1959 年，麦克卢汉与其同事爱德蒙·卡彭特（Edmund Carpenter）共出版了 9 期《探索》（Exploration）期刊，为媒介环境学建立了跨学科的研究传统。1962 年，麦克卢汉出版了被认为最有学术价值的著作《古登堡星汉璀璨：印刷文明的诞生》（The Gutenberg Galaxy：The Making of Typographic Man），标题中的 galaxy 与系统、环境或生态是同义词。③ 在该作中，麦克卢汉关注作为西方文明的字母表的基础作用，以及印刷业将西方从中世纪转变为现代的媒介作用。此外，他还探讨了印刷革命带来的从文字时代声学导向到视觉导向的历史性转变。在书的最后，麦克卢汉引入了"地球村"讨论从印刷媒介到电子媒介时期环境的转变。1964 年，麦克卢汉发表了他最有影响力的作品《理解媒介：论人的延伸》（Understanding Media：The Extensions of Man）。该作从强调古登堡印刷转向了对当代媒介环境的关切，重新强调了感知的重要性，并从感知比率和空间角度讨论了感官之间的相互作用。该作围绕"媒介"将他关注的主题汇聚在一起，确定了麦克卢汉以"媒介"作为其学术传统的主要特征，即媒介或技术延伸了人类的能力和身体。这种延伸同

---

① MCLUHAN S, STAINES D. Understanding me：lectures and interviews［M］. Cambridge, Mass.：MIT Press, 2003：271.

② LEVINSON P. McLuhan and Media Ecology［J］. Proceedings of the Media Ecology Association, 2000, 1：17-22.

③ STRATEL. A Media Ecology review［J］. Res. trends, 2005, 23：1-48.

时也是一种截除——让我们对技术的影响感到麻木。正是在这本书中，麦克卢汉提出了他的名言"媒介即讯息"，强调媒介或技术在我们的交流过程中扮演的角色，以及我们的所思所想及所感知是如何由技术来作用的。随后几年成了麦克卢汉创作最集中的时期，相继出版了《媒介即按摩》（*The Medium is the Massage*）① ——该作是由昆汀·菲奥里（Quentin Fiore）插图并由纽约作家杰罗姆·阿杰尔（Jerome Agel）制作的畅销书；与威尔弗雷德·沃森（Wilfred Watson）合作撰写《从陈词到原型》（*From Cliché to Archetype*）②；与巴林顿·内维特（Barrington Nevitt）合作撰写《把握今天：退出游戏的行政主管》（*Take Today：The Executive as Dropout*）③；与其子埃里克·麦克卢汉合作撰写《媒介定律》（*Laws of Media*）④ 等作品。此外，麦克卢汉一直是菲利普·马尔尚（Phillip Marchand）、保罗·莱文森等学者的研究对象。这些学者围绕麦克卢汉创作了一系列作品。如在《数字麦克卢汉》一书中，莱文森探讨了麦克卢汉的主要思想，并指出了他如何预测并准确描述了数字技术及线上传播的某些特征。⑤

　　作为媒介环境学的开山鼻祖，麦克卢汉的媒介研究可谓独到而深刻，学界普遍将之研究划分为三个阶段。第一个阶段是在 20 世纪 60 年代，麦克卢汉用扎根于英语文学的逻辑基础，借助生态学的宏大视角，将媒介置于历史长河中加以审视，以此认识整个人类所处的生态环境。他以机警的洞见，为人类打开了一扇理解媒介的大门，也使自己成为 60 年代整个西方最耀眼的学术明星。第二个阶段是在经历了起起伏伏的褒扬和批评之后，麦克卢汉理论像短命的彗星，逐渐淡出人们的视野。直到 20 世纪末，全世界再度掀起麦克卢汉的学习热潮，国内学者何道宽也顺势将其著作《理解媒介》引入中国。第三个阶段是 21 世纪的第一个 10 年，凭借麦克卢汉百年诞辰的东风，麦克卢汉理论学习热潮再度强劲。时至今日，麦克卢汉收获了最高赞誉，如有论

　　① MCLUHAN M, FIORE Q. The medium is the massage：an inventory of effects ［M］. Corte Madera, CA：Gingko Press, 1967.

　　② MCLUHAN M, WATSON W. From cliché to archetype ［M］. New York：Viking Press, 1970.

　　③ MCLUHAN M, NEVITT B. Take today：the executive as dropout ［M］. New York：Harcourt Brace Jovanovich, 1972.

　　④ MCLUHAN M, MCLUHAN E. Laws of media：the new science ［M］. Toronto：University of Toronto Press, 1988.

　　⑤ LEVINSON P. Digital McLuhan：a guide to the information millennium ［M］. London & New York：Routledge, 1999.

者称其代表了"最激进的和最详尽的美国传播媒介理论"①、"一种创新的、意义深远的洞见"②，但也遭遇了彻底的批判与否定："（他）没有什么思想创见——除非我们要明白，我们面对的是一位哗众取宠的学术大师，他胡乱拼凑出一堆空洞的同义重复。"③ 中西方学界对麦克卢汉的研究从未间断，麦克卢汉媒介观因与时代格格不入而为治学者的研究造成了诸多障碍，在几十年的时间里，中西方学界都被困于其思想迷宫中试图拆解其思想真谛。

3. 媒介环境学"口语和书面文化"的相关研究

1963 年被一些学者认为是媒介环境学关键一年。④ 在 12 个多月的时间里，马歇尔·麦克卢汉的《古登堡星汉璀璨》⑤、哈弗洛克的《柏拉图导论》（*Preface to Plato*）⑥ 等经典作品不约而同地指出了文字在现代西方世界的形成中所起的重要作用，文字的出现使口语的本质和传播实践的实质发生了重大变化。此外，还出现了不为中国学者所熟知的古迪和伊恩·瓦特（Ian Watt）及列维-斯特劳斯（Levi-Strauss）等学者的相关作品，前者的《文字的后果》（*The Consequences of Literacy*）⑦ 在 1963 年问世，后者所著的《野蛮的头脑》（*The Savage Mind*）⑧ 在 1966 年出版。

口语和文字研究的学术脉络起源于多伦多学派的另一位人物——埃里克·哈弗洛克。哈弗洛克主要解释了从荷马到柏拉图的转变反映了从口头文化到文字文化的转变。他认为希腊字母表的发明是西方文明的基础，这一认知在某种程度上影响了哈罗德·伊尼斯和麦克卢汉对该问题的思考。哈弗洛克最著名的作品《柏拉图导论》主要探讨了《伊利亚特》（*Iliad*）和《奥德

① 殷晓蓉. 战后美国传播学的理论发展：经验主义和批判学派的视域及其比较 [M]. 上海：复旦大学出版社，2000：79.

② LORIMER R. Marshall McLuhan：media genius [J]. Logos，2001，12（2）：79.

③ ABEL R. Marshall McLuhan："a master of academic grandstanding" [J]. Logos，2001，12（3）：138-142.

④ HAVELOCK E A. The muse learns to write：reflections on orality and literacy from antiquity to the present [M]. New Haven，CT：Yale University Press，1986.

⑤ MCLUHAN M. The Gutenberg galaxy：the making of typographic man [M]. Toronto：University of Toronto Press，1962：199.

⑥ HAVELOCK E A. Preface to Plato [M]. Cambridge：Belknap Press of Harvard University Press，1963.

⑦ GOODY J，WATT I. The consequences of literacy [J]. Comparative studies in society and history，1963，5：304-345.

⑧ STRAUSS L. The savage mind [M]. Chicago：University of Chicago Press，1966.

赛》（*Odyssey*）作为一种歌曲形式是如何在没有文字的状况下创作和保存的。① 其在 1978 年的著作《希腊正义观》（*The Greek Concept of Justice*）是《柏拉图导论》的续集，主要追踪了与荷马口头思维相联系的具体的、人格化的正义概念到柏拉图时期日益抽象的转变过程。② 1986 年，哈弗洛克的《缪斯学写作》以古希腊为例总结了口语和书面文字两种媒介的特点。③

　　除了哈弗洛克外，麦克卢汉的学生翁在很多方面补充了麦克卢汉的观点，翁又与哈弗洛克相互影响。《口语文化与书面文化》（*Orality and Literacy*）是翁最受欢迎的著作，该著作将重点放在口语文化和文字文化的对比上，主要讨论口语和文字传播的特点以及记忆在口语时期扮演的重要角色。④ 该著作淡化了翁在很多作品中常用的现象学的研究方法，而建立起口语—书面研究的学术传统。最新的《沃尔特·翁读本：进一步探究的挑战》（*An Ong Reader：Challenges for Further Inquiry*）⑤ 一书中包含了翁在这一领域的许多重要文章。哈弗洛克和翁的口语—文字观已经被应用于对诸多新媒介的研究中，如莱文森将翁对传播学的研究贡献大体分为五类，包括修辞学史、视觉形象与思维习惯、传播媒介的阶段（口语时期、文字时期和电子时期）以及数字媒体和诠释学、教育学和心理学等主题的研究。⑥ 杰·大卫·波尔特（Jay David Bolter）将口语—文字观应用于《写作空间：电脑、超文本和写作的历史》（*Writing Space：The Computer，Hypertext，and the History of Writing*）一书中，专注于探讨新媒介平台中的超文本应用特征。⑦ 麦克·黑姆（Michael Heim）则将翁、哈弗洛克与海德格尔的观点一起融入了其《电子语言：文字处理的哲学研究》（*Electric Language：A Philosophical Study of Word Processing*）⑧、

① HAVELOCK E A. Preface to Plato ［M］. Cambridge：Belknap Press of Harvard University Press，1963.

② HAVELOCK E A. The Greek concept of justice：from its shadow in Homer to its substance in Plato ［M］. Cambridge，Mass.：Harvard University Press，1978.

③ HAVELOCK E A. The muse learns to write：reflections on orality and literacy from antiquity to the present ［M］. New Haven，CT：Yale University Press，1986.

④ ONG W J. Orality and literacy：the technologizing of the word ［M］. London：Routledge，1982.

⑤ ONG W J. An ong reader：challenges for further inquiry ［M］. Cresskill，NJ：Hampton Press，2002.

⑥ SOUKUP P A，ONG W J. A retrospective ［J］. Communication research trends，2004，23（1）：3-23.

⑦ BOLTER J D. Writing space：the computer，hypertext，and the history of writing ［M］. Hillsdale，NJ：Lawrence Erlbaum Associates，Inc.，1991.

⑧ HEIM M. Electric language：a philosophical study of word processing ［J］. Philosophy and rhetoric，1989，22（3）：219-221.

《虚拟现实的形而上学》（*Metaphysics of Virtual Reality*）① 等论著中。

4. 关于伊尼斯及凯瑞发展的媒介环境学研究的文化面向

伊尼斯在其职业生涯的晚期开始转向研究传播学，其最重要、影响力最广的作品是 1951 年出版的《传播的偏向》（*Bias of Communication*）② 一书。该书提出，媒介既可以用于时间上的传播，也可以用于空间上的传播，不同媒介的物理特性决定了它们在保存知识或远距离传播信息方面的有效性，而统治阶级发展的知识垄断会导致处于边缘的人寻求另一种媒介从而导致政治改革。该著作在 1964 年再版，麦克卢汉撰写导言。伊尼斯另一本著作《变化中的时间观念》（*Changing Concepts of Time*）在他 1952 年去世前不久完成，并由詹姆斯·凯瑞于 2004 年作序跋重新印发。该著作是伊尼斯借由《传播的偏见》和《帝国与传播》提出的论点来阐释当前传播问题的一种尝试。凯瑞承继了伊尼斯的社会学方法，其最有影响力的作品《作为文化的传播》（*Communication as Culture*）认为，维系社区的延续性需要在时间和空间之间取得平衡。他将时间取向的（和文化取向的）视角比作一种仪式观。该仪式观与大众传播领域中占主导地位的运输观形成了鲜明的对比。总之，凯瑞尤其关注始于 19 世纪的美国通信革命带来的政治和经济后果。他将自己的研究称为美国文化研究，主要强调不同的媒介环境下形成的特定文化特征，为媒介环境学研究开掘了在文化层面的研究面向。

5. 关于媒介环境学的技术观

威廉·昆斯（William Kuhns）在《后工业先知》（*The Post – Industrial Prophets*）一书中把芒福德列为首位未来先知③，凯瑞则认为芒福德对麦克卢汉产生了重大影响④。在《技艺与文明》（*Technics and Civilization*）一书中，尽管芒福德并没有将媒介或传播作为其关注重点，但他谈到了诸如文化、艺术、城市、技艺等主题。梅罗维茨认为，麦克卢汉和其他许多媒介生态学家将"技术"（technology）和"技艺"（technics）等同于"媒介"（medium/media），因此芒福德可被称为媒介理论家。⑤ 芒福德的《技艺与文明》一书在

---

① HEIM M. The metaphysics of virtual reality［M］. New York：Oxford University Press，1993.

② INNIS H A. The bias of communication［M］. Toronto：University of Toronto Press，1951.

③ KUHNS W. The post-industrial prophets：interpretations of technology［M］. New York：Weybright & Talley，1971.

④ MUNSON E S，WARREN C A. James Carey：a critical reader［M］. Minneapolis：University of Minnesota Press，1997.

⑤ MEYROWITZ J. No sense of place：the impact of electronic media on social behavior［M］. New York：Oxford University Press，1986.

技术历史上的开创性研究，除了提供了技术进化过程的详细描述外，也提供了不同时代由不同技术生态或复合体来定义的历史视角。在 1961 年的《历史名城》（*The City in History*）中，芒福德认为传播系统构建了一种"无形的城市"①，而在他眼中城市是"容器中的容器"②。他认为在研究技术时，我们倾向于关注工具、武器等，忽略了作为技术的容器，而这反映了一种性别偏见，因为在他看来，容器是女性的延伸："在女性主导的社会里，新石器时代是非常明显的'容器'显赫的时代：这是一个石器和陶器的时代，花瓶，水罐、瓮缸、水池、箱柜、牲口棚、谷仓和房子的时代，这些容器的重要性并不输于灌溉沟渠和村落等'集体容器'。现代学者常常忽略了容器得天独厚的意义，他们用机器的标准来衡量技术进步，所以就忽略了'容器技术'（container technology）的意义。"③ 他将容器视为一种技术，这些观点明显具有一种生态学根源："在任何对技术的适当定义中，很明显，许多昆虫、鸟类和哺乳动物在织物方面做出了更激进的创新。"④ 这种生态学思维在其不同的著作中也都有体现，如《技术与文化史》（*History of Technology and Culture*）、《机器神话：技术与人类发展》（*The Myth of the Machine：Technics and Human Development*）、《机器神话：权利的五角大楼》（*The Myth of the Machine：The Pentagon of Power*）等。

总之，媒介环境学研究不仅要关注麦克卢汉这一核心人物，还应观照其所处的历史情境及生前身后人。媒介环境学虽发轫于 20 世纪五六十年代，但是正如霍尔莫斯所言，其真正为人所关注是以互联网的兴起为契机的。随着学界对麦克卢汉的探索，我们现在得知，在麦克卢汉之前，有同是加拿大人的哈罗德·伊尼斯作为先辈，还有其身后的诸多学者，从各自研究的角度，不断充实媒介环境学学科大厦。与其同时代的有美国古典哲学家埃里克·哈弗洛克，著有《柏拉图导论》等著作，专注于探讨古希腊文化从口头传播到文字传播所产生的影响；紧随麦克卢汉之后的，是媒介环境学的学科奠基人

① MUMFORD L. The city in history：its origins，its transformations，and its prospects［M］. New York：Harcourt Brace&World，1961：563-567.

② MUMFORD L. The city in history：its origins，its transformations，and its prospects［M］. New York：Harcourt Brace&World，1961：6.

③ MUMFORD L. The city in history：its origins，its transformations，and its prospects［M］. New York：Harcourt Brace&World，1961：16.

④ MUMFORD L. The city in history：its origins，its transformations，and its prospects［M］. New York：Harcourt Brace&World，1961：5.

尼尔·波兹曼，他的《童年的消逝》《娱乐至死》《技术垄断》三部曲不但是媒介环境学上佳作品，更是媒介及大众文化批评的名作；美国圣路易斯大学教授沃尔特·翁专注于研究原生口语文化和书面文化对人类社会产生不同意义。现活跃的学者有约书亚·梅罗维茨、保罗·莱文森等。约书亚系统研究美国印刷时代到电子时代社会行为的演变，综合麦克卢汉的媒介理论及戈夫曼的情景理论，探讨电子媒介对个人社会身份转变的影响；莱文森则将该路径延伸至网络社会，其代表作《数字麦克卢汉》详细阐释了麦克卢汉的媒介观点，进一步发展了媒介环境学的思想传统；詹姆斯·凯瑞则为媒介环境学加入了文化面向，其提出的"传播的仪式观"研究传播技术如何从文化层面对社会产生影响。国外第一部以"媒介环境学"命名的著作，是由美国学者林文刚在 2006 年主编的《媒介环境学：思想沿革与多维视野》一书。作为媒介环境学会的创始人之一，林文刚以学派推动者的主体视角，汇编了这本"媒介环境学派的小百科全书"。该书收录了 13 位主要媒介环境学人的文章、11 篇评述性论文，系统地梳理了媒介环境学的理论视野和学理路线，完成了"该流派第一部自觉反省的历史记述式的思想批评之作，它系统地提炼、归纳和阐述了该流派从萌芽、诞生、成熟到壮大的历程"①。

同时，媒介环境学这种承继的学术传统并没有因为麦克卢汉在 1980 年的逝世而销声匿迹，而是在转阵至美国后开启了更加学术化和体制化的发展，并逐渐得到学界的认可。随着 20 世纪 90 年代麦克卢汉热，媒介环境学的学术地位日益彰显。《理解媒介》《帝国与传播》《消失的地域》成为 2000 年国际传播学年会提名的 12 本经典文本著作中的三本，其影响力可见一斑。从 2000 年开始，西方媒介环境学进入了总结及普及时期。媒介环境学学会前会长兰斯·斯特拉特及副会长林文刚在《新泽西传播学杂志》上发表了一期媒介环境学学术专辑，对媒介环境学研究进行了系统性梳理。此外，二人发表多篇论文对媒介环境学的前世今生进行系统介绍，为普及媒介环境学奠定了基础。到 2006 年，林文刚对媒介环境学学科的理论发展、关键人物进行详细论述，汇编了《媒介环境学思想沿革与多维视野》一书，标志着媒介环境学的研究到了一个更加成熟的时期。之后，北美媒介环境学论文逐年增多，除了刊载在传播学研究的期刊以外，媒介环境学会创办的《媒介环境学探索》

---

① 林文刚. 媒介环境学思想沿革与多维视野［M］.何道宽，译. 北京：北京大学出版社，2019：中文版序 10.

季刊、《媒介环境学年报》等刊物也助力媒介环境学逐渐成为一门学科。目前，罗伯特·洛根（Robert Logan）、莱文森是依旧活跃在学界的媒介环境学者，前者是麦克卢汉时代仅存的从语言角度审视媒介的跨学科学者，提出了"语言演化链""心灵延伸模型"等诸多观点，后者则将视野聚焦在互联网时代的新新媒介上。

概言之，这些媒介环境学人皆从"媒介/技术–环境"视角考察各种媒介形态本身对人的心理、思维等产生的影响，进而从宏观视野上分析媒介对人类社会文化产生的影响，力求为人类传播活动的发展提供一种预见性和反制力量，以维护媒介环境的平衡。

（二）媒介环境学在中国的研究现状

中国学者对"媒介环境学"的关注起源于对麦克卢汉的研究，而西方学界的"麦克卢汉热"发生于20世纪60年代，麦克卢汉以"我不解释，我只探索"的论证方式引发了学界"千人千面"的解读。比较而言，媒介环境学在中国的研究状况，正如中国人民大学新闻学院刘海龙教授在采访中所言，参与研究媒介环境学的人不多，以译介为主。

国内对媒介环境学的关注始于新千年后，一些学者如何道宽、张咏华、胡翼青、李明伟、范龙等纷纷把目光投向媒介环境学的研究中。何道宽同时身处"传播学场域"和"学术翻译场域"，不仅翻译了大量的媒介环境学相关文献，助力中国与国际传播学界研究同步，而且他以边译边研的形式发表了多篇关涉媒介环境学派的理论著作和评论文章，其中，如《异军突起的第三学派——媒介环境学评论之一》《莱文森：数字时代的多面思想家》等文主张深化对该学派及其代表人物的研究，帮助国内学界加快对该学派的认识过程。作为媒介环境学的"文化中间人"，何道宽对国内媒介环境学的研究作用可谓功莫大焉。

面对该学派的发展态势，尼克·史蒂文森（Nick Stevenson）、陈卫星、胡翼青及陈力丹等诸多国内外学者逐渐发现媒介环境学之于传播学学科的影响意义，纷纷重新划定传播学的理论版图，先后提出媒介环境学应成为与经验主义、批判学派比肩同行的第三大学派。[①]

张咏华于2002年撰写的《媒介分析：传播技术神话的解读》是第一部从

---

① 史蒂文森. 认识媒介文化：社会理论与大众传播［M］. 王文斌，译. 北京：商务印书馆，2001；陈卫星. 传播的观念［M］. 北京：人民出版社，2004；胡翼青. 传播学：学科危机与范式革命［M］. 北京：首都师范大学出版社，2004；陈力丹. 试论传播学方法论的三个学派［J］. 新闻与传播研究，2005（2）：40-47，96.

技术哲学视角审视媒介环境学的专著①。胡翼青于 2004 年撰写的《传播学：学科危机与范式革命》则全面考察传播学的各个学派，拓展了对麦克卢汉理论的研究②。李明伟 2005 年的博士论文《媒介形态理论研究》是国内第一篇研究媒介环境学的博士论文，对媒介环境学做了比较全面中肯的分析评价，并澄清了媒介环境学所谓"技术决定论"的评价③。范龙分别于 2007 年和 2012 年从现象学角度出发研究麦克卢汉及其学派，在媒介环境学研究的跨学科道路上迈进了一大步。④

此外，单波、梁颐、刘建明、李曦珍等学者也对该学派理论及其代表人物做了介绍，且皆有较高的引用率，成为国内诸多研究参考的重要文献。⑤ 截至 2020 年 8 月，以"媒介生态学"或"媒介环境学"为关键词⑥在中国知网检索得到 926 条文献。其中理论层面的引介及阐释的文章约 223 篇，占比为 24%，将之作为理论应用于对实践解读的文献约 472 篇，占比为 51%。由此可见，无论是媒介生态学还是媒介环境学都已经步入应用阶段，成为国内学者观照媒介现实的重要理论武器和学术视阈。中国学者对媒介环境学研究的具体情况，笔者将在第二章予以详细解读。

二、过往中国学界对媒介环境学研究的评价、反思

如前所述，媒介环境学倡导的种种媒介观并不是言之凿凿的结论，而是在媒介环境学的转变中常学常新的种种洞见。无论国内学者还是国外学者，近半世纪以来一直游走于探索麦克卢汉的旅程中。正像麦克卢汉在伍迪·艾伦执导的奥斯卡最佳影片《安妮·霍尔》中饰演自己时对着一位自称哥伦比亚大学的教授所说的那样："你对我的作品一无所知（You know nothing of my work）。"国内学界对麦克卢汉及以他为旗手的媒介环境学的认识和接受经历

---

① 张咏华. 媒介分析：传播技术神话的解读 [M].上海：复旦大学出版社, 2002.

② 胡翼青.传播学：学科危机与范式革命 [M].北京：首都师范大学出版社, 2004.

③ 李明伟. 媒介形态理论研究 [D].北京：中国社会科学院研究生院, 2005.

④ 范龙. 媒介的直观：麦克卢汉传播学研究的现象学方法 [D].武汉：华中科技大学, 2007；范龙. 媒介现象学：麦克卢汉传播思想研究 [M].北京：中国大百科全书出版社, 2012.

⑤ 单波，王冰. 西方媒介生态理论的发展及其理论价值与问题 [J].新闻与传播研究, 2006 (3)：2-13, 93；梁颐. 媒介环境学者与"技术决定论"关系辨析 [J].新闻界, 2013 (9)：1-8；刘建明. 媒介环境学理论范式：局限与突破 [J].武汉大学学报（人文科学版）, 2009 (3)：376-380；李曦珍. 麦克卢汉"媒介即讯息"的认识论原理 [J].国外社会科学, 2013 (3)：54-63.

⑥ "媒介生态学"或"媒介环境学"的英译皆为 Media Ecology，目前，国内对该术语的认知尚存不同看法，为避免遗漏，在检索论文时需要同时以二者为关键词进行检索。

了一个过程，这是在新情境中不断解构和重塑的一个过程。针对媒介环境学在中国的发展、接受和对当中的概念及术语的误读或评价等一系列问题，国内诸多学者在不同阶段皆有诸多考察和反思。本节将分别从如下三方面进行梳理，以厘清当前的研究现状。

首先，关于媒介环境学在国内发展及接受过程的相关研究。典型的研究如陈力丹、毛湛文于 2013 年撰写的《媒介环境学在中国接受的过程和社会语境》。该文对中国学界在媒介环境学认识上的变化进行了考察，对其引入过程中被误读、正名、获得重视的过程进行分析，并对媒介环境学在应用中的问题和现实话题进行了反思。[①] 束开荣、杨石华从现象学视角分析麦克卢汉的《理解媒介》在中国学界的接受过程，探讨了该学术专著知识生产的复杂历程。[②] 前人的工作给该文研究带来了诸多启发。该文第一章探讨的媒介环境学在中国的引入与接受过程，即对前人研究在长度和广度上的扩展和延续。

其次，关于媒介环境学在本土语境发生的概念误读、理论变异等问题的相关研究。媒介环境学的诸多概念和理论在旅行至中国后发生了变异，诸多学者对此进行了论争与研讨。典型的如 media ecology、the medium is the message 等术语的翻译问题，"地球村"概念的误读，"传播的仪式观"理论的变异等。如针对"地球村"的误读，李凌凌提出"地球村"并非全球化概念，也并非电子幻想或纯粹的物理空间，而是颇具马克思所说的"用时间消灭空间"的意蕴。[③] 针对"媒介即讯息"理论经常被错误地翻译成"媒介即信息"，张骋认为，这种误读是因为混淆了"讯息"和"信息"之间的差别，并从符号学视角重新理解该论断，揭示出该理论的深层含义。[④] 谌知翼、宗益祥合作撰写的《"传播仪式观"的学术旅行：基于社交媒体时代的回望》一文审视了"传播的仪式观"在中国社交媒体时代的理论变异和应用困境等问题。[⑤] 这些研究对笔者审视媒介环境学在中国的接受过程、理论变异等问题提供了研究基础。

---

① 陈力丹，毛湛文. 媒介环境学在中国接受的过程和社会语境 [J]. 现代传播（中国传媒大学学报），2013（10）：35-40.

② 束开荣，杨石华. 现象学视角下《理解媒介》学术阅读史 [J]. 编辑之友，2019（12）：11-19.

③ 李凌凌. "地球村"还是"全球化"？解读今天的传播环境 [J]. 当代传播，2003（3）：16-19.

④ 张骋. 是"媒介即讯息"，不是"媒介即信息"：从符号学视角重新理解麦克卢汉的经典理论 [J]. 新闻界，2017（10）：45-50.

⑤ 谌知翼，宗益祥. "传播仪式观"的学术旅行：基于社交媒体时代的回望 [J]. 新闻春秋，2019（5）：21-26，80.

最后，关于媒介环境学的评价及在国内引发的论争和研讨。在诸多的评价中，"技术决定论"是媒介环境学最为流行的评价之一。对媒介环境学所谓的"媒介/技术决定论"这一"误读"的澄清最能反映国内学者不同于西方主流学界的认知特征。何道宽、李明伟、梁颐等学者认为"媒介/技术决定论"的评价是对媒介环境学的误读。李明伟对此评价做了比较中肯的分析，认为媒介环境学只是选择了媒介角度来研究传播与社会之间的关系，但不能苛求理论的面向无所不有；该学派的最大缺陷是过分强调媒介本身，但它并没有完全放弃内容，也在考虑更多地论及其他相关因素。① 梁颐追溯媒介环境学主要学者代表对待技术的思想，分别将他们的不同思想划归为媒介研究中的技术三分法，即硬决定论、软决定论、文化/技术共生论，从而认为将某一学派的学者某一方面的思想统归于一类是明显有失公允的。②

从国内对媒介环境学所谓"技术决定论"评价的辨析中来看，这种评价实则是对国外学者评价的一种呼应。如英国著名批评家雷蒙德·威廉姆斯对媒介环境学的批评最具代表性。在其力作《电视：科技与文化形式》中，他对麦克卢汉的媒介理论提出了批评，认为麦克卢汉对资本主义与传播之间的关系视而不见，绕开了广阔的社会和文化语境来认识传播媒介，是在"为主导性的各种社会关系寻找意识形态上的理由"③。国内学者对"技术决定论"的辨析可谓是对西方学者观点的一种回应和反思，这在一定程度表明，国内对媒介环境学研究的学术趋势在很大程度上深受西方学者思想的影响，继而又决定了国内研究的学术取向和创新。

媒介环境学整体上缺乏一套完整全面的方法论，这成为其受人诟病的原因所在，在实证主义盛行的美国尤为明显。不过也有学者一反传统，认为媒介环境学范式的思维方式恰恰成为一种方法论上的突破，如单波、王冰认为，媒介环境学"在宏观上表现为人类同媒介环境之间的相互作用、相互促进、相互制约的对立统一关系，揭示社会经济发展和媒介环境协调发展的基本规律；在微观上表现为媒介环境中的媒介变迁、转化和传播规律，探索它们对人与社会的影响和作用等"④。换言之，他们认为该学派在动态中研究媒介，

① 李明伟. 知媒者生存：媒介环境学纵论 [M].北京：北京大学出版社，2007：228.
② 梁颐. 媒介环境学者与"技术决定论"关系辨析 [J].新闻界，2013（9）：1-8.
③ 史蒂文森. 认识媒介文化：社会理论与大众传播 [M].王文斌，译. 北京：商务印书馆，2001：197.
④ 单波，王冰. 西方媒介生态理论的发展及其理论价值与问题 [J].新闻与传播研究，2006（3）：2-13，93.

开创了新的方法论。笔者认同此观点，虽然媒介环境学的宏观视野皆基于西方的历史及社会文化语境中的创见，很难对不同背景及土壤中的媒介现象进行直接分析，但其基于经验主义的种种洞见，足以成为国内学者观照媒介现实的理论基础，而对于传播规律及基于历史的媒介变迁的宏观研究视域也正成为北美媒介环境学在国内土壤发展创新的理论基础和原动力。

对于上文提到的论争及对论争的省思，本书将在第四章详述。通过对国内诸多评价的反思可以发现，近几年，对该学派理论探索的力度已大不如从前，而基于本土语境的媒介环境学要想获得更大的发展，应在加深对北美媒介环境学理解的基础上，结合自身媒介实践发展出更加适合本土语境的理论域，最终构建出具有本土气质和精神的媒介环境学。

三、"理论旅行"与新闻传播学理论的反思

众所周知，中国新闻传播学是一门舶来学科，其理论自生性能力弱，以"理论旅行"论考察新闻传播学理论是如何从外域引入并落地生根的，对于未来理论可能的新变有着一定的反思意义和启发。如前所述，"理论旅行"作为一种理论反思视角的方法多用于文学领域，将之用于考察新闻传播学相关理论的成果并不多见。截至 2020 年 8 月 17 日，在中国知网数据库以"主题"为检索项，以"理论旅行"为主题关键字进行检索，范围选定"新闻与传播"类别，共得到 9 篇相关主题文献。

最早分析传播学理论跨语境演变的论文是郭恩强于 2011 年发表的《理论的旅行：重思职业社会学脉络中的中国新闻专业主义研究》。文章虽使用了"理论的旅行"这一术语，但并未与萨义德"理论旅行"产生关联，只是分析了新闻专业主义研究视角在中国运用时产生的矛盾与张力，主要从实践角度阐释了该理论在中国的运用，强调了理论跨文化落地后的"适用性"问题。[①] 此外，2016 年李彬和刘海龙、李思乐及祝帅的三篇研究性论文也仅提到了"理论旅行"这一术语，并未将之视为一种研究方法或理论视域。[②] 谢梅的《传播学研究的新视角：变异学的启示》仅为一篇阐释变异学作为传播

---

① 郭恩强. 理论的旅行：重思职业社会学脉络中的中国新闻专业主义研究 [J]. 国际新闻界，2011（9）：59-64.

② 李彬，刘海龙. 20 世纪以来中国传播学发展历程回顾 [J]. 现代传播，2016（1）：32-43；李思乐. 传播学在中国的"理论旅行"（1978—2008）：基于传播学学术翻译出版史的考察 [J]. 出版广角，2017（22）：80-82；祝帅. "学术前沿"还是"理论旅行"关于"传播政治经济学"介入设计研究的思考 [J]. 新美术，2017（4）：57-63.

学研究新视角的说明性论文，也未涉及对"理论旅行"论的具体应用。

浙江大学杨一凡 2017 年的硕士论文《理论的旅行——中国新闻专业主义研究的引入与流变》是第一篇借助萨义德"理论旅行"论的研究性论文。文章采用内容分析法，对发表在五本期刊上关于新闻专业主义研究的相关论文进行量化分析，从时间、空间、作者三维层面展现了新闻专业主义在理论旅行之中所呈现的新面向。然而，该篇论文只勾勒出了中国语境下的新闻专业主义的旅程素描，并没有展现理论旅行的动态演变过程，也未能呈现中国语境下的新闻专业主义对西方学术传统的承继及发展。无论如何，作为第一篇以"理论旅行"论探讨理论最终发展面向的硕士论文，有如此创新已实属不易。

李泓江、杨保军于 2019 年发表的《"液态"理论的旅行及其对新闻学研究的启示》以"理论旅行"论为视角，着重分析了"液态"话语从社会学领域向新闻学领域的迁移过程，并比较迁移后所形成的液态新闻话语与鲍曼原初液态社会理论之间的差异，最终提出重建新闻与人之间关系等建议。①

黄雅兰则以 communication 的汉译为线索，探索了 20 世纪 50 年代以来传播研究在中文世界不同地区间知识旅行的过程。文章以萨义德理论旅行和刘禾"跨语际实践"作为理论框架，从源点、传播路径两方面梳理了传播研究进入中文世界的路线图。②

谌知翼、宗益祥合作的《"传播仪式观"的学术旅行：基于社交媒体时代的回望》一文发表于 2019 年，主要以萨义德的"理论旅行"为分析工具，梳理了"传播的仪式观"的概念源起、发展演进，勾勒出仪式观从诞生到进入国内学界的旅行轨迹，并从实践层面阐释了新语境赋予"传播仪式观"一种新的学术生命力。③

最新的相关研究是李红涛及黄顺铭两位学者运用理论旅行视角和文化中间人概念，从研究者的学术想象和实践入手，考察中国学界如何译介、挪用、移植媒介社会学，探究媒介社会学跨越时空的"旅行"。文章从文化中间人、跨文化转译等学术实践入手，使理论起点与终点之间的某些中介机制由"不

① 李泓江，杨保军."液态"理论的旅行及其对新闻学研究的启示 [J].社会科学战线，2019（9）：254-261.

② 黄雅兰.communication 的汉译看传播研究在中文世界的知识旅行 [J].新闻与传播研究，2019（9）：57-74，127.

③ 谌知翼，宗益祥."传播仪式观"的学术旅行：基于社交媒体时代的回望 [J].新闻春秋，2019（5）：21-26，80.

可见"变得"可见",从而更好地理解理论旅行的轨迹、机制和后果。[①]

综上,真正从理论旅行视角研究新闻传播学理论跨语境演变的文章只有五篇,这些论文或基于实践,或基于历史情境以探究理论在旅行过程中的变异问题,以小见大地为新闻与传播学同类的研究问题提供了一种参考。本书在借鉴过往研究基础上,将萨义德"理论旅行"论的四步骤框架化,探察媒介环境学是如何经裁剪和修饰嵌入中国当代社会的具体场景中来的。具体从媒介环境学的引入与接受、承继与变异、旅行中的"驯化"、对话与融合、未来展望五个方面深入,以达到反思理论跨语际旅行的作用。

第四节 研究意义、方法及创新之处

一、研究意义

在国内对北美媒介环境学的研究中,对该学派如何旅行的研究相对较少,仅散见于一些研究性论文中。其旅行至中国的过程中呈现了怎样的接受过程,产生了哪些断裂和遗失,发生了何种变异和转型,这部分系统性研究被长期搁置和回避,部分问题至今模糊,有待学界进一步发掘。这就使得对北美媒介环境学在中国的学术旅行的考究显得尤为必要和迫切。围绕这些问题,文章着眼于北美媒介环境学在中国的发展理路,依据萨义德"理论旅行"的"四个步骤"、"制度化"与"批判意识"等相关概念,结合布鲁姆的"误读"及译介学等相关理论,对媒介环境学在中国的学术旅行展开分析。总体而言,本研究主要有如下研究意义。

第一,史料意义。整体而言,既往对传播学理论跨语境实践的相关研究在国内还比较有限,这需要对理论发轫背后的文化、社会、政治等各因素进行深入分析。本书不仅分析了北美媒介环境学形成的历史背景,结合文化即社会背景梳理出一条"媒介环境学"在中国引介的历史脉络,并基于中西方研究的对比分析,提出国内尚未翻译的重要媒介环境学文献,开拓前人尚未涉及或关注过少的领域。

第二,理论意义。首先,本书在探索经典主流历史叙述之外,还梳理出

---

① 李红涛,黄顺铭."驯化"媒介社会学:理论旅行、文化中间人与在地学术实践 [J].国际新闻界,2020(3):129-154.

中国媒介环境学研究脉络中被疏漏和遗忘的人物及理论，从而在历史中打捞出这些声音，这是补缺国内媒介环境学思想传统的重要工作。其次，本书从"理论旅行"论考察中国新闻传播学领域和北美学术传统之间的关联，深化了对媒介环境学"中西之间"差异的理解，对中国对原初理论的承继和流变做了批判性思考，反思了理论在当前的应用困境，并将一些"失落的遗迹"在更广阔的历史语境中再脉络化，致力于寻求理解媒介环境学的新视野。此外，在借鉴中西媒介研究领航人各方观点的基础上，本书提出应打破传统的将"媒介作为环境"的研究视野，主张发展媒介环境学"媒介即中介"的研究路径，为媒介环境学建立可行的分析框架，促进该学派在未来媒介实践前沿中的应用性。最后，提出在数字媒介时代下，需要新的隐喻以观照当下的应用现状。因此笔者保持一种开放性的姿态，通过重返"遗失的经典"来寻找对未来媒介环境学隐喻的理解。如从麦克卢汉的"全球剧场"概念出发，得出将新媒介比为"剧场"，就不失为一种尝试。这些研究都是致力于突破理论的发展瓶颈和避免理论陷入内卷化的种种尝试，因而具有重要的理论意义。

第三，现实意义。西方的传播学理论如何引入、融合、发展不仅是一个学术命题，更是一个现实命题。面对当前日新月异的信息环境为媒介相关研究提出的诸多挑战，社会交往实践对媒介的依赖性无可避免。本书提出的利用媒介环境学"媒介本身的具体研究""媒介的演变分析""媒介的影响研究"来观照中国的本土现实，为当下呈现的媒介融合趋势、新媒介未来的发展形态的预测提供了分析路径，为中国新闻传播学在全球化语境下反思理论的现实意义提供了一个必不可少且至关重要的参照点。中国新闻传播学应立足本国国情，遵循本国文化发展规律的同时，最终突破中西方研究取向差异的藩篱，以建立一个更加完善的基于本土语境的媒介环境学，这是本书最终的研究取向，也是本书具有的现实意义。此外，笔者也希望借本研究提高中国学者对媒介环境学的兴趣，以丰富其在国内新闻传播学及其他领域的相关研究。

二、研究方法

本论题是涉及新闻传播学、社会学、文化研究、译介学等多学科的交叉融合的学术研究，因而在研究方法上，必须拓展学术视野的综合性及前沿性，创新研究方法，突破旧有的学术思维。具体而言，主要采用了如下几种研究方法。

（一）理论阐释与历史描述相结合

本论题主要采用理论阐述和历史描述的方法对中西媒介环境学的诞生和发展进行梳理、分析，并力图将其放入历史社会语境中加以审视，从而深入把握媒介环境学发轫与发展的特征。如在分析媒介环境学学科归属在中西方语境中产生差异的原因时，分别基于媒介环境学在西方形成的历史背景——后现代主义思潮，在中国引进的历史背景——传播学的学科地位被正视的环境下，把握媒介环境学形成和发展的历史情景。

（二）文献计量学与对比研究相结合

本论题以外文数据库 Web of Science、中文数据库 CSSCI 及 CNKI 的相关文献为分析样本，对中西方学界媒介环境学研究的知识生产主体、学科场域及主题演进等层面进行全面考察和分析，以 CiteSpace 知识图谱形式，探寻国内媒介环境学研究对北美学术传统的承继及变异。这种方法较之以往的研究可以更加清晰地展现出媒介环境学的"中西之差"。

（三）文献整理研究方法与系统归纳相结合

本论题通过收集和整理当代中国对媒介环境学的选择性译介等相关资料，发掘国内研究所遮蔽的研究视野，并运用系统归纳法分析媒介环境学在中国的接受特征以及它们在具体历史情境中的基本表现。文献整理研究方法与系统归纳相结合，可以更好地分析媒介环境学这一庞大的理论派系。

（四）深度访谈法

笔者采访了新闻传播学领域或媒介环境学研究的七位学界领航人，包括媒介环境学文化中间人何道宽教授，中西媒介环境学的桥梁林文刚教授，新闻传播学或媒介研究的领航人刘海龙、陈力丹、胡翼青、陈卫星教授及中国本土媒介生态学的开拓者邵培仁教授。学者们在不同研究内容层面为本书提供了诸多一手资料和最先进经验，帮助丰富、完善了本研究的整体思路和研究高度。因疫情原因，本次采访主要通过邮件、微信及电话形式进行，对七位学者及采访时间和采访形式等基本情况介绍如下。

首先，笔者对中国深圳大学英语与传播学院何道宽教授做了深度访谈，具体访谈形式是邮件及电话，采访时间是 2021 年 1 月 5 日至 2021 年 2 月 9 日，具体访谈内容详见附录 4。研究媒介环境学在中国的学术旅行，必提其文化中间人何道宽教授。通过深度采访何教授，笔者挖掘到诸多一手资料，对何教授在翻译、引介过程中如何挑选译著、如何看待北美媒介环境学相关学者及著作在中国的"失踪"现象等问题做了解析，以帮助我们深入历史情景探究中国译者对媒介环境学的选择性转译过程。

其次，笔者与美国威廉·帕特森大学教授兼媒介环境学会副会长林文刚教授多有邮件沟通，邮件沟通时间为 2020 年 9 月 4 日至 2021 年 3 月 22 日。作为北美学者代表，林教授对媒介环境学学术旅行中呈现的"中西差异"原因做了细致解答，帮助纠偏、还原了一些媒介环境学发轫、成长的历史情境。

此外，笔者采访了中国人民大学新闻学院教授刘海龙及陈力丹、南京大学新闻传播学院教授胡翼青、中国传媒大学传播研究院教授陈卫星、浙江大学传播研究所教授邵培仁五位国内媒介研究的领航学者，采访形式是邮件或微信，采访时间为 2021 年 3 月 20 日至 2021 年 4 月 8 日。诸位学者帮助笔者在反思北美学术传统本身，探究北美媒介环境学在国内的未来研究方向、研究盲点及本土化等问题做了指导。

三、创新之处

（一）研究方法：丰富了现有研究新闻传播学理论跨语境旅行的方法

媒介环境学何时及如何进入国人视野、如何演变，又是怎样与在地语境融合，对这些问题的探讨需要对媒介环境学在中国的发展历程进行回顾与梳理。既往对媒介环境学面貌的梳理，大多出现在文献综述类的文章中，这些分析仅提供了基本描述性概况，难以呈现出"中西之差"，也无法清晰展示西方学术传统是如何被引入、规训的动态过程。而笔者通过绘制学者共被引、文献共被引、研究学科分布及关键词共现时区等 Citespace 可视化图谱，综合分析国内外媒介环境学的核心作者、关键文献、学科场域及研究演进等情况，使旅行起点和终点之间产生勾连，并使其中隐匿的某些中介机制得以显现，拓展了现有的研究方法。

（二）研究视角：开拓了省思新闻传播学理论跨语境传播的研究视角

笔者拓展了省思新闻传播学尤其是媒介理论的研究视角。笔者以萨义德的"理论旅行"论，特别是理论旅行四步骤为指导思想，较有新意地搭建起研究理论旅行的研究框架，探讨媒介环境学在中国新闻传播学界的崭新时空中，如何被引入及接收，理论落地后对原初理论有何种承继和变异等问题。本书基于"理论旅行"论所具备的线性逻辑，层层相扣，对研究其他新闻传播学理论的再语境化过程及理论反思都提供了一种较为新颖的研究思路和框架。

（三）理论未来面向：提出打破传统的将"媒介作为环境"研究的单一思维

笔者通过采访中国媒介研究的领航学者如刘海龙、陈力丹、胡翼青、陈卫星等教授，结合北美学者对媒介环境学的批判或改良，审视了将"媒介作为环境"的北美媒介环境学学术传统是否真的有利于该派在未来的发展路径。针对诸多学者对这一北美话语的反思，本书提倡打破媒介环境学"媒介即环境"这一传统的单一思维，发展媒介环境学的哲学观、"媒介即是膜"、"媒介即中介"等崭新的学术脉络。同时，在借鉴各方观点的基础上，笔者提出对离身、具身传播的考察应加入哲学、现象学理论视角以对我们当下的媒介化生存现状、未来的后人类生存状态给出经验学阐释，目的在于以当下最新热点话题为例，反思该派在具体应用中的不足并予以及时补缺。

（四）研究内容：探索出国内媒介环境学研究的多维视野

文章进行了一些比较有原创性的研究。国内媒介环境学相关研究多将麦克卢汉、伊尼斯、波兹曼、翁、梅罗维茨、莱文森等媒介环境学人作为研究重点。本研究与以往所选取的媒介环境学人不同，在分析这些学者提出的理论范式的基础上，将哈弗洛克、詹姆斯·凯瑞这些在国外媒介环境学研究中颇具影响力，但却在中国媒介环境学研究传统中被忽略的学者纳入其中，以探索国内媒介环境学研究的多维视野。通过梳理文献发现，哈弗洛克是与麦克卢汉同时代且具有同等影响力的学者，但国内对哈弗洛克的系统性研究明显不足；詹姆斯·凯瑞一直以来被认为是文化研究的代表，很少有学者将其置于媒介环境学的学术传统中加以审视；麦克卢汉与他人的合著也因未被全部呈现于中国语境中，所以国内对其思想传统的理解欠缺一定的整体观。因此，笔者尝试打捞媒介环境学"遗失的经典"，突破以往选取媒介环境学典型人物的惯例，将这些"失落的遗迹"纳入媒介环境学范畴，使他们在媒介环境学方向的理论命题及思想传统得以开掘。如发掘哈弗洛克的口语—文字观及记忆理论，凯瑞的隐喻表达，麦克卢汉的"全球剧场"、"全球膜"及媒介教育观等诸多理论命题，这些都是影响媒介环境学学术传统的重要思想。因此，本研究试图探寻媒介环境学在中国新闻传播学领域被遮蔽的研究视野，在一定程度上可以加深且拓展国内学者对媒介环境学的整体理解。

同时，笔者进行了其他一些比较有原创性的研究，如将被"误读理论"置于历史情境中来加以审视，并作为媒介环境学在引入地接受过程的一部分历史来考察，即分析国内学者如何对权威不盲从，如何打破定论，进而取得创造性成果。这些对于探究理论旅行的进程显得尤为必要。

第五节　拟解决的学术问题及预期效果

学者们在中西方不同语境中对媒介环境（或媒介生态）的关注点是存在很大差异的。基于西方历史形成的北美话语，在非发达国家的应用必然受到限制。本书旨在通过理论旅行等相关理论，试图解决如下问题。

首先，深入探究媒介环境学在中国的学术旅行过程，以"理论旅行"论作为省思媒介环境学在中国学术旅行的研究框架，从"引入与接受""承继与变异""旅行中的规训""对话与融合""未来展望"五个不同维度切入，在全方位梳理汉语世界的媒介环境学整体发展历程的前提下，在一定程度上完成对媒介环境学在中国土壤中发轫及发展的规律性认知及系统性把握。

其次，更加全面地呈现媒介环境学的原初样貌，在该理论学科属性所固有的弹性和模糊性上探索媒介环境学的未知边界。中国媒介环境学以相对独立的姿态呈现了中国媒介实践中的诸多独特症候，然而在应用中也存在一定的局限性。笔者通过审视理论的应用现状以反思理论的应用困境。同时，本书以知识社会学视角从不同层面打开理解媒介环境学的窗口，对国内媒介环境学研究的未知领域进行探索。

再次，厘清媒介环境学在新媒介时代的理论局限，在前辈学者的经验中，明晰媒介环境学的借鉴之处，探索中国媒介环境学理论在新媒介时代发展的可能性。

最后，总结论争的经验教训，发掘媒介环境学的认识论、实践论、方法论在中国土壤中凸显的不足及启发。媒介环境学从引进之初即参与到中国传播技术及媒介现实发展的进程之中，然而，在解释中国媒介实践的过程中始终游走于这一进程的边缘，难以完成对中国媒介现实的积极介入。国内媒介环境学研究一方面始终带有一定的理论描摹的研究倾向，另一方面又受到中国语境特别是新媒介时代环境的规训与形塑，始终处于"自治"与"他治"的矛盾之中。因此，本书希望反思媒介环境学在中国学术旅行，并基于此适当地提出该学派在中国社交媒体时代可能的学术命题，从媒介环境学的独特视角，为新媒介时代的媒介实践前沿提供更多可能性的阐释。

上篇　译介

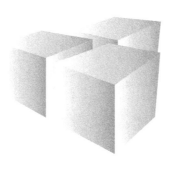

第二章
译介与接受：媒介环境学
在中国的纵深发展

理论在时空中的跨越，既包括横向的空间性，也包括纵向的时间性，亦包括对其旅行过程的审视。因此，对理论如何旅行的探索既需要以地理为经，也需要以历史为维，并对其传播的具体过程进行反思。本章以纵向时间性为主线，追溯我国媒介环境学研究的发展轨迹，以审视媒介环境学在中国的译介、接受过程及发展动向。

第一节　北美媒介环境学的诞生语境及在中国的发展概述

"理论旅行"强调在历史情境中各种思想和力量的交锋对理论的形塑作用。因此，媒介环境学的旅行需要关注更多细微具体的、多种社会思潮相互激荡的历史情境，以便我们更好地省思其在异质文化中的纵深发展过程。

一、北美话语"媒介作为环境"的诞生语境

1968 年，波兹曼在"英语教师全国委员会"年会演讲中首次提出"媒介环境学"（Media Ecology）一词，并将媒介环境学定义为将"媒介作为环境的研究"①。然而，北美话语"作为环境的媒介"这一研究视域早已有之。该话语理论的发轫与发展，与西方社会的发展、全球生态问题的恶化及对技术崇拜的反思有着直接的关系，也反映了人类对自身环境认知的动态过程。

现代生态问题是工业时代的产物。生态学思维生发的历史语境可追溯至第二次世界大战结束不久后的第二次工业革命。20 世纪 50 年代，随着大批工厂系统的建立，大量乡间人口涌向都市，人们全力发展生产力以增加财富，一场前所未有的经济繁荣带来了全球生活水平的提高。然而，在这个工业和商业扩张速度空前高涨的时期，环境危机开始逐步显现。人们发现，在科学和技术进步为人类生活带来便利的同时，快速的人口增长、环境污染和资源枯竭对人类自身的生存环境也造成了更大的威胁。一种所谓经济"增长"和科技"进步""不过是一种幻想"的认知已悄然蛰伏。人们逐渐意识到，在世界历史上没有任何阶段出现过真正的人类进步，"增长"和"进步"不过

① POSTMAN N. What is Media Ecology？ ［EB/OL］.（2011－12－14）［2020－10－22］. http：//www.media－ecology. org/media_ ecology/ index. html#WhatisMediaEcology?

是为自由市场的统治、对非西方社会的殖民剥削和对生物圈的破坏提供了理由。① 因此，这一时期的重要特征是，随着世界生态环境的日益恶化，世人的生态意识抬头，产生了一种生态学范式的研究思潮。

与这一过程并行的是，电视作为一种特定媒介通过对公共事件的呈现而拥有大量观众，如 1956 年"猫王"埃尔维斯·普雷斯利的出现，1960 年美国副总统尼克松的电视竞选等。作为一种划时代的媒介，电视成功地将现实生活中的事件变成公众共同的情感体验，显示出将一起起公众事件转变为媒介事件的惊人力量。在这种媒介日趋占据主导力量的历史环境下，也即翁所称的"生态的时代"②，西方学者形成了一股学术思潮。他们从生态学的角度介入人、技术、媒介与各种社会力量之间的共生关系，探寻媒介环境的改变对人的行为及感知方式产生的影响，以期实现生态平衡，进而形成后现代背景下将"媒介作为环境"来研究的一种思维方式。

西方学术界的各个领域也逐渐发展了以生态学视野为导向的思维转向，诞生了一系列以"生态"命名的社会科学，如生态政治学（ecopolitics）、生态人文主义（eco-humanism）、生态文学（eco-literature）等。这些学科的诞生表明，面对人类共同的日常话语，生态学已从倡导上升为科学范畴，其关于平衡、适应、群落等生态学概念已被移用于各个学科领域，从而在学术界打开了一个个崭新的视野。与此同时，一些学者面对生存危机，开始反思技术对人类生存环境的影响，这是媒介环境学思想根基的主要来源。

威廉·昆斯于 1971 年针对这一现象在《后工业时代的先知：技术的诠释》一书中做了综述式的叙述。书中主要对媒介环境学七位重要学者的著作作了概述，包括路易斯·芒福德、西格弗里德·吉迪恩（Siegfried Giedion）、诺伯特·维纳（Norbert Wiener）、伊尼斯、麦克卢汉、艾吕尔、R. 巴克敏斯特·富勒（R. Buckminster Fuller）。昆斯认为，这七位学者的思想奠定了媒介环境学的学理基础，他们有着共同的研究旨趣，即考察技术对社会和文化产生的影响。在该书结尾处，作者提出了这样的判断："传播是环境的。"③ 尽管昆斯没有使用"媒介环境学"这一术语来描述众多学者的思想，但在昆斯

---

① GOWDY J M. Discussion papers: progress and environmental sustainability [J]. Environ ethics, 1994, 16: 41-55.

② ONG W J. Ecology and some of its future [J]. Explorations in Media Ecology, 2002, 1 (1): 7.

③ KUHNS W. The post-industrial prophets: interpretation of technology [M]. New York: Weybright & Talley, 1971: 257.

对这些学者思想所做的整合背后，或隐或现地透露着媒介环境学的观念。

　　诸多学者中，芒福德最先从技术哲学角度审视技术对人类生活和文化产生的影响。他在于1961年所著的《历史名城》中，认为传播系统构建了一种"无形的城市"①，而城市在他眼中是"容器的容器"②；同时他又将容器视为一种技术："在女性主导的社会里，新石器时代是非常明显的'容器'显赫的时代：这是一个石器和陶器的时代，花瓶、水罐、瓮缸、水池、箱柜、牲口棚、谷仓和房子的时代，这些容器的重要性并不输于灌溉沟渠和村落等'集体容器'。现代学者常常忽略了容器的得天独厚和重大意义，他们用机器的标准来衡量一切技术进步，所以就忽略了'容器技术'（container technology）的意义。"③ 芒福德将容器比作诸如村落般'集体容器'这样的大环境，其口中的"容器技术"观点接近于媒介环境学（将"媒介作为环境"）或技术系统的观念。④

　　芒福德这种将"媒介看作环境"的思想被麦克卢汉继承下来。麦克卢汉的代表性观点——"媒介即人的延伸"旨在说明每一种媒介都是我们感官的延伸，换言之，我们周围的现实环境是通过媒介感知或媒介建构的现实。其另一观点"媒介即讯息"则将媒介技术视为改变人类自身感知环境的一种力量，即媒介技术的变化将对整个人类生存的社会结构产生影响。但这种媒介带来的变化是难以察觉的，如同我们所处的环境一样："环境的首要特征是隐而不显的，难以察觉的。"⑤ 因此我们身处其中难以察觉这种变化，如同鱼儿与水的关系一样，只有当鱼离开水的时候，才能感受到水的作用。

　　波兹曼沿着麦克卢汉的路径，发展出"媒介即隐喻"的重要命题。他认为，媒介形式的变化在不断形塑着我们所处的环境，特定的媒介形式会产生出特定的内容，最终对整个社会文化产生影响。媒介正是用这种隐蔽的方式形塑着我们的文化及生活的世界。

――――――――――

　　① MUMFORD L. The city in history：its origins，its transformations，and its prospects ［M］. New York：Harcourt Brace&World，1961：563-567.

　　② MUMFORD L. The city in history：its origins，its transformations，and its prospects ［M］. New York：Harcourt Brace&World，1961：6.

　　③ MUMFORD L. The city in history：its origins，its transformations，and its prospects ［M］. New York：Harcourt Brace&World，1961：16.

　　④ EASTHAN S. The media matrix：deepening the context of communication studies ［M］. Lanham，MD：University Press of America，1990.

　　⑤ 麦克卢汉，秦格龙. 麦克卢汉精粹 ［M］.何道宽，译. 南京：南京大学出版社，2000：405-445.

20世纪60年代后期兴起的媒介环境学派, 是基于20世纪以来西方社会、政治及思想变革的成果形成的。该学派由一批思想类似的学者基于相似的关切形成了无形的学术思潮, 之后又互相交融成相互交织的网络。媒介环境学以人为中心, 将媒介看作一个生态系统, 这种将"媒介作为环境"即媒介对社会具有宏观影响的研究范式, 对理解社会的传播现象提供了新的视角和方法指导。

二、媒介环境学在中国的发展概述

传播学研究早在新中国成立之前就已有之, 但当时并未引起国内学者的广泛关注, 直到1971年达拉斯·W. 斯迈思 (Dallas W. Smythe) 及1977年威尔伯·施拉姆 (Wilbur Schramm) 访问中国, 国内各种传播学交流活动才日渐频繁。自1998年起, 中国对西方传播学著作的译著也渐成规模, 媒介环境学相关代表人物、译著便在这一大趋势下被引进国内。

正如刘海龙在笔者采访时所言, (国内) 参与研究媒介环境学的人不多, 以译介为主。伴随着国内传播学研究的引介热潮, 深圳大学何道宽教授最先开启了媒介环境学的译介工作, 此后的译介工作也一直由其引领。中国学者对媒介环境学的关注是以探究麦克卢汉媒介思想为开端而逐渐展开的。西方学界的"麦克卢汉热"产生于20世纪60年代, 麦克卢汉媒介理论以"我不解释, 我只探索"的论证方式引发了学界"千人千面"的解读, 其晦涩艰深的《理解媒介: 论人的延伸》《机器新娘——工业人的民俗》等一系列经典代表作纷纷于90年代陆续引进中国。然而, 欧美学界自80年代后逐渐开始推崇实证研究, 对麦克卢汉超前思想的热情逐渐消退, 对其批判之声开始不绝于耳。囿于当时传播技术的局限及引进工作的滞后, 国内学者尚未注意到麦克卢汉后继者的思想及论著, 麦克卢汉被作为孤立的"奇谈怪论"[1]被引入中国。2000年后, 随着译介范围的扩大, 研究对象呈多元化态势, 一系列阐释麦克卢汉思想的著作陆续被引入中国, 包括哈罗德·伊尼斯、沃特尔·翁、尼尔·波兹曼、保罗·莱文森等学者的著述, 他们对麦克卢汉思想上的继承和发扬逐渐被国内学界熟知。此时, 麦克卢汉思想开始逐渐得以广泛传播, 对其思想的研究也被摆上学术研究的重要位置。2006年, 何道宽在《异军突起的第三学派》一文中, 第一次将上述学者的研究视为一种学派, 命名

---

[1] 李彬. 传播学引论 [M]. 北京: 新华出版社, 1993: 155-168.

为"媒介环境学"，并将之与中国的"媒介生态学"划清界限。① 此后，这些不同北美媒介环境学者逐渐被视作一种学术共同体。汉语世界的媒介环境学在经历近10年的学科化发展后，于2015年被列入中国社会科学院新闻研究所牵头编纂的《新闻学与传播学名词》。至此，中国语境下的媒介环境学研究开始从学派一脉相承的特性中找寻可以阐释中国传播现象的理论脉络，走向了理论于在地场域的驯化。

理论的发展受制于人类社会的变迁以及人类对自身环境的认识能力的提高，在不同语境中亦会产生形变。而理论只有在全景意义的关照下，才会得以自省和更新。正如凯瑟琳所言，牢记伊尼斯和麦克卢汉的真正价值在于帮助我们"对事物始终保持批判性的观察"②。因此，我们也应对理论保持一种批判性的观察。那么，北美媒介环境学将走向何处，其学术气质在中国发生了何种变化？为更好地回答这些问题，需要首先审视该派在中国的引入和接受过程。

第二节　媒介环境学在中国的引入与接受的阶段性考察

北美媒介环境学在中国的发展经历了边缘化的研究、理论群体的呈现、作为学术共同体的研究三段历程，其在中国的接受过程中也呈现了三个与之对应的显著特征：被审视、"误读"、反思"误读"。这三个阶段在时间划分上不是完全割裂的、独立的，而是相互交织、渐进发展的。本章在国内译者对媒介环境学相关专著引介考察的基础上，主要呈现媒介环境学在中国新闻传播学领域被接受的动态过程。

一、被审视：零星的引介与被作为"异类"的麦克卢汉学说

自20世纪80年代起至新千年，汉语世界的媒介环境学文献主要围绕麦克卢汉学说来展开，多数传播学专著都对麦克卢汉理论作了介绍。第一本涉及麦克卢汉理论的是1983年由中国社会科学院新闻研究所与世界新闻研究室

---

① 何道宽. 异军突起的第三学派：媒介环境学评论之一 [J]. 深圳大学学报（人文社会科学版），2006（6）：104-108.

② CATHERINE F. How Prometheus is bound：applying the Innis method of communication analysis to the Internet [J]. Canadian journal of communication，2003，28（1）：9.

编著的论文集《传播学（简介）》，书中明安香用大约 1 500 字的篇幅对麦克卢汉学说作为"五 W 模式带来的第四个研究领域'媒介研究'的一种观点加以介绍"①，并评价麦克卢汉"有的是值得重视但被过分渲染了的，如媒介就是信息"，称麦克卢汉"走向了另一个极端"。②换言之，作者认为麦克卢汉学说有言过其实之意。1988 年，中国第一本传播学教材《传播学原理与应用》由戴元光、邵培仁、龚炜合作编著。该书对麦克卢汉"六经注我"式的警世名言"媒介即信息"、"热媒介、冷媒介"和"媒介即人的延伸"等言论做了较为详细的阐释，并批判道："论述缺乏科学性。虽言此即彼，但对一些基本概念缺乏进一步解释和论争，有东拉西扯、界说不清的现象。"③尽管这些如今被封为经典的理论在当时就被写入传播学专著或教材中，但这一时期对麦克卢汉的关注不仅很少，且之后一段时间的文献多将麦克卢汉的理论视为非主流。

该时期涉及麦克卢汉理论的译著仅有两本。一本是由陈亮等人于 1985 年翻译出版的施拉姆的《传播学概论》。该作中，施拉姆将麦克卢汉学说作为其中一个小节予以介绍，主要对"印刷文化"以及"冷热"媒介论予以阐释。他认为"麦克卢汉强调媒介的作用这一点还是对的"④，但同时也批判了麦克卢汉理论缺乏逻辑性，学术观点带有"神谕"的性质⑤。另一本是中国学者何道宽于 1992 年翻译的麦克卢汉的代表作《理解媒介》（第一版译为《人体的延伸——媒介通论》）。这两部媒介环境学相关译著，初次被引进并没有在学界引起巨大波澜，但共同构成了早期对麦克卢汉理论研究的两个主要援引渠道。至此，麦克卢汉的"媒介三论"被广泛地写入传播学教材及学者专著中，成为学科常识，包括《以人为主体的图像之谜》《大众传播学》《传播学引论》《传播学导论》等在内的诸多传播学教材，在介绍麦克卢汉学说时皆援引了以上两本译著，特别是 1999 年郭庆光撰写的《传播学教程》为日后麦克卢汉学说在传播学学子中的普及奠定了基础。

纵观当时的文献，国内学者的专著对麦克卢汉媒介三论的普及起到一定

---

① 陈力丹，毛湛文．媒介环境学在中国接受的过程和社会语境［J］．现代传播（中国传媒大学学报），2013（10）：35-40.

② 中国社会科学院新闻研究所世界新闻研究室．传播学简介［M］．北京：人民日报出版社，1983：14-16.

③ 戴元光，邵培仁，龚炜．传播学原理与应用［M］．兰州：兰州大学出版社，1988：240.

④ 施拉姆．传播学概论［M］．陈亮，周立方，李启，译．北京：新华出版社，1984：136.

⑤ 施拉姆．传播学概论［M］．陈亮，周立方，李启，译．北京：新华出版社，1984：140.

助推作用，但国内学者多用异样眼光打量麦克卢汉，对麦克卢汉的批判成为这一时期的主要基调。1991 年国内出现了第一篇专门研究麦克卢汉思想的文章。在该文中，学者李彬将麦克卢汉学说称为"传播学中的'奇谈怪论'"，主要强调麦克卢汉与美国主流传播学观点的差异。① 作者在其 1993 年的著作《传播学引论》中重申这一主张，将麦克卢汉的"媒介三论"（"媒介即讯息""媒介即人的延伸""冷热媒介"）纳入其中，并将标题定为"麦克卢汉的奇谈怪论"。② 在该阶段，汉语世界对麦克卢汉理论的评价中充斥着批判和质疑之声。国内学者尝试通过麦克卢汉的《理解媒介》来阐释外在世界，但该时期的《理解媒介》作为"20 世纪 60 年代读不懂的天书"③，使学者无法依据当下的体验来理解其所阐释的外在物质世界。文本中的未来技术及媒介变迁跨越时空，被无限拉近到读者眼前，好似产生了视知觉的失焦现象。由于这一文本距离读者"太近"，使诸多学者对世界的观感不仅得不到校验，反而带来了一种因无法通过媒介文本解释现实世界的"压迫感"，这种"压迫感"导致对麦克卢汉学说的直接排斥和批判。在这一阶段中，当读者认为"麦克卢汉缺少对科技导致的人与人、人与社会变化的历史哲学般的自觉思考时，他的《媒介通论：人的延伸》一书被认为是时髦的产物"④。就广为大众熟知的"三论"而言，"由于其观点的跳跃性以及语意的含糊更为诸多学者的批评提供了土壤，他的理论往往更像是格言而缺乏透彻的分析和论述"⑤。更有学者批评其"追求的仅仅是对媒介的纯粹理解，他反复咀嚼的是自己的媒介神话，忽略了形成与操纵传播媒介的历史与社会因素，因而他的媒介研究缺少忧患意识"⑥。也就是说，置于当下的语境中，学者对外在物质世界的理解，仿佛与麦克卢汉所阐释的逻辑完全不同。在该阶段被引进的《理解媒介》作为不受信任的媒介文本备受质疑，在中国传播学研究中处于"他者"状态。

　　那么，媒介环境学在我国初期被排斥的原因除了作品本身晦涩难懂、受技术语境的限制等因素外，是否有其他因素影响了其在国内的初期接受

① 李彬. 奇文共欣赏疑义相与析：麦克卢汉媒介观之新探 [J]. 郑州大学学报（哲社版），1991（4）：89-96.

② 李彬. 传播学引论 [M]. 北京：新华出版社，1993.

③ 何道宽."天书"能读：麦克卢汉的当代诠释 [J]. 四川外国语学院学报，2003（1）：123-128.

④ 王怡红."忧虑的时代"与不忧虑的麦克卢汉 [J]. 国际新闻界，1997（1）：50-53.

⑤ 高竹梅. 传奇式的传播学家：关于麦克卢汉 [J]. 现代传播（北京广播学院学报），1998（2）：40-42.

⑥ 王怡红."忧虑的时代"与不忧虑的麦克卢汉 [J]. 国际新闻界，1997（1）：50-53.

过程？对此，我们不妨从麦克卢汉试图挑起的传播学范式革命说起。在麦克卢汉之前，早有伊尼斯提出的"媒介偏向论"——旨在强调媒介在长期使用过程中，会把媒介自身偏向性和其反映的媒介逻辑作用于整体社会，通过强调媒介自身属性向经验学派提出了挑战，然而这一开拓性研究在伊尼斯时代并没有引起学术界的回应，但却引起了麦克卢汉的共鸣。诚如库恩所言："获得新范式、作出新发明的人，几乎都是非常年轻之人，或是新进入一个其范式将由他们所改变的领域的人。"① 麦克卢汉正是这样一位"新进"人物。伊尼斯的理念对正在寻求学术转向的麦克卢汉而言，犹如指路明灯，为麦克卢汉开创的范式革命指明了方向。或许是从伊尼斯处得到了一些经验，又或许是个人性格使然，麦克卢汉有意通过批判施拉姆这一传播学巨匠来挑动整个学术界，他沿着伊尼斯的观点，对以施拉姆为代表的传播学所建构的传播效果等同于传播内容的效果这一研究假象进行了无情的批判。在《理解媒介》一书中他指出："（施拉姆）没有研究电视形象的具体性质，所以他的测试偏重电视的'内容'、收看时间和词汇频率。总之，他研究电视的方法用的是研究文献的方法，尽管他并未意识到这一点。因此他的报告极其空乏……程序分析和内容分析在弄清楚这些媒介魔力或潜在威力方面，都不可能提供任何线索。"②

　　长期以来，传播学研究一直以施拉姆及四大传播学奠基人建构的重视内容的效果研究为主导，但麦克卢汉不畏施拉姆集大成者的学术地位直接对其叫板，以至于挑动了整个传播学界的神经，也引起了施拉姆的注意。对此，施拉姆在 1982 年出版的《传播学概论》一书中回应道，"麦克卢汉强调媒介的作用这一点还是对的"③，但他同时称"麦克卢汉，正如他的老师哈罗德·伊尼斯一样，是个技术决定论者"④，并强调麦克卢汉理论缺乏逻辑性，学术观点带有"神谕"性质。言外之意，其学术研究缺乏实证研究的规范性，且走向了"技术决定论"的极端。施拉姆对麦克卢汉在"强调媒介"层面的肯定和对其语言特色及"技术决定论"的评价不仅影响着西方学者对麦克卢汉的认知，也潜移默化地影响着中国学者的思维定式。

　　施拉姆的《传播学概论》是我国 1984 年引进的第一部传播学专著，是影

---

① 库恩.科学革命的结构［M］.金吾伦，胡新和，译.北京：北京大学出版社，2003：83.
② 麦克卢汉.理解媒介：论人的延伸［M］.何道宽，译.南京：译林出版社，2019：33.
③ 施拉姆.传播学概论［M］.陈亮，周立方，李启，译.北京：新华出版社，1984：136.
④ 施拉姆.传播学概论［M］.陈亮，周立方，李启，译.北京：新华出版社，1984：137.

响中国传播学最有影响力的著作。作为传播学研究的圭臬，施拉姆对麦克卢汉的批判极大地影响了麦克卢汉在我国被接受的程度，造成了国人早期对传播研究的理解坠入了一种"认知陷阱"中。对于言必称施拉姆的中国学子来说，以施拉姆为参照成为中国传播学研究者的无意识行为，施拉姆对麦克卢汉的评价理所当然成为麦克卢汉学说早期被边缘化不能忽视的一个重要原因，尽管中国学者可能并未意识到这一点，但可以从中国传播学专著在对麦克卢汉评价时对施拉姆一书的高引用率中窥见一斑。如在《大众传播理论：范式与流派》一书中评价麦克卢汉时，为证明麦克卢汉语言风格及严谨性的缺失，作者便引用施拉姆对麦克卢汉的评价："他的论述方式使得他的观点难以捉摸，这一事实就使得人们更加难以理解他何以具有永恒的重要性，尤其是他何以竟能名噪一时……他很少把他的观点充分发挥出来，而且看不起通过经验研究取得的证据。"① 也就是说，施拉姆对以麦克卢汉、伊尼斯为代表的媒介环境学者做了定性，其对二者的评价在当时已成为学界共识，每个进入传播学领域的人甚至都会背上这么一句："麦克卢汉，正如他的老师哈罗德·伊尼斯一样，是个技术决定论者。"②

　　因此，在《传播学概论》的影响下，国人对麦克卢汉形成了固定思维。国内学者对以《理解媒介》为主的元文本，先入为主地进入了审视、批判的视角，导致中国学者对麦克卢汉最初的理解失之偏颇。因此，1992 年第一版《理解媒介》引进中国后，并未引起国内学者的共鸣。用何道宽的话来说，"第一版的《理解媒介》属于时代的'早产儿'，当时无人能读懂麦克卢汉，市场、出版社皆无反响，基本全军覆没。直到第二版、第三版的出版，才使麦克卢汉研究有了质的飞跃"③。一些中国学者的传播学专著对麦克卢汉理论多采用施拉姆的"提及加批判"的写作路径：传播学专著似乎不提麦克卢汉就不够全面，但他的观点的"诸多漏洞"也无法忽略；有些学者干脆将其束之高阁。这种"无人问津"的状况可以从第一版《人的延伸：媒介通论》引用率中窥见一斑：截至 1999 年，在知网中搜索《人体的延伸：媒介通论》发现，其引用量仅为 7 频次，且有 4 篇论文的引用仅是为了发挥名人效应。

　　经历了时间的洗礼，在媒介技术、环境等历史情景变迁下，这种状况在

---

① 施拉姆. 传播学概论 [M]. 陈亮，周立方，李启，译. 北京：新华出版社，1984：136-137.

② 施拉姆. 传播学概论 [M]. 陈亮，周立方，李启，译. 北京：新华出版社，1984：137.

③ 何道宽. 像永动机一样把学问做下去，直至永远 [EB/OL]. (2017-08-15) [2020-12-18]. http：//www.chinawriter.com.cn/n1/2017/0815/c405057-29472031.html.

20世纪90年代末逐渐出现改观。这一时期，麦克卢汉学说似乎逐渐印证了"预言"，其透露出的深刻洞见逐渐被学界发掘，国内学界对麦克卢汉学说从批判逐渐转向了阐释和理解。如陈卫星、郭镇之及何道宽等精英学者的代表作品，成为这一时期的重要文献——他们或剥丝抽茧式地从麦克卢汉思想的根源谈起①，或以与其子访谈的形式探究麦克卢汉思想②，或以对其《理解媒介》的翻译为源探究其理论之本③。这些知名学者的研究，不再局限于"媒介三论"，而是加入对麦克卢汉思想的深度探讨。如王纬在1999年的《哈罗德·英尼斯传播理论与美加的文化战》一文中，将英尼斯的"中心-边陲"学说和"传播偏倚"（现多译作"传播偏向"）理论加以阐释，并将之应用到对美加文化战的现实观照中，成为第一篇介绍英尼斯的研究论文，亦成为介绍媒介环境学第一代另一位重要领军人物的文章。

总体而言，从1981年至1999年近20年间，以麦克卢汉为主题的论文仅有26篇，对麦克卢汉的理论扩散也多限于"媒介三论"。传播学教科书或专著中明显将麦克卢汉学说边缘化，科研教师、研究生等青年学者对其高度概括性的理论似乎并没有产生多大兴趣，受《传播学概论》的影响，中国学界对麦克卢汉学说普遍持质疑态度。随着专著及教科书对这一认知的普及，麦克卢汉仿佛成为不被信任的"异类"而处于一种被审视的境遇。

二、"误读"：理论群体的引介与标签化的读解趋势

从20世纪90年代中期开始，西方社会重新把目光投向麦克卢汉，世界范围内又一度兴起了麦克卢汉学说的研究热潮，组织了一系列关于麦克卢汉学说的讲座。《理解媒介》在1994年也得以再版，其子埃里克·麦克卢汉和保罗·莱文森纷纷围绕麦克卢汉著书立意，以何道宽为主的译者将译作对象由最初的麦克卢汉扩展至更多有相同旨趣的北美学者。2003年是何道宽多产的一年，共翻译出版了4本媒介环境学专著，开启了对包括哈罗德·伊尼斯、保罗·莱文森、菲利普·马尔尚等学者著作的引介工作。2004年，何道宽将莱文森同年的著作《手机：挡不住的呼唤》以边写边译的形式翻译出版，同

---

① 陈卫星. 麦克卢汉的传播思想 [J]. 新闻与传播研究，1997（4）：31-37.
② 郭镇之. 关于麦克卢汉的思想：与埃里克·麦克卢汉博士的一次访谈 [J]. 现代传播（中国传媒大学学报），1999（4）：3-5.
③ 何道宽. 麦克卢汉的遗产：超越现代思维定势的后现代思维 [J]. 深圳大学学报（人文社会科学版），1999（4）：3-5.

年又翻译出版了麦克卢汉 1951 年的《机器新娘——工业人的民俗》。2005 年何道宽又翻译了《麦克卢汉书简》一书。在媒介环境学译介的初始阶段，译介人不仅有何道宽，还有清华大学的熊澄宇和肖志军，他们二位于 2002 年分别翻译了莱文森的《软边缘》及约书亚·梅罗维茨的《消失的地域》两本著作。由于对《软边缘》其中一些译法有不同看法，何道宽于 2011 年重新将之翻译，译作《软利器：信息革命的自然历史与未来》，在学界引起了强烈反响，截至 2020 年 7 月，其被引率高达 2211 频次。另一位译介人丁未则关注"新人"作品，于 2005 年翻译出版了詹姆斯·凯瑞《作为文化的传播》一书（具体译作及译者见附录 1 所示）。

诸多北美学者围绕麦克卢汉著书立意，使麦克卢汉的思想在不同学者多维视野中更显出"神谕"特性，国内学者也逐渐感受到媒介技术对社会变革产生的影响，仿佛"20 世纪 60 年代读不懂的天书，看上去胡说八道的东西，如今都明白如话了"[1]。麦克卢汉学说富有的先验般的睿智，也因"在因特网的崛起正在挑战传统的传媒及传统的传播学理论的今天，倍显出其启迪意义"[2]。被学界视为异类的麦克卢汉学说在此时如获新生，其传播思想得到了国内学界的重新评价："一位社会科学家的伟大之处，不在于他能够提出很多高深的理论，而在于大家都还没有意识到时，他就能洞察预知某种现象就要来临。麦克卢汉就是这样的一个人。"[3] 麦克卢汉的警世名言似乎正逐渐变成现实，于是学者们纷纷拾起置于一旁的"天书"。

与最初的情形相比，这一时期的国内学者不再仅仅局限于"媒介三论"，而是逐渐从媒介文本本身入手，特别是随着对不同北美媒介环境学学者相关著作的持续引进，在理论群体不同视角的加持下，以阐释、理解和吸收的学术态度逐渐代替了以往对麦克卢汉学说的批判之势，而开启对麦克卢汉再认识的研究之旅。这一转变可从该阶段文献的标题中窥见一斑，如《新形势下对麦克卢汉媒介理论的再认识》[4]、《"天书"能读——麦克卢汉的当代诠

---

① 何道宽. "天书"能读：麦克卢汉的当代诠释 [J]. 四川外国语学院学报，2003（1）：123-128.
② 张咏华. 新形势下对麦克卢汉媒介理论的再认识 [J]. 现代传播（中国传媒大学学报），2000（1）：33-39.
③ 郑素侠. 技术创造环境：对麦克卢汉传播思想的一种考察 [J]. 当代传播，2006（2）：30-32.
④ 张咏华. 新形势下对麦克卢汉媒介理论的再认识 [J]. 现代传播（中国传媒大学学报），2000（1）：33-39.

释》①、《理解新媒介——网络时代重读麦克卢汉》② 等。

另一方面，随着波兹曼、莱文森等学者的译著在国内陆续登陆，国内读者"看"的视角发生转向。在专著方面，国内学者对麦克卢汉学说及媒介环境学其他学者的探究不再是蜻蜓点水，而是从不同层面厘清了媒介环境学开创的传播学研究的新视域，从媒介环境学研究的关键词——媒介、技术及范式等方面展开分析。如张咏华率先在 2002 年出版了《媒介分析：传播技术神话的解读》一书，将麦克卢汉理论同英、梅氏媒介理论相对比，厘清了麦克卢汉与伊尼斯、梅罗维茨媒介理论之间的关系，但该作关注了不同学派的媒介理论和媒介观，当中包含了诸多非媒介环境学者的思想研究，如政治经济学的代表人物希勒。另外，也有学者开始从不同学者的著作中寻找这一理论群体的共性。这些北美学者多以人、技术和文化三者关系为研究重点的特性逐渐被国内学者所关注。胡翼青与陈卫星于 2004 年分别出版了《传播学：学科危机与范式革命》及《传播的观念》，在多元文本共性的基础上，他们都提出传播学应划分为三个学派或三种研究方式。前者将传播学划分为经验主义、技术主义、批判主义三种研究范式，后者将传播学划分为经验-功能、控制论、结构主义方法论三个学派。陈力丹则在两位学者的研究基础上，提出了不同的划分，认为"经验-功能学派、技术控制论学派、结构主义符号-权力学派"③ 的命名更能体现出各学派的不同。不论对三大学派的命名如何不同，但三位学者的划分依据基本一致。这一时期，媒介环境学倡导的以技术为中心的研究范式被作为第三大学派确立起来，汉语世界的媒介环境学开始被更多地视为一种学术共同体。

随着技术应用在现实生活中的凸显，在这一时期，国内学界开始逐渐借助技术视角去审视媒介，特别是随着麦克卢汉《理解媒介》第二版译著的发行，麦克卢汉在中国知识场域的影响面得以扩大。国内学者在多维视野的聚拢下，对媒介环境学不同学人的研究兴趣逐渐高涨，对不同媒介环境学人思想的解读趋势开始显现。学者们试图提炼出译本中最具代表性的文本特征，以化约形式解读这一理论群体，即对包括麦克卢汉在内的媒介环境学者的学

---

① 何道宽．"天书"能读：麦克卢汉的当代诠释 [J]．四川外国语学院学报，2003（1）：123-128.

② 张鑫，任鹏．理解新媒介：网络时代重读麦克卢汉 [J]．长沙理工大学学报（社会科学版），2004（1）：110-112.

③ 陈力丹．传播学的三大学派 [J]．东南传播，2015（6）：36-41.

说呈现标签化的解读趋势。然而，这种化约伴随着一系列试图超越前辈的"误读"。

尽管埃里克·麦克卢汉曾澄清"'地球村'是我父亲在70年前用来形容广播的"①，并非诸多学者口中的"全球一体化"②或"全球化"③，但却依旧有基于误读的批判："'地球村'只是麦克卢汉作为文学家和技术决定论者的空想与梦幻。"④ 对于 Media Ecology 这一理论术语的认知，"媒介是条鱼"⑤的误读也不足为奇。国内学者将媒介与鱼等同，却未能参透波兹曼所认为的"媒介环境学是将媒介作为环境的研究"⑥。对于被讥为"技术决定论"的媒介环境学，国内学者没有看到媒介环境学并不认为"技术无论何时何地都能产生普遍相同的社会结果"，而是认为"社会制度、历史阶段、民族文化等因素，都会影响技术在社会当中的效用发挥"⑦。对麦克卢汉冷热媒介分类，只看到"麦克卢汉的这种分类并没有一贯的标准，而且存在着逻辑上的矛盾"⑧，却没有发现"麦克卢汉这一观点与'生产力和生产关系'的关系理论具有异曲同工之妙"⑨。标签化的"误读"频频发生，该如何理解这一过程？

随着技术语境的变迁，国内学者对媒介环境学的理解似乎呈现一种模糊的感知状态，在这一时期，媒介环境学作为"新鲜事物"，对国内学者理解媒介的视角产生了一定的冲击。他们对外在物质世界的观察和体验亟须在了解媒介环境学复杂文本的大致轮廓后将其化约，一方面他们对世界的体验可以轻松地通过化约文本进行校验，另一方面标签化的解读也更容易获取知识承认。然而，学者虽然在此阶段可以通过媒介文本指示的媒介理论理解外在世界，但人和文本之间始终存在无形的"第四面墙"，人始终被区隔在当时技术

① 高竹梅.传奇式的传播学家：关于麦克卢汉［J］.现代传播（中国传媒大学学报），1998（2）：40-42.
② 贺红英.电视带领我们进入"地球村"时代：兼评中央电视台的引进节目［J］.中国电视，2002（2）：3.
③ 朱艳.全球化背景下的信息传播不平衡现象［J］.当代传播，2005（5）：75-77.
④ 杜方伟.论麦克卢汉"地球村"的理论与现实［J］.高教学刊，2015（17）：250-251.
⑤ 崔保国.媒介是条鱼：关于媒介生态学的若干思考［J］.媒介观察，2003（10）：6.
⑥ POSTMAN N. The reformed English curriculum［M］//EURICH A C. High school 1980：the shape of the future in American secondary education. New York：Pitman，1970：161.
⑦ 李明伟.媒介环境学派与"技术决定论"［J］.国际新闻界，2006（11）：40-43，48.
⑧ 郭庆光.传播学教程［M］.北京：中国人民大学出版社，2011：120.
⑨ 黄志斌.冷热媒介传统划分标准误区及概念探析［J］.北京印刷学院学报，2006（2）：46-48.

所呈现的语境中，学者在当下语境与文本中所阐释的技术及媒介观之间有一定距离，这种距离成为一堵无形且不透明的墙，导致误读发生。①

社会语境的转换是导致误读频现的一个重要原因。如前所述，媒介环境学的北美话语是将"媒介作为环境的研究"，该话语理论的发轫与发展，与西方社会的发展、全球生态问题的恶化及对技术崇拜的反思有着直接的关系，也反映了人类对自身环境认知的动态过程。但在国内情境中，正如英国学者丹尼斯·麦奎尔（Denis McQuail）在《大众传播理论》一书中归纳的大多数发展中国家的媒介发展逻辑——这些国家因面对生存和发展的问题，大众传播媒介必须以推动国家发展为基本任务，在国家政策的指导下运行。② 中国媒介的发展变迁也遵循着这样一种路径，作为"党和人民的耳目喉舌"，中国情境中更加关注媒介的生存环境。这种社会语境的不同也造成了诸如"媒介是条鱼"等典型误读，特别是基于本土情境的媒介生态学因"理论基础不牢固，学术传统、权威思想和组织准备的缺位，使中国的媒介生态学尚未具备成为一个学科的条件"③。因此，国内"媒介生态"的一些相关主题论文对北美媒介环境学及国内学术传统认识及使用经常是混乱的。比如我国学界"（北美）媒介生态视野下的某某问题研究"的论文模式，学者在做理论综述时，往往将二者混为一谈，仿佛他们的思想源头、学说内容是一样的，由此可见"误读"之深。

麦克卢汉曾言"鱼到了岸上才知道水的存在"④，其意思是说我们生活在由技术所形塑的媒介环境中却浑然不觉，直到出了问题才有所醒悟。正如陈力丹所言："媒介环境学视野中的'鱼'是人而非媒介，这与中国的'媒介生态学'比喻——'我们是鱼，生活在如水的媒介环境中'恰好对立。"⑤ 这种因中国与北美之间的语境不同而造成的误读还有很多，如部分中国学者将"the medium is the message"理解为"媒介即信息"（实则为"媒介即讯息"，

---

① 不妨从唐·伊德的诠释学关系对这一过程加以理解。在诠释学关系中，物质世界被媒介文本所遮蔽，研究者的视觉终端落在了媒介文本中，并开始基于自身体验感知媒介文本所指示的物质世界。由于文本本身信任度存疑、指示性信息也并非总是确切，学者与媒介文本间呈现了一定程度的诠释不透明性。在这一过程中，误读作为诠释不透明性的表征形式开始逐渐显现。

② MCQUAIL D. McQuail's mass communication theory ［M］. London：Sage Publications Ltd, 2010：163.

③ 陈浩文. 中西方媒介生态学的研究状况和理论反思 ［D］. 广州：暨南大学, 2008：32.

④ MCLUHAN M. Culture is our business ［M］. New York：McGraw-Hill, 1970：191.

⑤ 陈力丹，毛湛文. 媒介环境学在中国接受的过程和社会语境 ［J］. 现代传播（中国传媒大学学报），2013（10）：35-40.

二者差异分析详见第四章），媒介环境学人詹姆斯·凯瑞的"传播的仪式观"也多被误读为国内语境中的"仪式传播""仪式传播观"等诸多概念。

"误读理论"强调的是后辈以"误读"作为一种方法和手段来超越前辈。回到国人对媒介环境学的"误读"，前文提到的种种"误读"并非对国内学者在知识层面的直接否定，而是国内治学者通过否定既存观点，通过"误读"式的标新立异来提升自己观点的价值性，从而获取学术资本。当然，前文所述的施拉姆对麦克卢汉的"技术决定论"的批判，也是他为自身在传播学地位辩护的一种策略，这无意中也为中国学者的误读提供了依据。总而言之，"误读"以留名为追求，放在学术环境中，则是以追求知识承认为目的。

需要明确的是，探讨媒介环境学在中国的"误读"问题绝不是否定媒介环境学早期的研究者和引进者，而是去寻根溯源，去反思和理清中国学者对之的接受过程。在该阶段，国内学者对这一理论群体形成了诸如"第三大学派""技术决定论""媒介是条鱼""媒介悲观主义"等概念化标签，对"地球村""人性化趋势""媒介即讯息"等概念也在不同时期做出了不同的阐释，但这些概念群及理解皆是基于当时技术语境的知识生产，有些解读获得了诠释上的永久透明性；有些却随着技术语境的变迁，其漏洞之处逐渐被发现，使学界开始对这一误读展开反思和澄清。

三、反思"误读"：学派正名后作为学术共同体的理论之旅

随着该理论群体共性的凸显，媒介环境学作为一种学术共同体的整体观逐渐形成，这种整体观在如何汉化 Media Ecology 这一概念的争议中被激发。国内最早注意到 Media Ecology 一词的学者是崔保国，在其《理解媒介生态：媒介生态学教学与研究的展开》① 及《媒介是条鱼——关于媒介生态学的若干思考》② 论文中，作者将 Media Ecology 理解为"媒介生态学"，并与国内在新千年后兴起的"媒介生态学"产生了融合。此后，何道宽、崔保国、邵培仁等学者一度为 Media Ecology 该如何翻译产生了学术论争。"媒介环境学"的正名之辩为其在国内的理论之旅发挥了两方面作用：不仅帮助学界在理论层面明确了北美"媒介环境学"与中国的"媒介生态学"话语的不同，也为学界构建了一个将该群体视为一个学术共同体的整体观。2007 年，林文刚主

---

① 崔保国．理解媒介生态：媒介生态学教学与研究的展开［C］//2003 中国传播学论坛暨 CAC/CCA 中华传播学术研讨会论文集：上册．上海：复旦大学，2004：257—266.

② 崔保国．媒介是条鱼：关于媒介生态学的若干思考［J］．媒介观察，2003（10）：6.

编的第一部以"媒介环境学"命名的专著《媒介环境学：思想沿革和多维视野》在国内翻译出版，在国内带动了以一种整体视角解读媒介环境学的研究趋势。如有在整体视域下从本体论、目的论和认识论三个方面分析媒介环境学派的方法论，论证其作为一个研究范式的合法性的研究①；也有对其范式、理论及未来走向的考察②、对技术认识论的争论③。这些研究将哈罗德·伊尼斯、麦克卢汉、波兹曼、梅罗维茨等诸多媒介环境学人的思想归为一个学术流派，是基于一种学术共同体总体特征下的解读分析。

与此同时，随着前期莱文森、波兹曼等学者的相关著作在国内名声大噪，2007年后，何道宽相继引进了莱文森及波兹曼的著作，同时又为国内学界推介了一批"新人新作"，包括沃尔特·翁、罗伯特·罗根、哈罗德·伊尼斯等学者的著作。在何道宽大力引进势头的带动下，汉语世界的媒介环境学逐渐成为新闻传播学领域的一大显学。2015年，"媒介环境学"被列入《新闻学与传播学名词》词库中，何道宽担任该分支学科的主要编纂人。可以说，至2015年，旅行多时的媒介环境学终于在中国的新闻传播学学科体系中正式"登堂入室"了，而这一切成果与何道宽的大力引介密不可分。

在研究层面，这一时期国内学者也开始对不同北美媒介环境学者之间思想上的承嬗离合展开研究，作为研究者的"我"逐渐理出了媒介环境学人的种种思想脉络：麦克卢汉的部分思想来源于芒福德"机器有机论"思想④，而莱文森的"人性化趋势"和"补救性媒介理论"可以说是对麦克卢汉媒介理论最大的发展与创新⑤；德克霍夫"将人类历史划分为口语时期、书面语时期和电子时期，是对麦克卢汉将人类历史划分为口语时代的部落化时期、文字印刷时代的非部落化时期以及电子时代的重新部落化时期的重要继承"⑥。各学者之间的知识继承与思想沿革被清晰地分梳，在学术方向上区别也被逐一开掘："麦克卢汉主要谈及感知和思考，很少涉及机构；英尼斯主要谈及机

① 李明伟. 作为一个研究范式的媒介环境学派 [J]. 国际新闻界, 2008 (1)：52-56.

② 商娜红, 刘婷. 北美媒介环境学派：范式、理论及反思 [J]. 新闻大学, 2013 (1)：69-76.

③ 李曦珍, 王晓刚. 媒介环境学对技术认识论的争论 [J]. 云南社会科学, 2011 (5)：44-48.

④ 王润. 论麦克卢汉与芒福德"媒介"延伸观 [J]. 国际新闻界, 2012 (11)：40-45.

⑤ 陶冠红, 丁振, 白雪. 保罗·莱文森与麦克卢汉传播学思想比较 [J]. 无限互联科技, 2013 (9)：190-192.

⑥ 杨颖. 新媒介时代多伦多传播学派的传承和发展：兼评德克霍夫的媒介思想 [J]. 国际新闻界, 2011 (2)：19-24.

构，很少涉及感知和思考。"① 不同媒介环境学人之前被遮蔽的思想也开始逐渐显现：麦克卢汉不再仅仅是一个媒介理论学家，还是"有巨大价值的一位哲学人物"，原因在于"哲学最终仅仅只是媒介理论"②。而媒介环境学则是"技术哲学新发展在媒介研究领域的体现"③。通过这种抽丝剥茧的理论追溯与分析，不同北美学者的思想纹理得以呈现，误读现象也被注意到。

在整体观和更多细节被呈现的基础上，国内学者对之前的误读展开反思，他们开始穿梭于不同媒介环境学人的学术文本，试图将之前一系列误读的标签纷纷撕下。对于媒介环境学所谓的技术决定论的误读，研究者开始思考"什么是'技术决定论'？以麦克卢汉为代表的媒介环境学者是否主张'技术决定论'？"④。在深入研读众多媒介环境学人的著作后，发现"他们都在行文中声明技术并非影响社会变革的完全的决定性因素，实际上还存在着政治、经济等其他因素的影响，因此，轻率地将其贴上技术决定论的标签，是失之偏颇的"⑤。对于作为麦克卢汉媒介思想标签的"地球村"概念，一度陷入众所周知却又模棱两可的处境，然而，时过境迁，作为研究者的"我"发现，"地球村"并非完全被误读的全球化概念，也并非电子幻想或纯粹的物理空间，而是颇具马克思所说的"用时间消灭空间"⑥ 的意蕴，是"由人与媒介环境之间的互动所构成的媒介生态"⑦。对于媒介环境学研究对象的认知，在厘清"媒介环境学是将媒介作为环境的研究"认识的基础上，何道宽的"媒介是水人是鱼，水是媒介环境，人是生活在水中却浑然不觉水环境的鱼"⑧ 又将"媒介是条鱼"这一基于本土语境的误读标签扯下。

随着技术语境的变迁，国内学者得以深刻体会不同媒介环境学人的言说

---

① 汤文辉. 略论英尼斯与麦克卢汉学术思想的差异 [J]. 广西师范大学学报（哲学社会科学版），2012（2）：60-63.

② 戴宇辰. "在媒介之世存有"：麦克卢汉与技术现象学 [J]. 新闻与传播研究，2018（10）：82-128.

③ 高翊凯，邱慧. 媒介及隐喻：尼尔·波兹曼媒介哲学探究 [J]. 自然辩证法研究，2018（7）：48-54.

④ 何道宽. 媒介环境学辨析 [J]. 国际新闻界，2007（1）：46-49.

⑤ 商娜红，刘婷. 北美媒介环境学派：范式、理论及反思 [J]. 新闻大学，2013（1）：69-76.

⑥ 李凌凌. "地球村"还是"全球化"？解读今天的传播环境 [J]. 当代传播，2003（3）：16-19.

⑦ 高慧芳. "地球村"的理论嬗变：从部落化现象到媒介生态 [J]. 文艺理论研究，2018（5）：208-216.

⑧ 何道宽. 什么是媒介环境学？[EB/OL].（2008-09-26）[2020-12-18]. https：//www.douban.com/group/topic/4257819/.

语境，并开始通过将自身经验与文本融合后对物质世界进行认知和校验，因此之前许多被遮蔽的内容开始显现。在深刻理解媒介环境学理论细节及思想内涵的基础上，误读也被一一澄清。在该阶段，治学者对北美媒介环境学人的不同媒介文本所呈现的思想脉络、理论所指都已了然于心，不同媒介环境学人的思想和学说得以深度挖掘，他们的思想也在很大程度上得到国内学界的认可。

从"误读"理论来看，上文提到的"误读"是基于当时语境的理解，是争夺知识承认和认同的一种方式，并非有针对性地对前人读解的校正或驳斥。误读及对误读的反思过程具有明显的先后关系，特别是在当下欧洲媒介文本引介热潮下，这种反思更有再起之势。需要说明的是，对"误读"的反思并非简单的对前人在知识层面的直接否定，因为国内第一波接触媒介环境学的前辈学人对学术新秀是具有引领作用的，因此，反思实际上是开始重视不同媒介环境学人的言说语境与作者意图的过程。正是因为"误读"，才会有对"误读"的反思，才更能体现媒介环境学是一种常学常新的种种洞见，才会促进理论的超越以至于达到"回传"对原理论产生影响的作用。

整体观之，北美媒介环境学的诞生嵌入了西方复杂的文化和政治背景，其被引入和接受的过程并非一蹴而就。综合上文分析可知，北美媒介环境学在中国的引介可以分为"边缘化的研究阶段、理论群体的呈现阶段、作为学术共同体的研究阶段"三段历程。深入文献来审视这一过程，边缘化的研究阶段实则是对麦克卢汉学说的一种批判与排斥；理论群体的呈现使国内学者开始重新审视麦克卢汉，但这种重新审视下不乏一些诸如"技术决定论""媒介是条鱼"等标签化的误读；作为学术共同体的研究阶段则呈现了一种深入文本的趋势，与之对应的是澄清误读的阶段。简言之，汉语世界的媒介环境学经历了"被审视—误读—澄清误读"的过程，而这一过程与技术语境的变迁密切相关，显示了中国对媒介环境学接受的动态过程。

需要澄清的是，媒介环境学被引入与接受的三个阶段在时间划分上不是完全割裂的、孤立的，而是相互交织、渐进发展的。从最初的被审视到澄清误读的过程，可以视为北美媒介环境学在接受过程中呈现的两个较为明显的阶段，而在当下，国内学界对媒介环境学的研究一方面受到新文本的影响，主要体现在对不同学者及其译作的持续引入过程中，国内学者不断变换文本和阅读的视角，以期在理论层面进行拓宽和深化；另一方面对媒介环境学的开掘之初是以问题为驱动的，以追求与现实世界的媒介实践前沿对接。媒介环境学正是在理论与实践层面的互动中，来增强对当下新传播技术及现实物质世界之间的若隐若现指示性。

第三节 媒介环境学在中国引进和研究的新动向

随着不同媒介理论的引进，与"反思误读"交融并行的是在对比分析过程中传播研究的"物质性"、"身体"视域引发的研究热潮，继而激发了媒介研究中"物"的转向，媒介环境学学科互涉的理论特质也开始凸显。

一、北美媒介环境学引介的新进展

何道宽一生笔耕不辍，译著产量在其退休后呈现井喷式增长，他致力于国内媒介环境学的建设和发展，是媒介环境学发展名副其实的"文化中间人"。最近几年，何道宽继续专注于麦克卢汉著作的引进工作。2016 年 10 月，机械工业出版社出版了"麦克卢汉四书"①，这四本书均由何道宽教授操刀翻译，为中国读者再次献上麦克卢汉巨著大餐。同时何道宽也致力于继续向国内推介"新人"。2019 年，何道宽又策划并主译了由中国大百科全书出版社推出的"媒介环境学译丛"第一辑五种书②。何道宽对推动中国传播学麦克卢汉研究和麦克卢汉所属的媒介环境学派在中国的发展所做的贡献无人能出其右。

除了何道宽外，在中国媒介环境学的译介行列中也出现了一批"新面孔"，如邓建国翻译引进了约翰·杜翰姆·彼得斯的《对空言说：传播的观念史》；胡菊兰翻译了兰斯·斯特拉特的《麦克卢汉与媒介生态学》；邬建中则翻译了保罗·莱文森《人类历程回放：媒介进化论》。无论这些译著是偶然之作，还是他们将如何道宽一样长期从事翻译工作，无疑对媒介环境学乃至传播学未来的引进工作都具有推进作用。

二、国内媒介文本引进的欧洲转向

随着中外学术交往日益频繁，中国学者开始越来越多地将注意力移至北

---

① 麦克卢汉四书包括《媒介即按摩》《媒介与文明》《余韵无穷的麦克卢汉》《指向未来的麦克卢汉》。

② 五种书包括洛根的《什么是信息》《心灵的延伸》，林文刚再版的《媒介环境学：思想沿革与多维视野》，斯特拉特的新著《震惊至死》，以及德克霍夫的《文化的肌肤》。

美之外。特别是最近几年，国内学界对相关媒介理论及媒介文本的引介，除了继续关注麦克卢汉、伊尼斯等北美学者外，一些学者逐渐对欧洲学者的媒介思想产生了兴趣，研究性论文随之增多，一大批欧洲学者的译介随之在国内出现。如2014年清华大学出版社出版、陈伟星翻译的法国媒介理论家雷吉斯·德布雷的《普通媒介学教程》。2019年10月，复旦大学信息与传播研究中心与中国传媒大学出版社联合推出了"媒介道说"译丛，共6种图书，分别阐释了6位著名哲学家、思想家的媒介思想，包括曼纽尔·卡斯特（Manuel Castells）、弗里德里希·A.基特勒（Friedrich A. Kittler）、斯拉沃热·齐泽克（Slavoj Žižek）、瓦尔特·本雅明（Walter Benjamin）、保尔·维利里奥（Paul Virilio）、马丁·海德格尔（Martin Heidegger）。2020年南京大学出版社又推出了德布雷的《媒介学宣言》。

此外，还有一些关于媒介的研究性论文。为了追求知识差异和认同，这些学者将视域直接转向了欧洲，这种前沿性化身为一股研究"热潮"极大地推动了译介的欧洲转向。这与媒介环境学的学术演进历程大有不同。国内媒介研究不再像以前一样，主要囿于译著这种"二手资料"，而是更多的是基于网络开放提供的便利，在研究过程中直接参考外文原著，援引文献呈现了从译文中心向原文中心转移的态势，从最新研究论文的援引文献中便可窥见这一趋势。与此同时，媒介环境学作为一种开创性的研究范式，在国内搭建了一条研究媒介理论的思想谱系。伴随其他欧洲媒介理论学者及其译作的引入，国内研究者"看"的视角发生了改变，媒介研究的思想谱系开始在不同国别、派系的比较分析中逐渐显现。

三、研究新动向：探索媒介环境学关于"物"的研究面向

随着媒介环境学研究的深化，在一波译介热潮从北美转向欧洲的进程中，特别是随着对德布雷、基特勒、西皮尔·克莱默尔（Sybille Kraemer）等不同学者论著及思想的引入，老一派学者如陈卫星、胡翼青等之前关注媒介环境学范式的学者开始转向与其他媒介理论的对比研究中。尽管这些来自外域的媒介理论的起点不同，"但他们都有一个共同的对话者——麦克卢汉"①。媒介环境学的开山鼻祖麦克卢汉就这样被作为起承转合的理论基底延伸至媒介

---

① 胡翼青，王焕超. 媒介理论范式的兴起：基于不同学派的比较 [J]. 现代传播（中国传媒大学学报），2020，42（4）：24-30.

理论的对比研究中。

在这一过程中，一种以"身体"视域观照社会传播现象的研究热潮逐渐出现。"'身体'是麦克卢汉开展媒介研究的立足点、出发点和归宿，也是破译其媒介理论的关键。"① 而之前学界"对麦克卢汉作品中无处不在的身体视而不见，某种程度上表征了传播学对显在身体的长期漠视"②，但身体视域为何直到现在才开始进入学者视野？

有学者将之归因于新技术浪潮的来临。③ 的确，人工智能技术的突飞猛进，打破了"传播是精神交往及互动，基本和身体无关"④ 的共识，凸显了身体在传播学中的意义，特别是在技术去弊后的环境下，其意义更加凸显。诚如有学者所言，"传播学对身体的关注，很大程度上来自移动网络、虚拟现实、人工智能技术崛起的巨大刺激"⑤。在这种技术语境下，"身体"视角的凸显，一方面将媒介环境学置于媒介实践前沿中，完成了理论于在地传播现象的应用；另一方面"身体"从各个学术视角被激活，实现了麦克卢汉与海德格尔、伊德、梅洛-庞蒂等学者对话的可能性，使媒介环境学学科互涉的理论特质逐渐显现，呼应了传播学跨学科的学科特质。在这一过程中，国内学者开始聚焦新内容，不再是对先前理解的反思与澄清，而是另辟蹊径，在哲学、现象学等学科理论的观照下，从"身体"视角延伸出更多值得探讨的命题。如对"技术与身体"的哲学思考⑥，"智能传播时代身体、媒介及环境的互动融合"⑦、"知觉身体"的现象学思考⑧等问题，继而使媒介环境学有了更多跨学科层面的新发现："伊德对海德格尔意向结构的改造与麦克卢汉的图形/

---

① 刘婷，张卓．身体-媒介/技术：麦克卢汉思想被忽视的维度 [J]．新闻与传播学研究，2018 (5)：46-127.

② 刘婷，张卓．身体-媒介/技术：麦克卢汉思想被忽视的维度 [J]．新闻与传播学研究，2018 (5)：46-127.

③ 孙玮．交流者的身体：传播与在场：意识主体、身体-主体、智能主体的演变 [J]．国际新闻界，2018 (12)：83-103.

④ 刘海龙．传播中的身体问题与传播研究的未来 [J]．国际新闻界，2018 (2)：37-46.

⑤ 孙玮．交流者的身体：传播与在场：意识主体、身体-主体、智能主体的演变 [J]．国际新闻界，2018 (12)：83-103.

⑥ 吴宁宁．身体主体与技术的双重内涵 [J]．湖南师范大学社会科学学报，2016 (6)：73-79.

⑦ 殷乐，高慧敏．具身互动：智能传播时代人机关系的一种经验学阐释 [J]．新闻与写作，2020 (11)：28-36.

⑧ 陈员．胡塞尔知觉现象学中的身体理论 [J]．南京大学学报（哲学·人文科学·社会科学），2020 (2)：140-147.

背景有着异曲同工之处。"① 也使媒介环境学的短板——缺乏方法论，在对现象学及哲学思想和方法的借鉴中得以补阙。②

然而，"身体"视域的凸显仅仅是因为新传播技术的作用吗？如果是，新兴技术早在20世纪第二个十年后就开始崛起，为何从"身体"视域观照媒介实践的研究直到现在才开始兴起？

为此，我们不妨通过国内媒介理论研究的欧洲转向来审视这一现象。随着国内新闻传播学界对欧洲媒介学者的关注，在对比北美与欧洲媒介理论的研究中，传播学研究的物质性问题逐渐凸显。而身体、技术作为传播学的物质性概念，自然受到这种研究转向的影响，但与此同时，这种转向也开始促逼学界以全新的视角重新探索媒介环境学关于"物"的研究面向。

对传播的物质性这一问题，基德勒把他的媒介理论概括为一种"媒介/信息物质主义"的路径③，法国学者德布雷则认为"精神只有在一个可感知的物质性（话语、文字、图像）中获得实体，通过沉淀于一个载体之上才能作用于另外一个人"④。他们摒弃了传统的媒介环境学关注的人文主义，而强调传播学的物质性问题。在这种对比视域下，欧洲学者的研究打破了国内学者对媒介环境学（人）范式的固化认知，使作为传统媒介理论的媒介环境学在很大程度上被祛魅。如人与技术的关系，麦克卢汉的媒介思想使人的主体性发生消解，致使国内学界对麦克卢汉学说的质疑之声再度响起："麦克卢汉所认为的人在狭义上的主体性消失，这一观点是存在问题的。"⑤ "基特勒认为麦克卢汉对媒介的理解不够准确。他反对将媒介看成人的延伸，而将媒介视作人的主体性构成之条件。"⑥ 在国内学者眼里，麦克卢汉作为媒介环境学的开创者，似乎正在被基特勒、克莱默尔等媒介理论研究者的另类传统超越。相比之下，研究者对基特勒的解读存在一个基本共识，即他对人文主义取向

---

① 戴宇辰 . "在媒介之世存有"：麦克卢汉与技术现象学 [J]. 新闻与传播研究，2018（10）：82-128.

② 董浩 . 技术现象学视域下人与媒介的关系省思及认识方法补阙 [J]. 新闻与传播评论，2020（1）：19-31.

③ KITTLER F. Literature, media, information systems [M]. Amsterdam：G+B Arts，1997：126.

④ DEBRAY R. Introduction à la médiologie [M]. Paris：Presses Universitaires de France，2000：314.

⑤ 吴璟薇，曾国华，吴余劲 . 人类、技术与媒介主体性：麦克卢汉、基特勒与克莱默尔媒介理论评析 [J]. 全球传媒学刊，2019（1）：3-16.

⑥ 张昱辰 . 媒介与文明的辩证法："话语网络"与基特勒的媒介物质主义理论 [J]. 国际新闻界，2016（1）：76-87.

的抛弃："基特勒摒弃以人的身体为核心的人文主义传统，转而强调媒介物质性。"① 也就是说，基特勒认为媒介是理解人类活动的尺度，而不是与之相反的过程。当这条思想脉络流动到克莱默尔这里的时候，他所提出的媒介性与信使模型完全不同于麦克卢汉："（她）并不区分人与技术，也不强调技术力量，因此拓宽了我们对媒介功能的理解，克莱默尔已经从麦克卢汉与基特勒的媒介理论传统中超脱出来了。"② 麦克卢汉作为媒介环境学的领航人，他所揭示的媒介/技术思想在多元理论的对比分析中似乎成为最普通的一支。

概观之，这种对比分析产生了两方面影响。一方面，媒介环境学范式作为既定的媒介文本，仿佛"抽身而去"，成为研究其他媒介新文本或思想的背景。研究者们开始聚焦媒介新文本，而媒介环境学作为既定的旧媒介理论似乎是不在场的，但又是其他媒介理论必不可少的研究参照，而只有在对比分析中发现曾经的误读时，才会感受到这一"旧媒介理论"的存在，表征为对比分析后的再批判："他们（媒介环境学人）做的基本都是媒介史的宏大研究，而完全没有落地到现实的媒介实践中，没有真正进入制度、关系、行动等层面考虑传播问题。"③ 另一方面，媒介研究的关注重点开始从非物质性向物质性转变。特别是随着传播学界媒介研究的欧洲转向，多元媒介理论"以一种区别于主流传播学研究的视角审视和讨论传播的物质性问题，试图扭转传播学的文本中心主义倾向"④。换言之，关于媒介的"物"的研究成为区分麦克卢汉与基特勒、克莱默尔等欧洲媒介理论传统的主要概念抓手。在这样的研究脉络中，即在我国媒介研究物质性转向的思潮下，国内一些治学者开始回看媒介环境学，发现媒介环境学的学者并未有意区隔作为"物"的媒介与传播"信息"的媒介，而且在60年前正当美国传播学研究唯"内容"至上时，传播的"物质性"问题已出现在伊尼斯、麦克卢汉等媒介环境学人的视野中，成为他们的关注重点。学界也开始在媒介研究物质性转向的思潮下重读媒介环境学，开始有意探索不同媒介环境学人关于"物"的研究传统。如

① 吴璟薇，曾国华，吴余劲.人类、技术与媒介主体性：麦克卢汉、基特勒与克莱默尔媒介理论评析［J］.全球传媒学刊，2019（1）：3-16.

② 吴璟薇，曾国华，吴余劲.人类、技术与媒介主体性：麦克卢汉、基特勒与克莱默尔媒介理论评析［J］.全球传媒学刊，2019（1）：3-16.

③ 胡翼青，王焕超.媒介理论范式的兴起：基于不同学派的比较［J］.现代传播（中国传媒大学学报），2020，42（4）：24-30.

④ 丁方舟.论传播的物质性：一种媒介理论演化的视角［J］.新闻界，2019（1）：71-78.

何晶娇等人的《媒介物质性：伊尼斯"媒介-文明"观再思》[①]一文致力于解读伊尼斯思想中关于媒介物质性研究的前瞻性；丁方舟在《论传播的物质性：一种媒介理论演化的视角》[②]一文中重新对梅罗维茨关于媒介物的研究进行了思考。这些作品都试图重返经典以探索新知。

然而，对比视域下的媒介环境学在很大程度上被祛魅，其对宏大及抽象命题的关注皆基于西方的社会历史变迁，研究视角一直与当下微观层面的媒介实践前沿保持着距离。为此，胡翼青批判道，由于"关注作为物种的媒介，关注宏大而空洞的社会文化问题形成了媒介环境学独特的研究气质，导致的结果是该学派离媒介实践的前沿越来越遥远"[③]。由于缺乏对微观问题的观照，在对文本层面的深度解读之后，如何使媒介环境学的理论命题在中国媒介实践前沿中激起涟漪，成为媒介环境学化解危机的良方。

本章小结

本章无意囊括媒介环境学文献的所有理路，所做的工作也并非综述，而是更为精细化的一种基于历史语境的解读，即专注于媒介环境学引入和接受的过程中，是否能在中国语境下媒介环境学理路繁多、思想纷乱的文本中把握知识演进的具体脉络。

具体而言，媒介环境学的引入和接受历程具有如下阶段特征。首先，在20世纪80年代引入的初始阶段，麦克卢汉作为媒介环境学的代表人物，在传播学译潮的影响下进入国人视野，然而麦克卢汉挑起的范式之争在为其赢得声誉的同时，也遭到了诸多批判。由于深受施拉姆的影响，国内学者在该阶段多将麦克卢汉视作异类，以维系自身原本对传播学的理解。其次，随着引介范围的扩大，在理论群体的观照下，国内学者逐渐关注到了以麦克卢汉为中心的不同北美媒介环境学人的思想沿革，激发了国人对麦克卢汉及其后继人的读解热潮。再次，随着理论应用情境的转换，国人对媒介环境学的理解也产生了一系列标签化的误读。最后，随着学术共同体视域的逐步凸显，国

---

① 何晶娇，褚传弘，陈媛媛. 媒介物质性：伊尼斯"媒介-文明"观再思 [J]. 新闻界，2020 (11)：72-79.

② 丁方舟. 论传播的物质性：一种媒介理论演化的视角 [J]. 新闻界，2019 (1)：71-78.

③ 胡翼青，王焕超. 媒介理论范式的兴起：基于不同学派的比较 [J]. 现代传播（中国传媒大学学报），2020，42 (4)：24-30.

内学者开始穿梭于不同媒介文本中，并深入北美学者的言说语境以厘清媒介环境学（人）更多纹理和细节，误读也被逐一澄清。此外，伴随着技术去弊后的语境变迁及媒介文本引进的欧洲转向，一种以"身体"视域观照社会传播现象的研究热潮逐渐显现，"身体"视域似乎成为媒介环境学勾连其他学科的"元视角"，媒介环境学学科互涉的理论特质逐渐显现，媒介环境学也因此被置于与其他欧洲媒介文本的参照系中，带动了媒介环境学关于"物"的研究面向。在这种具有连续性和流动性的研究体验中，媒介环境学逐步完成了理论于在地场域的驯化，亟待介入中国媒介实践前沿以走向更加开放的研究领域。

概观之，长期以来，国内学者对媒介环境学的解读一直跟随译介的步伐，从不同视角探索学者的言说语境及思想主旨。换言之，国内学界对媒介环境学的解读在很长时间一直处于亦步亦趋的理论描摹状态。而在当前阶段，在多元媒介文本的持续译介过程中，媒介环境学的引入和接受也经历从边缘化批判阶段转变到多元学术取向逐渐合流，最终呈现出学科互涉学理特性的复杂历史进程。从早期对麦克卢汉学说的拒斥，到理论群体呈现后的标签化误读，再到深入文本后的澄清误读；从多元媒介理论的对比分析、对媒介环境学的祛魅，到学科互涉理论特质的复魅，这段历程似乎产生了这样一个有趣的现象：每次我们觉得媒介环境学快要从中国语境中被淘汰的时候，它总会悄悄溜回来。媒介环境学作为舶来品，不同代际的研究者对这一学派学者思想和理论的读解，都将呈现文本诠释的连续性和流动性特征，这些特征为理解其他学术专著的引介及接受过程提供了较为新颖的切入视角。

第三章
旅行中的"驯化":反思媒介环境学在中国的译介、传播及论争

理论从起点到终点的跨时空旅行往往会有一系列中介机制在影响其发展，深入肌理的论争与研讨反映了媒介环境学在本土语境中的不适与调整，这些过程共同构建着媒介环境学在中国的落地生根。本书第二章只是从有限样本中大致勾勒出一幅中西媒介环境学研究的简笔画，对于中国土壤如何适应从外域引进的概念、术语、理论，并使之精细化以适用于本土的宗旨和语境，则需要更为深入的文本探微。因此，本章从更为细致的文本叙事中，厘清媒介环境学在中国理论旅行中的关键步骤。对媒介环境学理论旅行中引发的论争与研讨的产生、过程、结果和原因进行考察和反思，有助于我们理解汉语世界媒介环境学在发展过程中所受到的阻力，帮助我们呈现出理论得以建构并在新的理论空间中如何一步步地流动、丰实、转换的过程。

第一节　起点的明晰：再谈 Media Ecology 的正名之辩

谢天振在《译介学》一书中提出了"译介学"的概念。他指出："译介学不同于一般意义上的翻译研究……最初是从比较文学中媒介学的角度出发，目前则越来越多地从比较文化的角度出发，对翻译（尤其是文学翻译）和翻译文学进行的研究。"[①] 其关键词是"创造性叛逆"，"创造性叛逆现象特别具有研究价值，因为这种创造性叛逆特别鲜明、集中地反映了不同文化交流过程中所受到的阻滞、碰撞、误解、扭曲等问题"[②]。也就是说，不同于"译文学""翻译学"强调的以忠实于原作为核心，译介学不关注语言层面的对等性，而是重视翻译在跨文化交流中，会对源语言做有意无意的变形、改造、叛逆。换言之，译介学认为，外来理论或术语经翻译引介至国内不是简单的文字翻译，而是受到时代语境、意识形态、文化背景、读者期待、传播渠道等因素制约的、动态的文化交际行为。

外来理论、概念、术语进入异质文明语境后的起点问题是学术研究的重要问题。陈力丹在本次采访中所言："研究要从正确的认知出发，在望文生义的起点上做学术，是对学术的玷污。"西方语境中兴起的"媒介环境学"在国内如何以及在多大程度上发挥理论力量，取决于我们如何适用从外域引进的

---

① 谢天振.译介学［M］.增订本.北京：北京大学出版社，2013：1.

② 谢天振.比较文学与翻译研究［M］.上海：复旦大学出版社，2011：112.

Media Ecology 这一术语。那么，我们要思考的是，这一术语直译应为"媒介生态学"，最终却翻译为"媒介环境学"，这一译语是如何落地的？其中反映了译者的哪些思想？Media Ecology 应保持何种学术姿态以走入中国本土语境？

一、关于 Media Ecology 的正名之辩

"译"即翻译，"介"的主要内容是传播。译介学认为，传播开始之后需要考虑"怎么译"的问题，即文本的交流、接受、传播等问题。显然，媒介环境学的起点问题需要从 Media Ecology 一词的翻译着手。

Media Ecology 一词由波兹曼于 1968 年在公开演讲中使用，它在汉语世界的译语直到 2006 年才被重视起来。Media Ecology 直译应为"媒介生态学"，但以何道宽为代表的学者为何主张将其翻译为"媒介环境学"？对这一译语的论争有哪些？对于这些问题，梁颐于 2013 年已做了较为全面的论述①，在此不做赘述，文章仅以图示形式，简要地通过追根溯源以明晰 Media Ecology 在我国研究的起点。

如表 3-1 所示，孙振彬于 1992 年最先将波兹曼《童年的消逝》中出现的 Media Ecology 一词翻译为"媒介生态学"；尹鸿是国内使用"媒介生态学"一词的第一人，主要基于媒介管理的研究层面，强调媒介之间的生态关系；邵培仁是开创中国特色媒介生态学的第一人；崔保国在 Media Ecology 基础上提出了中国"媒介生态学"，在发表于 2004 中国传播学论坛会议论文集的文章②及《媒介是条鱼——关于媒介生态学的若干思考》一文③中，将 Media Ecology 理解为"媒介生态学"，并将之与国内在新千年后兴起的"媒介生态学"相关联，认为"媒介是条鱼"。何道宽则强调北美 Media Ecology 的学术脉络和特性，表达了与崔保国不同的观点，他认为，"媒介是水人是鱼，水是媒介环境，人是生活在水中却浑然不觉水环境的鱼"④。显然，二者的解读是对生态/环境概念在不同语境中的理解。随后，邵培仁、张国良、童兵、崔保国等国内诸多学者纷纷开展了媒介生态方面的课题研究，共同构建了关注人

① 梁颐. 北美 Media Ecology 和我国"媒介生态学"、"媒介环境学"关系辨析：基于一种传播学研究乱象的反思 [J]. 东南传播，2013（12）：7-11.

② 崔保国. 理解媒介生态：媒介生态学教学与研究的展开 [C] //2003 中国传播学论坛暨 CAC/CCA 中华传播学术研讨会论文集：上册. 上海：复旦大学，2004：257-266.

③ 崔保国. 媒介是条鱼：关于媒介生态学的若干思考 [J]. 媒介观察，2003（10）：6.

④ 何道宽. 什么是媒介环境学? [EB/OL].（2008-09-26）[2020-12-18]. https：//www.douban.com/group/topic/4257819/.

与媒介环境和谐与平衡发展的媒介生态学中国版本。

表3-1 国内学者对 Media Ecology/媒介生态学的关注重点及其代表作

年份	学者姓名	主要影响/关注重点	主要代表作
1992	孙振斌(译者)	将《童年的消逝》中的 Media Ecology 翻译为媒介生态学	《童年的消逝》
1996	尹鸿	中国使用"媒介生态学"一词的第一人	《电视媒介:被忽略的生态环境——谈文化媒介生态意识》
2001	邵培仁	关注中国特色媒介生态学	《论媒介生态的五大观念》
2004	崔保国	强调北美 Media Ecology 与中国媒介生态学的融合	《媒介是条鱼——关于媒介生态学的若干思考》
2006	何道宽	强调北美 Media Ecology 本身的学术传统	《异军突起的第三学派——媒介环境学评论之一》

对 Media Ecology 的翻译问题,以何道宽为代表的学者在 2005 年底和 2006 年初,经过与李明伟、丁未、陈世敏、林文刚等学者的商榷,采用"充其实而不据其形"的方法,将其翻译为"媒介环境学"。2006 年何道宽正式将 Media Ecology 的翻译问题提出来:"Media Ecology 应该定名为'媒介环境学',而不采用几年来已经在使用的'媒介生态学'。"[①] 林文刚则在 2007 年为何道宽翻译的《媒介环境学:思想沿革与多维视野》一书所作的序言中表示:"为了维持理念上的一致和清晰度,我建议把迄今为止我的一切中文著作里 Media Ecology 的译名从媒介生态学一词更名为媒介环境学。"[②] 两位学者试图与"媒介生态学"划清界限,使媒介环境学本应在引进之时就应予以充分考虑的重要问题在此时得以澄清。因为在廓清理论的诉求中,唯有从概念上对源于中国本土的"媒介生态学"与基于国际视角的"媒介环境学"进行区别,才能在理论及应用层面进行更深入的发展。

显然,基于国际视角的"媒介环境学"和国内关注的"媒介生态学"不同,中国在此之前已经发展了与北美 Media Ecology 完全不同的"媒介生态

---

① 何道宽. 异军突起的第三学派:媒介环境学评论之一 [J]. 深圳大学学报(人文社会科学版),2006(6):104-108.

② 林文刚. 媒介环境学:思想沿革与多维视野 [M]. 2 版. 何道宽,译. 北京:中国大百科全书出版社,2019:第一版编者序 30.

学"研究。

在国内，以邵培仁为代表的学者主张 Media Ecology 应一以贯之地使用"媒介生态学"这一译法，他感叹"媒介生态学概念诞生三十多年后，却尴尬地在中国面临着正名之辨"①，并认为"媒介生态学"的译法比"媒介环境学"在某些层面及意义上更为妥帖。同时他认为更正的时效问题应予以考虑，若为时已晚的翻译"只得到少数人的认可，而多数人依然故我，反而可能加剧它的混乱和不确定性。这就像当年对传播学的翻译，先入为主的译法最终变成了大家的约定俗成"②。他在注释中以自己对 communication 翻译（应译作"交流"来凸显其双向传播的意蕴）的更正为例，阐释迟来的更正似乎并不能起作用，以此来获得继续使用"媒介生态学"的正当性。那么，国内对 communication 一词译语的更正经历了怎样的过程？

communication 一词被译作"传播学"可追溯至 1978 年的改革开放，复旦大学的郑北渭发表的《公共传播学研究》和《美国资产阶级新闻学：公共传播学》开启了传播学的介绍和概念普及。之后，试图对其更正的声音一直未曾中断。如 1986 年，居延安建议在不同场景中将 communication 分别译作"沟通""通信""交流""传播"等③；1987 年颜建军建议译作"沟通"而非"传播"④；1988 年，刘力群指出"传播"是错译，"沟通"才更准确⑤；2004 年，吴建民主编的《交流学十四讲》将 communication 更正为"交流学"。也就是说，communication 译作"传播学"发生在 1978 年，之后一系列的更正都未能撼动"传播学"这一译法，诚如邵培仁教授所言，"按照'传播学'来理解已变为约定俗成的一种认可"。那么，对 Media Ecology 译语的更正是否"为时已晚"？

如果按照这种逻辑审视"媒介环境学"的更名之举，最早将 Media Ecology 翻译为媒介生态学是 1992 年，但在 2006 年之前，国内学者未能将包括麦克卢汉、波兹曼、英尼斯等北美学者作为一种学术共同体来解读，文献

① 邵培仁. 思想·理论·趋势：对北美媒介生态学研究的一种历史考察 [J]. 浙江大学学报（人文社会科学版），2008（3）：180-190.
② 邵培仁. 思想·理论·趋势：对北美媒介生态学研究的一种历史考察 [J]. 浙江大学学报（人文社会科学版），2008（3）：180-190.
③ 居延安. 信息·沟通·传播 [M]. 上海：上海人民出版社，1986.
④ 颜建军. 关于建立中国沟通学的设想 [J]. 新闻学刊，1987（1）：50.
⑤ 刘力群. 论我国传播学研究之得失及新的突破 [M] // 中国社会科学院新闻研究所. 新闻学研究十年：1978-1988. 北京：人民出版社，1990：46-61.

的研究题目多以学者的名字、学说或两者兼有之来命名, 如《"热"媒介与"凉"媒介》①、《信息即逆熵——解读麦克卢汉的媒介讯息论》② 等。即使有少量学者开始把不同北美学者作为一个学术流派来考察他们的思想渊源或总体特征, 而相关论文则统称为"加拿大传播学派"或"多伦多传播学派"。如何道宽在 2002 年《加拿大传播学派的双星: 伊尼斯与麦克卢汉》一文中称二人代表的学术团体为"加拿大传播学派"③, 陆道夫在 2004 年《多伦多传播学派媒介文化理论初探》一文中称之为"多伦多学派"④。这一时期都未能关注到源自外域的 Media Ecology 这一概念。直到 2006 年何道宽等学者开始正视这一术语的翻译问题, 在此之前, 中国学者研究的媒介生态学与 Media Ecology 并不属于同一个路子。因此, 2006 年对 Media Ecology 术语的翻译更正并不能称为"为时已晚"。最终, Media Ecology 在 2015 年被译作"媒介环境学", 并被列入《新闻与传播学名词》词库中, 正名之辩告一段落。这表明以何道宽等为代表的学者群体主张的"媒介环境学"译法终于在学术领域得到认可。

之所以将 Media Ecology 翻译为"媒介环境学", 除了林文刚提出的该翻译直接体现了媒介环境学开创者波兹曼对媒介环境学的定义, 即"媒介环境学把环境当作媒介来研究""(其)天然使命是促使这个世界成为更加适合人生存的地方和环境"⑤。除这两点原因外, 笔者认为, Media Ecology 如同媒介环境学所包含的各种理论一样, 暗含着一种生态学隐喻特性: 人类不仅生活在地球这样一种自然环境中, 也生活在一种由技术所形塑的媒介环境中。自然环境的恶化引发人们对现实生活环境的忧思, 而技术环境对人类和社会如何造成以及造成何种影响则是媒介环境学者所关注的重点。"媒介环境学"这一译语可以将 Media Ecology 的隐喻特性予以完整的表达。

这种初始状态的争论, 明晰了北美媒介环境学在国内研究的起点问题, 使国内学界清晰地认识到中西方学术语境中"媒介生态学"/"媒介环境学"具有的不同内涵、视角和方法: 中国本土的"媒介生态学"侧重研究政治、

---

① 靳松. "热"媒介与"凉"媒介 [J]. 新闻大学, 1995 (3): 32.

② 赖晓航. 信息即逆熵: 解读麦克卢汉的媒介讯息论 [J]. 当代传播, 2004 (1): 41-48.

③ 何道宽. 加拿大传播学派的双星: 伊尼斯与麦克卢汉 [J]. 深圳大学学报 (人文社科版), 2002 (5): 93-99.

④ 陆道夫. 多伦多传播学派媒介文化理论初探 [J]. 学术论坛, 2004 (2): 163-167.

⑤ 何道宽. 异军突起的第三学派: 媒介环境学评论之一 [J]. 深圳大学学报 (人文社会科学版), 2006 (6): 104-108.

经济、文化、制度等生存环境对媒介的影响，而北美"媒介环境学"则侧重研究媒介环境如何对人类、社会及文化等各方面产生影响。他们的论争从起点上为媒介环境学研究在我国的发展理清了方向，激发了广大学者对中西媒介环境学在不同层面的深入研究。

值得一提的是，中国社会科学院新闻所唐绪军在对笔者的学术指导中称："在 2015 年编纂新闻学与传播学名词词库时，'媒介环境学'这一名词本来要被删去的，在何教授的坚持下才得以保留。"也就是说，媒介环境学之所以可以被列入新闻学与传播学名词词库，除了来自该学派与日俱增的学术生命力外，更重要的是来自何道宽教授的坚持与执着。当然从目前来看，媒介环境学派的发展壮大确实足以使其"登堂入室"，但若没有何教授在当时的坚持与肯定，这种正名恐怕不会来得如此之早。总之，何道宽作为媒介环境学的文化中间人，其对"更名"问题的提出正式开启了媒介环境学在中国的学术之旅。

目前，虽然国内学界对 Media Ecology 的汉译之争已告一段落，但在我国传播学的研究实践中，依旧存在从概念到理论被混用的研究乱象。2013 年，国内学者梁颐对该现状进行了反思，并厘清了相关研究的关系。然而，尽管"媒介环境学"这一译语已在 2015 年尘埃落定，但 2015 年之后的一些研究依然将北美的 Media Ecology 译为了"媒介生态学"，仿佛他们的思想源头、学说内容是一样的。一些学者试图通过在"媒介生态学"前面加上北美二字，以强调北美与中国学术传统的不同。如 2017 年、2019 年的硕士论文《平衡理念：理解北美媒介生态学的新路径》《媒介教育：理解北美媒介生态学的新视角》等。因此，有必要对其中的关键问题予以重审，以还原北美 Media Ecology 译语论争之外遗留的问题。

分析该现象产生的原因不难发现，国内学者对 Media Ecology 的译语之辩发生在传播学领域，对于刚刚接触媒介环境或媒介生态理论的年轻研究者或来自其他学科、领域的研究者而言，他们在应用该术语时，难免先入为主地将其直译为"媒介生态学"。如哲学领域的研究《当代美学研究的媒介生态学视野》《论人工智能电视发展的人性化趋向——以媒介生态学为视角》等。对此，陈力丹在本次采访中批判道："通过英文随意想象，造成了一批硕文博文的诞生"，并指出"研究要从正确的认知出发，在望文生义的起点上做学术，是对学术的玷污"。这提醒我们在学术研究中要秉承严谨治学态度，如仅追溯北美媒介环境学的理论，势必会造成研究内容与题文的不符，这在一定程度上掩盖了国内媒介生态学研究的学术成就，也反映了我国一些学子在媒介环境学认知方面的不足。那么该如何解决这一问题？这就关系到北美媒介环境学如何本土化的问题。

二、反思：起点的明晰及对理论本土化的思考

何道宽在提出 Media Ecology 的翻译问题时表示："（Media Ecology 直译的）这个'媒介生态学'和国内学者首创的'媒介生态学'并不是一回事。应该怎么翻译才妥当呢?"[①] 显然，关于译名的提出很大程度上源于国内学者对北美媒介环境学研究的"本土化"焦虑，特别是在与国内学术传统有所碰撞的前提下。因此，从译介学角度来看，Media Ecology 被译为"媒介环境学"这一过程当中体现了译者的"创造性叛逆"，是译者基于原文的意译转换、改造和再生一种翻译行为。或可称之为一种"跨语际实践"（translingual practice）。"跨语际实践"概念由刘禾提出，用以解释在翻译过程中将"客方语言"（guest language）转化为"主方语言"（host language）的创作行为。刘禾认为，"当概念从客方语言走向主方语言时，意义与其说是发生了'改变'，不如说是在主方语言的本土环境中发明创造出来的"，这是一种"跨语际的实践过程"[②]。

显然，北美 Media Ecology 作为一种专业术语，中国学者将之译为"媒介环境学"，并非该术语的直观表达。"媒介环境学"一词反映的是 Media Ecology 在理论旅行过程中，中国学者基于自己的理解及本土语境的考量，制造出来的一个理论术语。这种"创造性叛逆"的背后，在很大程度上体现了译者想要保持不同于本土知识的独特属性，也反映着对媒介环境学想象中的诠释变异过程：将之译为"媒介环境学"，展示了将"媒介视为环境"的一种思维倾向。当然包括北美的学术传统一直以来也是在这种思维语境中发展延伸的。

总之，Media Ecology 这一术语是基于西方语境诞生而来的，具有国际编码的属性，代表的是北美的媒介环境学的学术范式。也就是说，北美媒介环境学在被译介的过程中，译者为接近中国读者，弥合域外文化在本土语境中潜在的差异，有意地将相关翻译与中国社会、文化和学科环境相结合，体现

① 何道宽. 异军突起的第三学派：媒介环境学评论之一 ［J］. 深圳大学学报（人文社会科学版），2006（6）：104-108.

② 刘禾. 跨语际实践 ［M］. 宋伟杰，等译. 北京：生活·读书·新知三联书店，2020.

了译者强烈的主体意识和创造精神。Media Ecology 被翻译为"媒介环境学"后，即被注入了译者的理解，不再仅是原文所表达的内容，而是体现了译者对话语的权利支配及译者想借文本所表达的愿望。因此，这样一种跨语际实践在明晰北美媒介环境学起点问题的同时，也难免造成学术中非此即彼、非黑即白的局面。但二者真的是完全不同的两种研究路径吗？如果是，那么我们应如何处理使用的乱象问题；如果不是，我们应该如何处理这一案例所反映的西方普遍/中国特殊的学术状况？

首先，我们需要了解二者是否有相通之处。不妨简单地从 Media Ecology 这一术语的制造者波兹曼说起，在阐释媒介环境学的"恒温器"观点时，他写道："环境学研究的是如何达到平衡，可以是思想与社会的平衡，也可以是森林生态系统的平衡。因此，媒介环境学既与自然机制、树木、河流、苍鹭保护有关，同时也和社会制度、推土机、高速公路、人造物品和思想息息相关。"① 中国媒介生态学的创始人之一邵培仁也曾提出，媒介是作为绿色生态的研究，需"自觉遵循媒介生态系统的信息、物质、能量流动规律和整体优化、互动共进、差异多样、平衡和谐、良性循环、适度调控等原则"②。也就是说，北美媒介环境学与中国媒介生态学都关注生态系统的平衡，且汲取了生态学意义上的"环境中各种因素的相互作用"的养分，在这一点上，二者是有相通之处的。

当然，这并不是要否定以何道宽、林文刚等学者为该术语定名所做的贡献。相反，"起点的明晰"非常重要，因为如果不能从概念上正确理解 Media Ecology 与国内"媒介生态学"的差异，之后的研究无疑是尘里振衣、泥中濯足。这里想要解决的问题是，在清晰地认识到二者的不同后如何处理媒介环境学在中国发展面向的问题。

对此，邵培仁教授在 2020 年的《华夏传播理论》一书中回应了国内学者对传播学本土化的焦虑与争议，认为理论建构不必执拗于内外之别、古今差异，而应内外兼容、融通古今。③ 至于如何处理理论普遍性和特殊性的矛盾，主张用"混合咖啡原则"或"宝塔糖策略"，即用中国的传播符号替换西方符号，在中国传统文化中融入西方文化和当代元素，推倒民族性与世界性的

---

① POSTMAN N. Teaching as a conserving activity [M]. New York：Delta，1979：24.
② 邵培仁. 媒介生态学研究的新视野：媒介作为绿色生态的研究 [J]. 徐州师范大学学报（哲学社会科学版），2008（1）：135-144.
③ 邵培仁. 华夏传播理论 [M]. 杭州：浙江大学出版社，2020.

隔墙。① 这一观点在全球媒介环境变化的频率、广度、强度日渐趋同的背景下不无道理。也有学者提出，应以人类命运共同体思想为指导来促进本土性与全球性的对话。② 诚然，外部理论很有可能对原有视野的生存构成威胁，但也有可能与本土理论发生碰撞产生新的火花，并引导再次澄清和认识自我。因此，北美"媒介环境学"作为西方土壤中诞生的一种理论，不应靠排外心理和传统崇拜来维持其优越性。当然，"媒介生态学"作为中国本土理论，也不应拒斥与西方理论的对话，而应该致力于建构具有本土色彩的思想和理论。

正如刘海龙在本次采访中所指出的，中国的媒介环境学研究应"突破简单的学习、介绍，多学习其思维方法，从中国经验中提升出理论，与其对话甚至修正其理论"。只有建构起具有自身特色的理论基底，不同国度学者的学术交流和对话才会变为可能。更为重要的是，在此基础上积极拓展两个术语不同的理论内涵，发展基于本土情境的理论力量，致力于突破西方话语体系下西方普世/中国特殊的二元思维，才有可能逐步扫清国内媒介环境学、中国特色媒介生态学研究的应用乱象，最终跳脱出这种理论及应用混淆的无限循环怪圈，使旅行至国内的"媒介环境学"和基于国内本土生发的"媒介生态学"——无论是对当下的国内研究，还是在未来得以走向国际学术体系——二者的概念及理论得以被清晰地予以分梳。

第二节　概念的廓清：反思术语、理论在传播过程中的论争

传播学理论突破往往体现在一些概念的廓清中，譬如"涵化理论""沉默的螺旋""有限效果论""议程设置"等。因此，要想廓清媒介环境学的理论内涵，在于突破一个又一个概念、论述背后的隐喻内涵。国内对不同媒介环境学人的媒介理论、术语无论是在翻译层面，还是理解层面，都产生了诸多论争和研讨。如对"媒介即讯息"与"媒介即信息"译法及理解的论争、"传播的仪式观"与"仪式传播"等相关概念的辨析等。这些在转译、传播过程中引发的论争廓清了媒介环境学的诸多误读，为媒介环境学在国内的纵

---

① 邵培仁，沈珺．构建基于新世界主义的媒介尺度与传播张力 [J]．现代传播（中国传媒大学学报），2017（10）：70-74.

② 廖卫民．全球媒介之城与融合传播之道：人类命运共同体思想的价值启示 [J]．浙江大学学报（人文社会科学版），2020（1）：152-165.

深发展奠定了基础，同时也促使我们反思媒介环境学的"泛隐喻论"，正是媒介环境学的隐喻特性使媒介环境学更多的理论命题得以挖掘。

一、关于术语、理论在传播过程中引发的论争

北美媒介环境学进入中国后，不可避免地产生了词语泛化现象，特别是在初始引进的过程中，由于理论本身所具有的隐喻特性，诸多理论犹如"斯芬克斯"之谜，一度成为引发学界争论的源头。"媒介即讯息""传播的仪式观"即可作为其中的典型案例来分析。

"媒介即讯息"（the medium is the message）是媒介环境学的基石。作为麦克卢汉的经典观点，该术语极富隐喻特色。因此当以麦克卢汉为代表的媒介环境学的种种"洞见"被传入中国时，难免引发国内学者的诸多论争。作为引人注目、论争最大的一个"核心洞见"，在翻译层面就存在着诸多争议。国内学者对这一理论的翻译存在两种不同版本，或译为"媒介即讯息"，或译为"媒介即信息"。笔者分别在"中国知网"上搜索这两个关键词（截至2020年10月25日），其中，搜索前者得到12 091条文献，搜索后者得到文献36 183条。

目前，多数学者按照对 message 一词的传统理解，即指传播内容或信息，将之翻译为"媒介即信息"而有少数学者认为翻译成"媒介即信息"是错误的。如何道宽认为，麦克卢汉的原文是 message 而不是 information，不能译成"信息"，只能翻译成"讯息"，原因在于 message 是经过加工的，不是原材料；而 information 是 raw material，即未经加工的信息，不是 coded，但 message 一定是 coded。① 张骋认为，"媒介即讯息"理论经常被人错误地翻译成"媒介即信息"，是因为混淆了"讯息"和"信息"之间的差别。他从符号学视角重新理解该论断，揭示出该理论的深层含义：人类的感知、意识、情感、思想不是由单一的媒介技术决定的，而是由作为符号的媒介及其所构筑的符号环境所影响和限定的。② 李曦珍则与何道宽的阐释较为相似，认为"信息"是蕴含在"讯息"中的抽象量，"讯息"是蕴含了"信息"的具体符号组合；"信息"必须经过编码才能被发送为"讯息"，而"讯息"也必须经过解码才

① 何道宽. 麦克卢汉的昨天、今天和明天：纪念麦克卢汉百年诞辰 [J]. 国际新闻界：2011（7）：6-12.

② 张骋. 是"媒介即讯息"，不是"媒介即信息"：从符号学视角重新理解麦克卢汉的经典理论 [J]. 新闻界，2017（10）：45-50.

能被还原为"信息"。① 可以看出，这些学者多借用语义学、符号学观点对这两个译法提出更正，较为清晰地为我们呈现了二者的区别。

除"媒介即讯息"外，媒介环境学在引入、传播过程中发生的另一大媒介理论论争是关于詹姆斯·W. 凯瑞的"传播的仪式观"（a ritual view of communication）。凯瑞沿着伊尼斯研究传播物质属性的路子，为媒介环境学打开了文化分析的研究路径。其提出的"传播的仪式观"以仪式作为传播的隐喻，即"传播是一种仪式"。然而，国内很多研究将"传播的仪式观"置换为其他类似术语，如"仪式观的传播""仪式传播""仪式传播观"等，造成了概念应用乱象和理论理解层面的误读。那么这种误读缘何而起？

国内最早将"传播的仪式观"概念置换为"传播仪式"的文章为米莉2007 年的硕士论文，文章把"传播的仪式观"作为理论武器，但在论述中将其置换为"传播仪式"，作者也未对这一改变作出阐释。随后，朱杰在《仪式传播观浅议》一文中将凯瑞的理论等同于"仪式传播观"，并未对二者区别对待。姚峥在其硕士论文中将凯瑞的"传播的仪式观"与"仪式观的传播"等同②；闫伊默、刘玉在《仪式传播：传播研究的文化视角》一文中也将"传播的仪式观"与"仪式传播"等同，试图用"仪式传播"这一概念来指称凯瑞的"传播的仪式观"与"传播的传递观"③。概观之，对于"传播的仪式观"这一理论术语的不同变形，多是因为部分国内学者未能深刻理解"传播的仪式观"的内涵，体现了置换的随意性和盲目性。随后，国内出现了很多以"仪式传播"来指代凯瑞的"传播的仪式观"的研究性论文，问题是这一概念能否涵盖凯瑞的观点？

对此问题，樊水科做了详细的论述，他认为，"仪式传播"是一个源于中国本土的概念，关注的是仪式本身的传播现象和规律，如徐国源的《论民间传播及其民族习性》④、黄星民的《礼乐传播初探》⑤ 就是国内本土"仪式传播"的代表作。此外，他还指出"传播的仪式观"与"仪式传播"背后的意义及学术背景在应用中是不可忽略的，因此，二者绝不能等同视之。

---

① 李曦珍. 麦克卢汉"媒介即讯息"的认识论原理［J］.国外社会科学，2013（3）：54-63.
② 姚峥. 仪式观的传播：传播学视角下上海地区的伊斯兰教：以杨浦区为例［D］.上海：复旦大学，2012.
③ 闫伊默，刘玉. 仪式传播：传播研究的文化视角［J］.湖北经济学院学报，2009（2）：116-119.
④ 徐国源. 论民间传播及其民族习性［J］.苏州大学学报，2005（3）：89-93.
⑤ 黄星民. 礼乐传播初探［J］.新闻与传播研究，2000（1）：27-35，95.

"传播的仪式观"除了与本土化的"仪式传播"概念混用外，还与国外一系列相关概念也产生了论争。继凯瑞 1975 年首次提出"传播的仪式观"后，国外依次出现了"仪式传播（ritual communication）""媒介事件（media event）""媒介仪式（media rituals）"等理论。"仪式传播"由埃里克・W.罗森布勒（Eric W. Rothenbuhler）于 1988 年在《仪式传播：从每日会话到媒介化盛典》一书中提出，主要阐释了媒介化传播的四种仪式形式①；"媒介事件"由丹尼尔・戴扬（Daniel Dayan）和伊莱休・卡茨（Elihu Katz）在 1992 年的《媒介事件：历史的现场直播》② 一书中提出，主要阐释媒介事件的现场直播对组织机构、舆论、集体记忆产生的影响及其社会整合作用。"媒介仪式"由尼克・库尔德里（Nick Couldry）在 2003 年《媒介仪式：一种批判的视角》③ 一书中提出，主要以批判的视角审视媒介建构社会现实和社会中心的权力问题。这些理论随着国内学者对凯瑞"传播的仪式观"的关注在 2007 年后相继进入中国传播学界。针对这些概念的误读和误用以及各个概念之间的关系，国内学者樊水科、郭建斌、刘建明等研究者都曾撰文进行详细的讨论④，在此不做赘述，但这些概念、理论为何会在国内学界产生这种应用乱象？

对于这些论争产生的原因，笔者认为，除了国内学者对本土与外域关于"仪式"概念、背景的认知有很大差距，因此造成理论与实践相脱节外，还有一部分原因在于西方诸多理论在同一时间进入中国本土所带来的冲击与混乱。从时间上来看，随着对凯瑞提出的"传播的仪式观"的关注，国内研究者将视野慢慢拓展到其他相关理论。正如前文所述，由于这些理论原本是在特定历史情境下产生的，理论的产生反映了清晰的历史性线索，但这些理论在进入中国土壤时却因一种共时性的转换和语境的切换，产生了一种"历史性"与"共时性"的张力关系，造成国内学者对一系列与仪式功能相关的理论在

① ROTHENBUHLER E W. Ritual communication：from everyday conversation to mediated ceremony [M]. London：Sage Publications Inc，1988.

② DAYAN D, KATZ E. Media events：the live broadcasting of history [M]. Cambridge：Harvard University Press，1992：60，221.

③ COULDRY N. Media rituals：a critical approach [M]. London：Routledge，2003.

④ 樊水科. 从"传播的仪式观"到"仪式传播"：詹姆斯・凯瑞如何被误读 [J]. 国际新闻界，2011（11）：32-36，48；郭建斌. 如何理解"媒介事件"和"传播的仪式观"：兼评《媒介事件》和《作为文化的传播》[J]. 国际新闻界，2014（4）：6-19；刘建明. "仪式"视角下传播研究几个关键概念被误读现象研究：与郭建斌教授商榷 [J]. 国际新闻界，2015（11）：64-74.

理解及应用层面的混乱。因此，在尚未厘清各个概念、理论的具体差别前，便想用这些西方理论对中国的媒介实践进行观照，势必会造成误用、错用的现象。

除了上述两大论争，国内学者对麦克卢汉的"地球村"、波兹曼的"媒介即隐喻"、翁的"口语文化"、莱文森的"媒介进化论"等理论都产生了诸多分歧。那么，除了介入的时间性等外在因素外，为何媒介环境学派的诸多著名论断常遭人误解？它们有怎样的共同特征？

为了寻找答案，我们不妨从其频繁的隐喻特性中深入。回到"媒介即讯息"与"媒介即信息"的论争中来，目前，虽然有学者对这两个译法提出更正，但没有学者对不同译法之间的区别作出过系统的阐释。对"传播的仪式观"的概念论争和误读也未能将之置于媒介环境学的学术传统中来考察。为此，笔者认为，关于"the medium is the message"翻译问题及"传播的仪式观"的概念论争和误读都应从媒介环境学的"泛隐喻论"出发，找寻其背后隐藏的意义才能真正廓清其所指。

对"媒介即讯息"这一论断，麦克卢汉的阐释是："任何媒介（即人的任何延伸）对个人和社会的任何影响，都是由于新的尺度产生的；我们的任何一种延伸（或曰任何一种新的技术），都要在我们的事务中引进一种新的尺度。"① 麦克卢汉想要表达的，正如史蒂文森所言："媒介最重要的方面并不是加载于它的各种内容，而是它的传播形式。"② 如电视改变了我们看世界的方式，我们关注的不仅是它提供的新闻、电视剧等信息内容，还需要了解电视作为一种媒介带来的讯息：电视可以成功地将现实生活中的事件变成公众共同的情感体验，"从而形成分散在各地的观众不在场的虚拟的'大流散仪式'"③，20世纪60年代猫王的出现、电视竞选等诸多事件即为电视媒介带来这一"讯息"的佐证；同样，广播亦是如此，正如麦克卢汉在《逆风》（Counterblast）中所表达的，"将信息转移到心灵的缝隙中，'清除'旧的心灵编程，已经成为世界上最大的事业"④。战时的新闻广播业所传递的信息也不是新闻本身，而是赢取公众的态度和信仰的一种方式，这就像传统战争向敌

① 麦克卢汉.理解媒介：论人的延伸[M].何道宽，译.南京：译林出版社，2019：19-22.
② STEVENSON N. Understanding media cultures：social theory and mass communication[M].London：Sage Publications，1995：117.
③ 戴杨，卡茨.媒介事件：历史的现场直播[M].麻争旗，译.北京：北京广播学院出版社，2000：165-166.
④ MCLUHAN M. Counterblast[M].Toronto：McClelland and Stewart Limited，1969：40.

人投掷炸弹一样，广播的作用是通过所有可用的传输渠道向敌人或友人传送信息，这才使广播成为20世纪第二次世界大战"赢取人心"的最好的媒介武器。而网络带来的不止有即时迅速的消息，还有国与国之间日益凸显的信息战。对此，麦克卢汉在《媒介即按摩》一书中早有预言："电子信息时代的媒体带来的全面战争变为了一种频繁的信息战。"① 在麦克卢汉那里，理解媒介就意味着理解媒介的讯息："媒介对人无所不在的影响（使）媒介本身成了讯息，而不是（使）其内容成了讯息。"②

麦克卢汉多次或明或暗地对该论断加以阐释："媒介的塑造力正是媒介自身……你必须记住，我所谓的媒介是广义的媒介……我必须再次强调的要害之处是，社会受到更深刻影响的，是人们借以交流的媒介的性质，而不是交流的内容。"③ 他强调的是媒介的特性决定了它的效力或效果，即它所传递的信息。换句话说，麦克卢汉的 message 一词不仅包含"内容/信息"，还包含其隐藏的另一种意义——媒介本身对人和社会的决定性。 "信息"（information）一词单纯强调媒介的内容，"讯息"（message）一词则凸显了媒介技术与媒介内容之间的关联，从而将媒介技术看作影响人类社会变革的重要方式，强调了内容之外媒介本身的重要意义。由此可以看出，麦克卢汉作出"媒介即讯息"这个论断，正是采用了隐喻的方式——message 一词旨在强调发送和接受信息的方式比信息本身更重要。媒介传递的不只是信息，更是超越直观的信息，去寻找那些被新媒介激活、增强、加速或扩展的不明显的变化或效果，这种媒介形式的变化暗含着改变人类社会的种种讯息。由此来看，将之译为"媒介即讯息"才为正解，译作"媒介即信息"则与媒介环境学将媒介作为环境来研究的思想纲领差若千里，是未参透其内涵的一种误读。

"讯息"与"信息"是传播学理论中非常重要的两个概念，对二者的论争在一定程度上廓清了对媒介环境学认识论的基本问题，带给我们一种观察事物的新视角，即不同于以往审视媒介时对信息和内容的关注，其隐喻特性暗示我们对事物的观察应转移到媒介本身对人类和社会的影响上。

凯瑞"传播的仪式观"的提出主要反映在《传播的文化研究取向》和

---

① MCLUHAN M, FIOR Q. The medium is the massage：an inventory of effects ［M］. Corte Madera, CA：Gingko Press, 1967：138.

② 麦克卢汉，秦格龙. 麦克卢汉精粹 ［M］.何道宽，译. 南京：南京大学出版社, 2000：278.

③ 麦克卢汉. 理解媒介：论人的延伸 ［M］.何道宽，译. 南京：译林出版社, 2019：19.

《大众传播与文化研究》这两篇论述传播的仪式观的文章①中。在凯瑞提出"传播的仪式观"之前，传播的含义已窄化为单纯的信息传递过程。凯瑞指出："传播的起源及最高境界，并不是指智力信息的传递，而是建构并维系一个有秩序、有意义、能够用来支配和容纳人类行为的文化世界。"② 从该表达不难看出，"传播的仪式观"的提出是为了抵制美国传播界以效果研究为主导的"传播的传递观"的，后者强调传播学经验学派的功能主义和基于刺激-反应模式的行为主义。因此，理解"传播的仪式观"的关键在于理解凯瑞将"仪式"作为传播的隐喻。凯瑞曾明确表示："传播的仪式观有着明确的宗教起源，而且它也从未完全脱离这一基本的宗教隐喻。"③ 凯瑞的"传播的仪式观"更多的是借用"仪式"的隐喻含义来表现传播过程中被忽视的文化意义，在更为宏观、有序的层面探索自我身份、社群、文化等因素的长期、整体的影响，是一种将人们以团体或共同体的形式聚集在一起的一种共享信仰的表征。④ 国内呈现的"仪式传播"概念中，将凯瑞所说的"传递观"与"仪式观"并重，显然未能体现凯瑞对美国学界过分重视"传递观"的批判。因此，只有深刻理解凯瑞的隐喻思维，才有可能避免对其理论术语的随意变换及其传播思想的误读。

"媒介即讯息""传播的仪式观"是媒介环境学的经典观点，也是媒介环境学的主要思想纲领，这些论断皆采用了一种隐喻表达。正是这种"泛隐喻论"，才使媒介环境学成为一种常学常新的洞见。如果不能主动地从隐喻思维出发，将不能深入理解这些论述背后隐藏的理论命题，继而产生翻译、理解及应用层面的传播乱象。

二、反思：理解媒介环境学的"泛隐喻论"

国内学者对媒介环境学的研究，很长时间处于理论层面上的解读阶段，这不仅是中国学者对媒介环境学研究的一大特点，对于西方学者、批评家甚至是媒介环境学人自己来说也同样如此。也就是说，国外学者虽然没有翻译层面的难题，但在理解麦克卢汉及其所代表的媒介环境学时，也出现了诸多

---

① 凯瑞.作为文化的传播："媒介与社会"论文集 [M].丁未，译.北京：华夏出版社，2005.
② 凯瑞.作为文化的传播："媒介与社会"论文集 [M].丁未，译.北京：华夏出版社，2005：7.
③ 凯瑞.作为文化的传播："媒介与社会"论文集 [M].丁未，译.北京：华夏出版社，2005：7.
④ 樊水科.从"传播的仪式观"到"仪式传播"：詹姆斯·凯瑞如何被误读 [J].国际新闻界，2011（11）：32-36，48.

释义与解析的分歧。同样以"媒介即讯息"为例，就连麦克卢汉之子埃里克·麦克卢汉也曾表示，对"媒介即讯息"这一表达可以有两种理解，"一种解读是：媒介即讯息（强调'媒介'二字），这是一种媒介取向（MEA orientation）。另一种解读是：媒介即讯息（重音在'即'上），这是修辞取向"。他表示："通过阅读《理解媒介》第一章第一页的第二段到第三段，麦克卢汉明确地暗示了'媒介'所指，也许最好的理解便是'媒介即讯息'，'媒介'在此处指的是环境或社会背景，是一种总体情况。"[①] 罗根则用 80 余页的篇幅梳理出麦克卢汉 38 条方法论，如"媒介与技术是等价词，技术是人体的延伸，人成为技术的延伸"等，试图破解麦克卢汉媒介理论"我不解释，我只探索"的密码。由此观之，对该学派媒介理论，不同学者可以有不同的解读。其实，对"媒介环境学"的解读只是麦克卢汉身后人的创造。如所谓"社会环境、符号环境、感知环境"的提法出自林文刚，是为了学派建制化的努力。这种言之凿凿的论述并非媒介环境学的全部内涵，而正是基于媒介环境学的隐喻特性，其背后隐藏的理论命题才得以源源不断地在论争与研讨中被挖掘。因此，媒介环境学的泛隐喻观注定了该范式并非结构鲜明的建构，而是以创见和整体化描述为主，若想穷尽地列出其所指，不仅是很难的事情，也是对不同媒介环境学人思想的一种矮化。

"隐喻"已融入了媒介环境学人的血液中，成为他们观照媒介变革最基本的认知工具。当然，媒介环境学的隐喻并非仅在上述两位学者的观点中存在，在其他媒介环境学人的思想中，也随处可见隐喻的身影。除了"媒介即讯息"外，麦克卢汉其他诸如"地球村""全球剧场""媒介即按摩"等思想命题，都能让人明显感觉到他对隐喻式手法的钟爱。在被国人忽视的"全球剧院"的概念中，也包含着对卫星作为世界浏览器的修辞隐喻。麦克卢汉对隐喻的运用初步体现了隐喻在媒介环境学中的重要性。除此之外，作为媒介环境学的第二代人物，波兹曼在其经典名著《娱乐至死》，以"媒介即隐喻"（The medium is the metaphor）为第一章的标题，索性把媒介称作"隐喻"。此外，他还提出了"媒介即环境"（media as environments）、"媒介即认识论"（media as Epistemology）、"媒介即技术"（A medium is a technology）等诸多隐喻式论断，隐喻的作用一次又一次地得到体现。美国"锐透基金会"专门为此设立

---

① MCLUHAN E, ZHANG P. Pivotal terms in Media Ecology: a dialogue [J]. ETC: a review of general Semantics, 2012, 69: 246-276.

了"尼尔·波兹曼隐喻奖"："我们设立这个奖项有两个目的：奖励一位纯熟使用隐喻的有天分的作者；纪念并推广波兹曼的作品，以及印刷思想。"① 可以说波兹曼承继了麦克卢汉隐喻的学术传统并将之合法化后，隐喻便带着自身"隐蔽但有力的暗示"成为媒介环境学最有特色的学术传统。之后无论是翁在《口语文化与书面文化：语词的技术化》一书书名中的体现（"语词"一词是隐喻修辞学的指称单元），还是莱文森诸多诸如"媒介进化论"（media evolution）的观点（借鉴生物进化的隐喻话语），都频繁凸显了媒介环境学的隐喻表达。

媒介环境学从 20 世纪初开始到现在已经走过了三代人的生命历程，除上述提到的媒介环境学者之外，由其他媒介环境学人形成的媒介环境学理论脉络，也是一片隐喻的森林。隐喻已成为诸多媒介环境学人考察媒介对社会长效影响时下意识的一种思维方式，成为他们在论述媒介时的一种"技术"话语。

任何隐喻都有本体和喻体，二者之间是一种比拟关系而非同构关系。应当认识到，对隐喻表达的运用，是媒介环境学理论长盛不衰的一个重要的原因。通过反思在翻译、理解媒介环境学的代表性论点"媒介即讯息""传播的仪式观"时的诸多论争和研讨，可以发现这些论争产生的很大原因在于国内学者一直对媒介环境学的隐喻特性有所忽略。然而，我们必须知道，传播学理论突破往往体现在一些概念的廓清中，譬如"沉默的螺旋""议程设置""培养理论""知沟理论"等。因此，要想廓清媒介环境学的理论内涵，必须突破一个又一个的概念、论述背后的隐喻内涵。无论是"媒介即讯息"还是"传播的仪式观"，皆体现了媒介环境学"不破不立"的隐喻特性。"媒介即讯息"不是说要否定"内容/信息"，"传播的仪式观"的提出也不是要否定"传播的传递观"的存在，二者同时以强烈的批判意蕴，希冀通过破除彼时传播学的研究现状来重新树立新的主导范式：前者通过媒介隐喻来反对只重内容的短期效果研究，后者通过文化共享的仪式隐喻来纠正经院式的功能主义。因此，只有理解隐藏在理论背后的隐喻思维，借助隐喻功能理解媒介环境学，才有可能逐渐把握"媒介即讯息""传播的仪式观"等论述的真谛，才有助于做到对旅行至国内的媒介环境学相关论述进行准确的翻译、理解及应用。

认识到媒介环境学不同论述的隐喻表达方式及隐喻结构，使我们不断逼

---

① 波兹曼. 娱乐至死［M］.章艳，译. 北京：中信出版集团，2015.

近不同媒介环境学人思想的内核与实质。何道宽曾指出："媒介环境学主张泛技术论、泛媒介论、泛环境论、泛文化论。"① 这是媒介环境学的立论之本。从上文的论述来看，我们不妨添加一条"泛隐喻论"，以完整地呈现媒介环境学的学术传统及精神实质。

第三节　生存空间的明确：反思"技术决定论"评价的论争

诸多的评价中，"技术决定论"可谓媒介环境学在国内外研究领域都颇为流行的评价。截至 2020 年 9 月 16 日，在中国知网数据库以全文为检索项，以"媒介环境学"和"技术决定论"为检索词，得到新闻与传媒类文献 373 篇。下文对这一主流评价及论争进行论述，并对论争结论进行梳理。

一、关于"技术决定论"评价的论争

作为媒介环境学最为流行的评价，对媒介环境学"技术决定论"的指责在很大程度上影响着国内学者对媒介环境学的接受过程及研究热度。

在诸多批评的指向中，英国著名批评家威廉姆斯对媒介环境学的批评最具代表性。威廉姆斯是最早提出麦克卢汉是技术决定论的人之一。他认为麦克卢汉对媒介的形式主义分析缺乏对权力运作、政治经济、制度组织和日常生活的解释能力，同时呼吁应对意识形态进行明确的讨论，但被麦克卢汉及其后继者等现代主义者的非政治立场所忽视。在其力作《电视：科技与文化形式》中，他认为麦克卢汉对资本主义与传播之间的关系视而不见，绕开了广阔的社会和文化语境来认识传播媒介，是在"为主导性的各种社会关系寻找意识形态上的理由"②。他同时认为麦克卢汉理论的根本所在，就是断言媒介的技术特性决定着人们的思考方式和行为方式。③

威尔伯·施拉姆作为传播学奠基人，对麦克卢汉作出了定性评价。他认为："麦克卢汉，正如他的老师哈罗德·伊尼斯一样，是个技术决定论者。他

---

① 何道宽. 媒介环境学：从边缘到庙堂 [J]. 新闻与传播研究，2015 (3)：117-125.

② 史蒂文森. 认识媒介文化：社会理论与大众传播 [M]. 王文斌，译. 北京：商务印书馆，2001：197.

③ MEYROWITZ J. No sense of place：the impact of electronic media on social behavior [M]. New York：Oxford University Press，1986：20-21.

同伊尼斯一样，把西方近代史解释为'建基于印刷文字的传播上的偏颇与知识上的垄断的历史'。"①

　　基于上述两位业界巨匠对麦克卢汉及伊尼斯的"技术决定论"的盖棺论定，后世学者在评价二位时，都要给他们贴上"技术决定论者"的标签，甚至连媒介环境学派第二、三代的代表人物如詹姆斯·凯瑞、保罗·莱文森、梅罗维茨等人也都认可该评价。不同的是，莱文森对麦克卢汉的评价呈现了一个逐渐改变的过程。他为了帮助媒介环境学洗脱技术决定论的污名，甚至提出了"软媒介决定论"的说法，以便与"硬技术决定论"区隔开来，并试图为麦克卢汉开脱："激进的媒介学者的观点看上去可能会是硬决定论，事实上在支持软决定论，他们往往因此而受到嘲笑。"② 所谓的软，就是把媒介视为促进社会发展的一个重要因素，言下之意就是还有其他因素也在发挥作用。林文刚则在莱文森的基础上加入了技术和文化共生论，强调人类文化是人与技术或媒介不间断的、互相依存的因而互相影响的互动关系。③

　　可以看出，回答媒介环境学是不是"技术决定论"这一问题，变为了对个体学者学术倾向的探讨。对媒介环境学技术决定论的评价，多是针对伊尼斯、麦克卢汉二人而言的。给他们扣的帽子一样，但指责的内容却不尽相同。多数观点认为，作为媒介环境学派的开创者，麦克卢汉特别是其"媒介即讯息"理论过于强调传播媒介在人类社会发展中的主导地位，而忽略媒介内容等诸多其他因素的作用，这走向了一种"技术决定论"的极端；而伊尼斯在《帝国与传播》一书中，仅从媒介的视角，将古埃及到当代的这一段历史完全改写成一部由媒介主导发展的历史。社会历史的变化由各种因素共同促成，但以伊尼斯、麦克卢汉为代表的媒介环境学却只关注技术的作用。因此，他们似乎无法摆脱"技术决定论"的嫌疑。然而事实真是如此吗？

　　国内学者对此展开了很长时间激烈的论争。李明伟对媒介环境学所谓的"技术决定论"评价做了比较中肯的分析，认为媒介环境学只是选择了媒介这个角度来研究传播与社会之间的复杂关系，如同经验主义研究选择了内容的传播效果一样；该学派的最大缺陷是过分强调媒介本身，但它并没有完全放

---

① 施拉姆. 传播学概论 [M]. 陈亮，周立方，李启，译. 北京：新华出版社，1984：137.

② 利文森（又作莱文森）. 软边缘：信息革命的历史与未来 [M]. 熊澄宇，等译. 北京：清华大学出版社，2002：4.

③ 麦克卢汉，秦格龙. 麦克卢汉精粹 [M]. 何道宽，译. 南京：南京大学出版社，2000：405-445.

弃内容，也在考虑其他相关因素①。

何道宽关注到了凯瑞和莱文森对前人的评价。作为莱文森作品的翻译者，何道宽在一定程度上受到莱文森的影响，也在不同时期的文献里呼应了莱文森的反思，他在《媒介环境学辨析》一文中称："英尼斯认为，媒介的偏向和强大影响，不等于媒介具有决定性；媒介的作用仅限于'加速''促进'或'推动'复杂的社会进程。他认为影响社会进程的还有其他许多因素。由此观之，后人给他和麦克卢汉强加的帽子'媒介决定论'，未必是妥当的。"②

威廉姆斯的评价构成了国内学者回应媒介环境学"技术决定论"的主要内容。正如许多关于麦克卢汉的文章所指出的那样，威廉姆斯的评价导致了国内学者对麦克卢汉媒介理论相关方面的漠视。国内学者张咏华在《新形势下对麦克卢汉媒介理论的再认识》一文中重申了威廉姆斯的评价，但他并没有否认威廉姆斯的观点，只是提出新形势下对麦克卢汉理论再认识的必要性，认为"麦克卢汉媒介理论的主要缺陷，在于他在探讨媒介与人类文明发展史的关系中缺乏对于因果关系的辩证认识，……试图以机械的媒介单因说解释一切变迁。我们应将麦克卢汉肯定科技的决定作用的观点，同他在认识论上的机械化区分开来"③。

梁颐通过分析媒介环境学十二位代表人物思想中关于技术的观点，认为将某一学派的某一方面思想统归于一类明显是有失公允的。其中，对伊尼斯的评价，作者是这样为他辩解的："他对传播的兴趣来自他早期对政治经济学的兴趣，因为政治经济学认为，物质因素扮演重要角色。同时，他并没有认可物质因素在历史发展中的唯一作用，他只是从自己政治经济学的背景出发，认可物质因素在历史中的重要作用。"④ 对于其他十一位学者，作者也一一辩解并得出结论：不能泛泛而谈地将一个技术学派学者思想归类为"技术决定论"。⑤ 也就是说，一个学派复杂的研究内容是一种评价涵盖不了的，因此，即使某个学者有"技术决定论"倾向，因而就用"技术决定论"来试图指代媒介环境学的全部主旨，这一说法本身就有失全面和准确性。

---

① 李明伟. 知媒者生存：媒介环境学纵论 [M].北京：北京大学出版社，2007：228.
② 何道宽. 媒介环境学辨析 [J].国际新闻界，2007（1）：46-49.
③ 张咏华. 新形势下对麦克卢汉媒介理论的再认识 [J].现代传播（中国传媒大学学报），2000（1）：33-39.
④ 梁颐. 媒介环境学者与"技术决定论"关系辨析 [J].新闻界，2013（9）：1-8.
⑤ 梁颐. 媒介环境学者与"技术决定论"关系辨析 [J].新闻界，2013（9）：1-8.

胡翼青从技术决定论的内涵出发，指出"技术决定论是指人类被悬置于媒介技术营建的环境之中，其观念和行为受制于媒介化环境的限定，因媒介技术的变革而重构"，并认为"如果说学界有什么媒介决定论的范例，那就是美国实证主义传播学"。① 作者认为，以施拉姆为代表的科学实证主义传播者，在指责对方过于强调技术带来的社会影响的同时，自己强调的非技术承载的内容也陷入了以因果关系产生社会功能的技术决定论基调，虽然他们的结论是经过丰富的数据证明的，但其实结果没有什么不一样。

媒介环境学"技术决定论"评价的论争在一定程度上对媒介环境学的理论发展产生了重要作用，帮助其内部发现媒介环境学作为"新范式"所遗留的问题，使理论在正视这些问题时得以自我更新。也正是因为"技术决定论"的评价，媒介环境学后人对该学派的理论承继和发展取向开始有意摆脱技术决定论的窠臼，仅从媒介影响的对象也即受众的观点这一脉络便可窥见这一趋势：从麦克卢汉的"媒介即讯息"中主体性的遮蔽，到波兹曼笔下受众具有自我选择性的"娱乐至死"，再到莱文森所提出的媒介"人性化趋势"发展观隐藏的乐观主义倾向，受众在该学术传统中已渐具主动性。这些后继者试图重拾人文主义精神以正视人性力量，在批判权力不对等的同时强调了人的主观能动性，实现了理论体系的自我更新；同时也标志着媒介环境学在来自"他者"的话语霸权中，已经在有意规避可能引发的诸多论争。因此，经历了诸多论争和辨析，对媒介环境学"技术决定论"的评价也逐渐不攻自破了。

二、反思：透视评价背后的学术话语霸权

国内学者为媒介环境学"技术决定论"评价的辨析为媒介环境学在国内提供了一个良好的发展空间。如果不是对这些论争的澄清，媒介环境学也不足以对中国学子心中根深蒂固的实证研究方法造成冲击，国内研究者尤其是年轻学者便很可能为回避研究风险或质疑，舍弃对媒介环境学的研究。然而在明晰媒介环境学并非"技术决定论"后，我们应该思考的是，为何媒介环境学在西方会产生这一评价，背后具有何种隐藏含义？

从上述论述可知，"技术决定论"的评价并不是国内学者自发形成的，而

---

① 胡翼青. 为媒介技术决定论正名：兼论传播思想史的新视角 [J]. 现代传播（中国传媒大学学报），2017（1）：51-56.

主要来源于西方学者。胡翼青似乎观察到媒介环境学引发了诸多争论的原因，认为关于媒介环境学技术决定论的评价是一种来自实证主义传播学的学术话语霸权。事实也确实如此，尽管胡翼青并没有对此做深入论述。

福柯言，话语即权力。话语背后是权力运作或者意识形态的体现。从学科的历史发展来看，新范式的确立必然要经过诸多抵抗以实现对入场者的规训。对于将美国实证主义推到传播学主导地位的施拉姆而言，由其建构的传播学四大奠基人的神话及实证主义主导的霸主地位，在很大程度上被以麦克卢汉为代表的媒介环境学所撬动。麦克卢汉因此树敌不少，这才有了施拉姆对麦克卢汉的批判。类似的，威廉姆斯对麦克卢汉的批判也源自对自我学术地位建构的一种行为。鉴于麦克卢汉名噪一时，对麦克卢汉的批判无疑可以推动其观点的形塑和表达。在《电视：技术和文化形式》一书中，威廉姆斯论述了技术对社会的形塑作用，并对技术决定论予以大肆批判。保罗·琼斯（Paul Jones）曾深刻探讨过麦克卢汉与威廉姆斯之间复杂的关系，如琼斯所言："《电视》一书是为（批判）著名的技术决定论而写作的，也是为借助这一批判来推进自己的社会形塑的观点。"[1] 施皮格尔（Spiegel）认为，威廉姆斯《电视》一书之所以举世闻名是因为整整三页对麦克卢汉技术决定论铿锵有力的批判。[2] 威廉姆斯对麦克卢汉的批判的确极大地推动了其观点的扩散，也使其最终成为著名的技术决定论批判者的代表，致使一些国外研究在介绍威廉姆斯时，称其"以批判媒介环境学尤其是麦克卢汉而闻名"[3]。于此我们可以发现，"技术决定论"评价并不单纯，它并非指媒介环境学在理论层面确有缺陷，而是隐藏着意识形态层面的话语霸权等问题。

其实，无论是新范式还是旧范式，不能苛求理论的面向无所不有，也不能仅因为他们从媒介/技术角度出发就给他们扣上一顶"技术决定论"的帽子，就像我们肯定不会因为某个人说"互联网正在改变我们的经济和社会"而断言其为技术决定论者。因此，理解媒介环境学对技术的态度完全可以从不同角度出发，如从社会建构主义，即从"社会和技术被视为相互形塑的对象"这一角度出发。这种视角的意义在于理解技术是社会活动的产物，在这

① JONES P. The technology is not the cultural form?: Raymond Williams's sociological critique of Marshall McLuhan [J]. Canadian journal of communication, 1998, 23: 431.

② SPIEGEL L. Introduction [M] // WILLIAMS R. Television: technology and cultural form. Hanover: Wesleyan University Press, 1992: xv-xvi.

③ RUOTSALAINEN J, HEINONEN S. Media Ecology and the future ecosystemic society [J]. European journal of futures research, 2015, 3: 9.

种社会活动中，人类是具有能动性的，而社会过程虽然部分地反映了技术的作用，但并不完全由技术变革决定。因此，对伊尼斯、麦克卢汉所谓技术决定论的标签化可视为来自"他者"的一种有意的误读。要知道，在20世纪60年代的大众文化语境中，麦克卢汉无疑是媒介研究范式的开创者，他与其他流行偶像如安迪·沃霍尔或鲍勃·迪伦一样在媒体领域享有很高的声誉，但这些声誉也为他带来了反作用：其声名鹊起使其他媒介研究者黯然失色（不仅是在媒介环境学领域），这使他在学术界树敌不少。多伦多大学的一些同事嫉妒麦克卢汉，以至于麦克卢汉要求他的学生不要在论文中引用他的名字，以避免被报复。① 也就是说，媒介环境学"技术决定论"的污名化评价在一定程度上是其学术劲敌对加拿大学者浮夸言论的抵抗和仇视，其中，麦克卢汉和施拉姆之间相互否证，均为新闻传播学发展作出了贡献。然而，如果批判仅仅是为了维护和推广自身学术的合法性，或仅仅是一种来自他者的"敌视"，这很可能在无形中堵死了从技术面向深入思考当代社会问题的可能性。

可以发现，国内学者更多的是为"媒介环境学"撕下"技术决定论"的评价而论争。不同于西方学者在对媒介环境学的批评中掺杂着对自身学术传统合法性的维护和建构等多层原因，国内学者由于受到的关于学科话语霸权及意识形态层面的压力相对较小，对论争的辨析更多的是为争夺学术认同，强调的是"知识"的正确性，回避了西方因范式之争形成的话语霸权等问题。也就是说，对于身处北美之外的我们而言，隐藏在这一评价背后的意识形态问题往往被我们忽略。因此，站在中国的土壤中审视这一论争，我们应当认识到北美学者对媒介环境学"技术决定论"的评价，不是一种简单的"误读"，而是保守自闭的主流学界对颠覆性思想的拒斥或为构建自身学术合法性的强行误读，也是英美学者对麦克卢汉、伊尼斯这两位加拿大学者的抵触。这些深层的复杂原因，全都被隐藏在对媒介环境学的"技术决定论"的评价中，而中国无疑为媒介环境学在国内发展提供了一片相对适宜的土壤。

第四节　研究方法的正视：反思媒介环境学研究方法论的论争

媒介环境学派与现今传播学界主流的研究方法不同，因此成为其诟病所

---

① MORRISON J. Marshall McLuhan: the modern janus [M] // LUM C M K. Perspectives on culture, technology and communication: the Media Ecology tradition. Cresskill: Hampton Press, 2006.

在，这在盛行实证主义的中国尤为明显。中国学者在媒介环境学研究方法认识层面存在不足。以"媒介环境学"和"方法论"为共同检索词在知网进行检索，得到相关文献 323 篇。因此有必要对这一现象重新梳理，并对结论进行总结以反思媒介环境学在研究方法层面的认知。

一、关于媒介环境学研究方法论的论争

如国内学者梅琼林所言，经验实证主义被奉为传播学的正宗，在于实证研究具有明显的实用性，并且其效果可以通过技术手段进行验证，如此才被承认为一种科学，而以麦克卢汉为代表的探究媒介影响感官的研究方式显然不在这个社会科学研究的传统之内。① 刘建明认为，媒介环境学关注媒介形态的特性及对人和社会的结构性影响，但忽视传播主体和政治经济等因素对媒介效果的影响，体现了学科理论范式的局限。② 学者董浩认为，媒介环境学仅是一种认识论的产物，其宏观视野不具有可操作性，缺乏方法论的支撑，为弥补其在方法论上的不足及其与认识论之间的断裂，他将技术现象学中关于人与技术的关系思想与媒介环境学相结合。③ 也有学者认为，媒介环境学范式的思维方式恰恰成为一种方法论上的突破。如单波、王冰认为西方的媒介环境学在思维方式上主张从分析思维转向整体思维，从功利性思维转向互利性思维，主张用整体思维取代分析主义的思维方式，具有方法论上的意义④，但对于媒介环境学具体采用何种方法论并没有做具体论述。

对于媒介环境学具体采用何种方法论的问题，国内学者中阐释较为清晰的是李明伟。他认为，媒介环境学采用的是思辨的研究，即"精巧的理论结构、细密的逻辑推演和严谨的命题论争"⑤。李明伟还强调了媒介环境学研究方法上的两个突出特征是，历时性的比较研究和矛盾的对立统一观。也就是

---

① 梅琼林. 传播技术理论的现代历程及其文化反思 [J]. 东南大学学报（哲学社会科学版），2006（4）：76-80, 127.

② 刘建明. 媒介环境学理论范式：局限与突破 [J]. 武汉大学学报（人文科学版），2009（3）：376-380.

③ 董浩. 技术现象学视域下人与媒介的关系省思及认识方法补阙 [J]. 新闻与传播评论，2020（1）：19-31.

④ 单波，王冰. 西方媒介生态理论的发展及其理论价值与问题 [J]. 新闻与传播研究，2006（3）：2-13, 93.

⑤ 李明伟. 知媒者生存：媒介环境学纵论 [M]. 北京：北京大学出版社，2007：203.

说，媒介环境学必须使用历时的方法进行研究。①

　　笔者认同这一阐释，媒介环境学强烈依赖现实中的直观观察和思辨研究，梅罗维茨曾分析说："不像内容研究，媒介环境学考察的效果一般很难通过社会科学方法加以证实。比如，再现印刷文化以备观测或实验操作，事实上是不可能的……大部分媒介环境理论，特别是宏观层次的，主要以历史分析和宏大模式的识别方法来进行思辨研究。"② 中国社会科学院研究员卜卫认为："就其理论的完整性和宏观性而言，麦克卢汉的'媒介即讯息'理论可作为思辨研究的经典实例。"③ 然而，思辨研究与传播学盛行的实证研究方法不同，因此在规范性上往往被人诟病，于是国内产生了诸多以"媒介环境学理论视域下的某某研究"为题且辅以量化研究的论文，在一定程度上存在对媒介环境学方法论认识及使用上的不足，也体现了部分学者对媒介环境学思辨研究方法的不认可。

　　此外，国内一些学者在还未厘清媒介环境学到底是否缺乏方法论的问题时，便开始忙于弥补媒介环境学在方法论层面的"缺失"，或将实证主义的量化研究方法作为科学对照，来批评媒介环境学在方法论层面的缺陷，更有甚者试图通过实证研究方法来检验媒介环境学的一些概念和问题。如2019年的一篇硕士论文尝试对微博的偏向性做量化测试，从而得出"时空偏向、内容偏向、关系偏向和感官偏向对用户的满意度均有显著正向影响"④ 的结论。国外类似研究也不少，如卡彭特做过媒介偏向性的测试，或通过瞳孔测试检验电影和电视的参与度问题。⑤ 更有人试图检验麦克卢汉关于媒介全球化效果的理论。⑥ 这些研究从一开始就忽视了一个问题，即媒介环境学所谈的媒介影响是基于历史变迁的，并非通过测量而得出的。诚如英国社会学家赫伯特·斯宾塞（Herbert Spencer）所指出的，根据短期结果进行推论如同通过观察我们是在向山上或山下走来判断地球的曲度那样，是不可靠的。⑦ 美国学者塞佛林

---

　　① 翁．口语文化与书面文化：词语的技术化 [M]．何道宽，译．北京：北京大学出版社，2008：自序．

　　② MEYROWITZ J. Medium theory [M] // CROWLEY D，MITCHELL D. Communication theory today. Cambridge：Polity Press，1994：70.

　　③ 卜卫．传播学思辨研究论 [J]．国际新闻界，1996（5）：31-35.

　　④ 何冰洁．媒介环境学视域下微博的传播偏向研究 [D]．郑州：郑州大学，2019.

　　⑤ 马尔尚．麦克卢汉：媒介即信使 [M]．何道宽，译．北京：中国人民大学出版社，2003：253.

　　⑥ DRIEDGER L，REDEKOP P. Testing the Innis and McLuhan theses：mennonite media access and TV use [J]. The Canadian review of Sociology and Anthropology，1998，35：43-64.

　　⑦ 斯宾塞．社会学研究 [M]．张红晖，胡红波，译．北京：华夏出版社，2001：92.

认为，"实验分析的是短期的效果，而麦克卢汉所谈的效果必须经历很长一段时间才能显现"①。

直到现在，对媒介环境学缺乏方法论的评价仍然影响着国内学者对媒介环境学的接受度及研究热度。尽管国内一些研究已对此评价作出辨析，但仍有一些研究避免使用媒介环境学思辨的方法，或将实证研究方法与之进行糅合以免遭到质疑。无论哪种情况发生，都对媒介环境学在中国的发展带来了层层阻力。

二、反思：为思辨研究方法正名

国内学者对媒介环境学方法论层面的质疑实则是实证主义倡导的量化研究与批判学派及媒介环境学主张的思辨研究之间的矛盾。事实是，在实证研究依旧占据主流的今天，仍然有大量学者认为思辨研究不能称作正统的研究方法，多将之视为一种缺陷，他们似乎有意漠视媒介环境学以直觉观察和思辨为主的研究方法。

传播既有可衡量的短期效果，也有无法测量的深远意义，而媒介环境学的思辨研究是其赖以存在而不能同化于其他学派的重要特征。从早期的魔弹论到有效传播，再到议程设置、扩散理论直到涵化理论，传统经验学派一直致力于在研究内容上的纵深推进，以探测传播效果在社会结构层面的影响和意义。然而，对于几十年、上百年的传播内容，即使增加再多变量，也无法显现传播的长远效果。换言之，经验研究无法探测到媒介力量的本质，而这是媒介环境学存在的深远意义。伊尼斯的偏向论，洞见了知识、权力在帝国内部之间的流动，展现了时间偏向型和空间偏向型媒介如何作用于帝国之间的权力冲突与社会的结构性变化；麦克卢汉的感观偏向论分析了不同的"冷热"媒介如何通过卷入感官程度的不同来作用于人的思维逻辑中，以至于塑造了不同时代不同民族的文化特质和社会结构；凯瑞则把传播当作文化来理解，探讨文化在社会环境的有机系统中，是如何把远距离的社区凝聚一起，成为控制主体的力量环境。他们每个人都是从宏观角度探讨人类文明的生存演化过程，分析传播媒介的生命周期是经验研究无论如何也无法涉足的。他们的研究必须基于直观的观察和思辨才能得以进行。换言之，每种范式都有

---

① SEVERIN W J, TANKARD J W, Jr. Communication theories：origins，methods，and uses in the mass media［M］. London：Longman，1992：272.

自己的学术信仰和研究规则，他们通过不同的视角、立场和方法对极其庞大的传播整体做切割、选择性研究，不能苛求一个范式的面向无所不有，且他们之间存在不可通约性。

长久以来，无论在国内还是国外，社会科学的研究方法呈现了自然科学的研究倾向，学者们认为基于精细的量化才能为政府或社会提供效果研究。媒介环境学同批判学派一样，主张去发现和解释趋势，而不是在研究方法上模仿自然科学。诚如英国学者史蒂文森所言："媒介文化具有无可改变的多元性。这使坚持这三种研究范式成为必要，因为这些范式均突出了媒介文化的各个不同方面。企图创立一种宏大的理论已没有多少意义，因为这极有可能无法解释媒介实践的每一个方面。"① 因此，随着技术语境的变迁，在媒介环境学阐释力日渐强劲的今天，我们不仅应当正视媒介环境学思辨研究方法的价值和意义，而且应当对当下实证主义依然霸权的学术取向予以反思：在"言必谈数据"的今天，传播学传统的重内容、重量化的实证主义研究方法真的适用任何问题吗？答案当然是否定的。所谓"科学"只是一种"自命不凡的虚幻的弥赛亚"②，若我们不去追究数据背后那些真正有价值和有深度的问题，最终免不了陷入"方法论拜物教"的桎梏中。

本章小结

媒介环境学在中国的 40 年是中西方传播研究领域和中西文化交流、碰撞的 40 年，北美媒介环境学有意无意间接受着来自中国本土的译者、治学者思想的"驯化"。一种理论或学派的跨语际旅行，主要包括概念翻译、理论与术语的传播、在地应用实践等不同阶段的发展面向。本章对 Media Ecology 译语落定、"媒介即讯息"及"传播的仪式观"概念的传播、"技术决定论"及"缺乏方法论"等评价的论争与研讨的梳理反映了媒介环境学在中国落地生根的具体过程。对这些论争的具体分析，完整展示了国内学者在诸多细节的问题中"驯化"媒介环境学的过程，反映了媒介环境学在中国语境中面临的种种"阻力"，基本解决了媒介环境学在国内研究的起点、概念混淆、生存空间、研究方法等问题。

---

① 史蒂文森.认识媒介文化：社会理论与大众传播 [M].王文斌，译.北京：商务印书馆，2001：前言.

② 米尔斯.社会学的想象力 [M].李康，译.北京：北京师范大学出版社，2017：20.

首先，明晰了媒介环境学在国内的起点问题。国内诸多学者对 Media Ecology 译语产生的论争反映了 Media Ecology 这一外来术语被"驯化"的具体过程。显然，对 Media Ecology 的翻译问题是源于何道宽对该术语的本土化焦虑，在基于对本土语境的考量、避免与本土的"媒介生态学"产生混淆的情况下提出的。另外，来自西方的 Media Ecology 字面意思为"媒介生态学"，国内学者通过"环境"一词替代了 ecology"生态"的含义，最终将之翻译为"媒介环境学"，这其中融入了翻译者对文本的理解与期待。另外，以何道宽为代表的学者提出与国内本土的"媒介生态学"之间的界限，为该理论的发展奠定了基础。从这一问题的提出到译语的落定充分体现了国内学者及译者在翻译层面的主观能动性，明确了媒介环境学在国内的起点问题。同时文章提出，在全球媒介环境变化的频率、广度、强度日渐趋同的背景下，应对北美媒介环境学的本土化方向作出思考，接受诸多学者提出的融通观点。如"混合咖啡原则"或"宝塔糖策略"，即用中国的传播符号替换西方符号，在中国传统文化中融入西方文化和当代元素等方法，化解中国特殊与西方普遍的二元对立关系。

其次，廓清了理论、术语的传播乱象。治学者对诸多相似理论、概念的辨析廓清了诸多理论在含义、应用层面的区别，为个体理论的清晰呈现及日后基于此的理论创生奠定了基础。文章以麦克卢汉的"媒介即讯息"、凯瑞的"传播的仪式观"作为典型案例，分析二者在概念层面与其他相似概念的异同。其中，中文语境下往往将"媒介即讯息"与"媒介即信息"两个概念等同视之，国内学者对此展开的论争使我们不得不思考二者的根本区别。"The medium is the message"不仅强调媒介可以反映内容或信息，还强调了媒介本身对社会的影响。"讯息"较"信息"一词，增加了内容之外媒介本身的重要意义。国内语境下二者根本意思相差不大，但置于理论中，却与媒介环境学将媒介作为环境来研究的思想纲领差若千里。"传播的仪式观"亦是如此。国内学者通过对诸多相似概念的论争，厘清了不同理念的差别，同时，发现该理论之所以产生混乱，除了在本土语境的相关概念发生碰撞等原因外，还因理论在引进过程中因"共时性"和"历时性"之间产生张力。更重要的是，同"媒介即讯息"一样，"传播仪式观"也包含着媒介环境学的隐喻特性。因此，文章提出，理解媒介环境学的精髓在于领悟媒介环境学个体理论背后的潜隐含义，唯有此，才能在纷繁难辨的理论术语中找寻出独属媒介环境学的理论命题。

最后，梳理了诸多批判性评价。在基于应用现状的反思中，提出了应正视媒介环境学思辨研究方法的诉求，帮助开拓了媒介环境学的发展空间。国内学者对媒介环境学所谓"技术决定论"评价的辨析实际上反映了媒介环境学作为新范式如何最终打破旧范式"唯我独尊"历史格局的过程。"缺失方法论"的评价则显示了思辨研究方法在国内一直被视为不严谨的学术现状，因此，有必要重申媒介环境学的范式突破，展示媒介环境学如何通过自身特有的理论力量和研究旨趣表达其研究立场和方法规范。

按照学界较为认可的解读，林肯和古巴（Lincoln and Guba）释义的范式概念主要包含四个层面的观念架构：①范式的认识论，即用来描述我们如何认识某物；②范式的本体论，即我们研究的社会现象的本质；③范式的方法论，即在研究中所采用的研究设计、方法和步骤；④范式的价值论，范式的深层结构，探讨研究的伦理问题或研究的意义何在。① 具体到传播学，施拉姆倡导的"实证主义"可谓美国主流的传播研究范式。媒介环境学试图打破传播学长期以来仅重视短期效果的实证主义的格局，自然会遭遇从"妖魔化"到"神话"的剧情反转。因此，我们有必要通过论争来反思媒介环境学在认识论、本体论、方法论、价值论层面的突破。作为一场"科学革命"，这是媒介环境学可以与经验学派、文化研究对垒叫阵的根本所在。

在认识论层面，媒介环境学的意义来自从媒介角度认识媒介环境的变化。国内学者对媒介环境学所谓的"技术决定论"评价的辨析在很大程度上向我们澄清了媒介环境学的认识论问题：媒介环境学的本意绝不是让人们走向另一个极端，即只关注媒介而不关注其内容或信息，而是强调在一味重内容及短期效果的实证研究的 20 世纪 60 年代，这种方法对关注个人心理和社会长效影响的研究并不奏效。在本体论层面，国内学者对"媒介即讯息"等理论的论争提醒我们关注媒介环境学的"泛隐喻论"特性。正如麦克卢汉用鱼和水之间的比喻一样，人们对身处其中的环境没有察觉，只有当鱼儿离开水时，环境的意义才会凸显。因此，认识世界的本质，便是认识媒介及其背后的潜在含义。在方法论层面，媒介环境学所谈的媒介影响是基于历史的变迁。正如国内学者李明伟所言，"精巧的理论结构、细密的逻辑推演和严谨的命题论争"是这一思辨的研究方法。在价值论层面，论争背后隐藏的"范式之争"显示了媒介环境学以强调媒介的深远意义来打破旧范式以短期效果为主导的

---

① LINCOLN Y S, GUBA E G. Naturalistic inquiry［M］. Thousand Oaks：Sage，1985.

格局，使媒介环境研究成为品鉴历史长卷和社会图景的一个重要维度。总之，国内学者通过论争化解了新范式遗留的种种谜团，从认识论、本体论、方法论、价值论四个层面突破了旧范式的禁锢，也使媒介环境学步入接下来令人迷醉的常规科学研究中。

至此，在国内学者对这一系列论争清理的基础上，媒介环境学在国内的生存空间得以明确，否则媒介环境学很可能在一系列"技术决定论""缺乏方法论"的指责声中迷失自我，甚至其在国内的学术之旅很有可能被阻断。同时针对当下国内试图用媒介环境学的思辨研究方法与量化研究相结合的研究论文，笔者提出应正视媒介环境学思辨的研究方法。不同范式之间存在不可通约性，任何试图改变媒介环境学思辨研究学术气质的做法，既不可取，也毫无意义。

概言之，论争与研讨向我们展示了该学派如何突破重要压力在本土落地的过程，对媒介环境学的诸多批判非但没有成为制约媒介环境学在中国落地生根的阻力，反而在国内学者的论争中得以一步步地流动、丰实、转换，使汉语世界的媒介环境学最终呈现了不同于北美语境的学术姿态，令其在汉语世界的生存空间日渐明朗。

中篇　变异

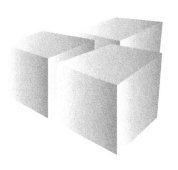

第四章
承继与变异：媒介环境学
在中国的横向移植

本章的关键词是"变异"，主要探讨媒介环境学的"横向移植"问题。"横向"是一个空间概念，指从北美到中国。如前文所述，空间的跨越意味着环境的变化、理论的变形。一如新闻传播学整体的理论自生性不足，绝大多数理论来源于西方，"媒介环境学"这一诞生于北美的"舶来品"，植根于以美国、加拿大为代表的特定文化及历史语境中。当用这种生态思维分析其他社会文化时，理论原初的诠释力及指向会发生如何改变？本章结合萨义德在"理论旅行"论中对"四阶段""制度化"及"批判性"等关键词的相关阐释，针对国内媒介环境学对北美学术传统的承继及其变异问题，从其引入、传播和理论应用三个层面围绕以下问题展开研究：①在引入层面，经拣选生成的媒介环境学中文译本强化了北美哪些学术传统，遗漏了哪些经典，未翻译的论著又遮蔽了哪些学术视野？②在传播层面，原学派呈现了一种怎样的学科分布，有何历史背景？传播至中国后又有何种改变？这样的变化有着怎样的历史背景，又有何种趋势？③在理论应用层面，该学派的在地学术实践与原初理论的研究旨趣相比，发生了何种变化？其批判性是否出现"被降格、被减弱"或"获得重生的契机"的现象？基于这些问题，文章突破既往的基于文献的主观性分析，而使用 CiteSpace 软件，对中西媒介环境学研究的核心作者、学科场域、主题演进以知识图谱的方式呈现。通过对比"中西之差"，结合中西媒介环境学发生的历史情境及语境，对上述问题依次予以考究。

第一节　研究方法与数据来源

一、研究工具及方法

研究工具采用的 CiteSpace 软件（5.6R5 版本）是由美国德雷克赛尔大学陈超美团队开发的。作为一款科学图谱及知识可视化应用软件，可用以分析文献中蕴含的潜在知识，通过可视化方式来呈现文献的科学结构、规律和分布状况，由此得到的可视化图形被称为"科学知识图谱"。[1] 文章通过 WOS、CNKI 及 CSSCI 数据库收集国内外相关文献的数据集，对作者共被引、文献共被引、学科分布以可视化知识图谱的形式呈现，以更清晰地反映

---

[1] CHEN C M. CiteSpace II: detecting and visualizing emerging trends and transient patterns in scientific literature [J]. Journal of the Association for information science & technology, 2006, 57 (3): 359-377.

媒介环境学研究的"中西之差"，从而探寻北美媒介环境学经由中国土壤"驯化"后所强化的学术传统、被遮蔽的研究路径及理论在当地学术实践中的形态演变。

二、数据来源

文献样本的选择主要依据媒介环境学学者来进行范围圈定。对于英文文献的选择，因媒介环境学派集合了众多学者，因此，在 Web of Science 数据库中，除了以"媒介环境学"为关键词进行检索外，还以众多北美学者姓名为关键字进行检索。这些学者主要包括：刘易斯・芒福德、帕特里克・格迪斯（Patrick Geddes）等媒介环境学先驱；在 20 世纪 50 年代后登场的第一代代表性人物英尼斯、20 世纪 60 年代轰动一时的马歇尔・麦克卢汉及其同时代人物埃里克・哈弗洛克；20 世纪 70 年代的第二代代表性人物尼尔・波兹曼、沃尔特・翁、詹姆斯・凯瑞及麦克卢汉的博士生唐纳德・特沃尔（Donald Theall）；介于第二代及第三代之间的学者如罗伯特・洛根和特伦斯・戈登（Terrence Gordon）；20 世纪 90 年代登场的第三代代表人物保罗・莱文森、约书亚・梅罗维茨、埃里克・麦克卢汉、德里克・德克霍夫（Derrick de Kerckhove）、兰斯・斯特雷特、林文刚（Casey Man Kong Lum）等。此外，还将媒介环境学会（MEA）官网上提到的相关学者纳入考量范围，如詹姆斯・莫理逊（James C. Morrison）、保罗・海耶尔（Paul Heyer）、克里斯汀・L. 尼斯特洛姆（Christine L. Nystrom）、本杰明・沃尔夫（Benjamin Wolf）等学者，尽可能呈现出西方（尤指北美）媒介环境学的研究全貌。

对中文文献的选择，本研究共检索了中文社会科学引文索引（CSSCI）和中国知网（CNKI）数据库，得到两组数据。前者主要包括以"媒介环境学"及上文提到的媒介环境学人的姓名为关键字进行检索所得到的文献，后者主要包括上述提到的学者姓名在全文中出现 4 次及以上的文献。两组数据的差别在于：前者数据更为集中地围绕媒介环境学及其学人来展开，可以用来进行作者及文献共被引分析；而后者则更倾向于探索媒介环境学在汉语学界的应用情况，可以更好地把握其演进脉络和学科分布。此外，之所以选择两个数据库来获取数据，一个很重要的原因在于 CSSCI 数据库得到的文献可以进行共被引分析，而 CNKI 因检索式的灵活性可使检索到的文献更加全面。文献具体检索式如表 4-1 所示，研究框架如图 4-1 所示。

表 4-1　文献来源及具体检索方式

文献来源	数据标记	文献数量	检索时间	具体检索式及检索方法
WOS 核心合集数据库	数据 1	484 篇	2020-07-15	①以媒介环境学人姓名为关键字进行作者文献检索，检索关系式为 AU＝"McLuhan M"。②以媒介环境学人姓名为主题的文献，即在标题、关键字、摘要中包含作者姓名的文献。检索关系式为 TS＝"McLuhan M"。③对全文中出现至少两次不同媒介环境学学者的论文进行统计，检索关系式为 ALL＝"McLuhan M"，按照此方法对诸多媒介环境学学者依次检索，之后两两合并，以此完成对一篇文章中同时出现两位媒介环境学人的论文的统计
CSSCI 及 CNKI 数据库	数据 2	183 篇	2020-07-15	在 CSSCI 数据库中，以"媒介环境学"一词及不同学人姓名为关键词所得文献，关系式如"关键词=麦克卢汉"，以此对诸多学者依次进行检索
	数据 3	2094 篇	2020-07-15	在 CNKI 数据库中，将"媒介环境学"一词及其学人姓名在一篇论文中出现 4 次以上的文献作为数据样本。整体检索式：FT='媒介环境学 \$4'+'刘易斯·芒福德 \$4'+'帕特里克·格迪斯 \$4'+'本杰明·李·沃尔夫 \$4'+'苏珊·朗格 \$4'+'麦克卢汉 \$4'+'哈罗德·英尼斯 \$4'+'哈罗德·伊尼斯 \$4'+'保罗·莱文森 \$4'+'詹姆斯·凯瑞 \$4'+'尼尔·波兹曼 \$4'+'尼尔·波兹曼 \$4'+'沃尔特·翁 \$4'+'埃里克·哈弗洛克 \$4'+'约书亚·梅罗维茨 \$4'+'罗伯特·洛根 \$4'+'唐纳德·特沃尔 \$4'+'特伦斯·戈登 \$4'+'德里克·德克霍夫 \$4'+'兰斯·斯特拉特 \$4'+'林文刚 \$4'

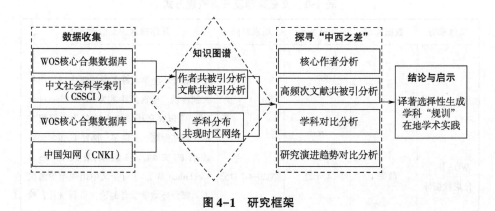

图 4-1　研究框架

需要说明的是，媒介环境协会的官网上清晰地标明："媒体环境学的知识传统仍然以书籍为导向，倾向于独立和有洞察力的学术和评论。"①因此，在做质化分析时，除了论文文献外，还会将著作类文献纳入考量范围。

第二节　引介层面：媒介环境学的选择性转译

媒介环境学从北美到中国的学术旅行不是简单的复制和搬运，必定要经过译者对译著的拣选、翻译等诸多步骤的演绎。因此，其原初形态必定会发生变形：或放大某些学术传统，或产生某些学术盲区。此部分将主要探讨北美媒介环境学在引入过程中，因原著的拣选问题而对国内研究方向和路径中产生的影响。

一、北美与中国媒介环境学研究作者及文献共被引知识图谱分析

选择性转译开启了将媒介环境学引入中国的历程。选择性转译高度凸显了译者主体性。因此，我们首先来了解哪些学者是北美媒介环境学领域的重要人物，再考察这些人物的作品是否被转译至国内，以此来反映北美媒介环境学人是否被完整投射到中国新闻传播学的理论版图中。对此，我们不妨从国外媒介环境学研究的作者共被引情况出发。作者共被引图谱能够反映一个学者在某一领域的学术成就或影响力，代表着是否是某一研究领域的先行者

---

① Media Ecology Association，https：//www.media-ecology.org/Media-Ecology-101.

和开拓者。将 WOS 中的 484 条数据导入 CiteSpace，选择作者（Author）运行，得到如图 4-2 所示的作者共被引网络知识图谱。从该图中可以窥见国外媒介环境学核心作者群。其中，米歇尔·麦克卢汉的共被引频次最高（143 次），哈罗德·伊尼斯次之（78 次），接下来是埃里克·哈弗洛克（68 次）。此外前十名还包括沃尔特·翁（53 次）、詹姆斯·凯瑞（40 次）、尼尔·波兹曼（13 次）、罗伯特·罗根（11 次）、埃德蒙·卡彭特（8 次）、保罗·莱文森（8 次）、约书亚·梅罗维茨（8 次）。他们作为北美媒介环境学的先行者和开拓者，共同构成了国外相关研究的核心作者群。

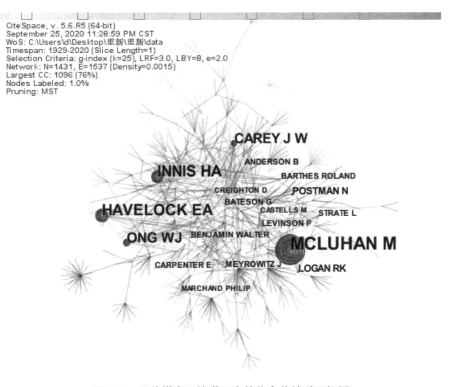

图 4-2　国外媒介环境学研究的作者共被引可视图

使用同样方式在 CiteSpace 中对数据 2 国内媒介环境学作者共被引进行分析，得到如图 4-3 所示的知识图谱。与图 4-2 对比可知，麦克卢汉、伊尼斯等学者的中文翻译著作影响力极为广泛，表明媒介环境学中文译本的桥梁作用显著；此外，哈弗洛克及卡彭特两位作为与麦克卢汉同时代的学者，并未投射到中国学界的理论版图中。同时，一些国外遭遇冷场的学者在国内却很受欢迎，如莱文森、林文刚作为媒介环境学的新生力量，在国外研究影响力并不及翁、凯瑞等学者，但他们在国内的影响力却十分显著，也从侧面反映了这两位学者对中国学界的投入和关注。其中，林文刚作为美籍华人，有着语言文化优势，助力其成为国内媒介环境学的"桥梁"人物。2006年，林文刚与国内学者何道宽一起商定 Media Ecology 在中国的翻译定名问题，在学界一度引发诸多论争与研讨；2007年林文刚主编的国内第一部以"媒介环境学"命名的译著出版，也为其带来了一批学术粉丝。何道宽可谓莱文森在国内的独家译者，共翻译过莱文森9部著作（具体参见附件1）。其中，2001年出版的《数字麦克卢汉》在国外的引用量仅为814，而在中国，其引用量高达1 468。① 2004年，莱文森的《手机：挡不住的呼唤》一书在国内翻译出版，该译作在国内大受好评且已然成为国内媒介环境学经典。对此，何教授

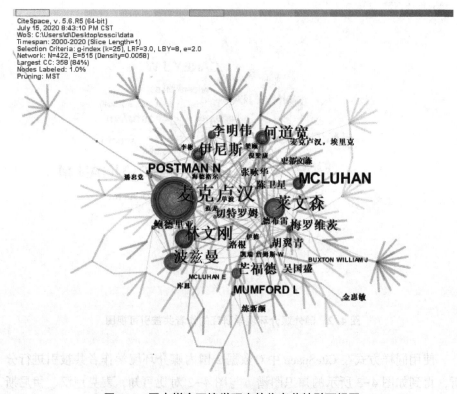

图4-3 国内媒介环境学研究的作者共被引可视图

---

① 国外引用量检索网址：http://webofknowledge.com/，国内引用量检索网址：www.cnki.net。检索日期皆为 2020-07-15。

在采访中提到，这可能是"因为中国社会更关心手机的社会影响"①。此外，何教授曾言："《莱文森精粹》是经我提议并与莱文森合作编辑直接在中国出版的，要知道在世的外国作者能在中国出选集的是凤毛麟角。"② 可见，这位"新新媒介家"受到中国读者的重视与何道宽教授的大力推广密不可分，何教授在译介领域积累的学术资本必然发挥着重要作用。

除了核心作者群外，文献是勾勒北美媒介环境学学术传统及研究路径的重要维度，文献共被引是指多篇文献共同出现在某一篇施引文献的参考文献目录中，则这些文献就形成了共被引关系。③ 陈超美曾将研究前沿定义为"一组突现的动态概念和潜在的研究问题，而研究前沿的知识基础是它在科学文献中的引文和共引轨迹。而文献共被引知识图谱代表了学科或研究领域演化的关键经典文献及演化动力"④。共被引的频次越高，说明研究对象之间的关联性越强，可以显示不同研究之间共同的关注热点。因此，通过文献共被引可以了解哪些著作是北美媒介环境学研究中的核心作品，并检验是否已有中译版本，以探索媒介环境学被遮蔽的学术路径。使用同样方式在 CiteSpace 中对数据 1 进行文献共被引分析，得到如图 4-4 所示的知识图谱。由图显示，麦克卢汉、哈弗洛克、翁等学者影响力最高。为更为细致地呈现这些北美学者的哪些著作在国外影响力显著，将影响力的排名前十论著整理如表 4-2 所示。

表4-2　国内外媒介环境学文献共被引次数排名前十的文献

序号	国外高被引文献作者（文献发表/出版日期）	国外媒介环境学共被引高频次文献
1	McLuhan Marshall，Eric McLuhan（2011）	*Media and Formal Cause*
2	Eric Havelock（1982）	*Preface to Plato*
3	Philip Marchand（1989）	*The Medium and the Messenger*
4	Anton Corey（2010）	*Valuation and Media Ecology：Ethics，Morals，and Laws*
5	Casey Man Kong Lum（2006）	*Perspectives on Culture，Technology，and Communication*

① 详见附件四采访稿。

② 何道宽. 凤兴集［M］. 上海：复旦大学出版社，2013：321.

③ SMALL H. Co‐citation in the scientific literature：a new measure of the relationship between two documents［J］. Journal of the American society for information science，1973，24：265-269.

④ SMALL H. Co‐citation in the scientific literature：a new measure of the relationship between two documents［J］. Journal of the American society for information science，1973，24：265-269.

续表

序号	国外高被引文献作者（文献发表/出版日期）	国外媒介环境学共被引高频次文献
6	Lance Strate（2011）	*On the Binding Biases of Time*
7	Tomas Gencarelli（2006）	*Neil Postman and the Rise of Media Ecology*
8	Berland Jody（2009）	*North of Empire：Essays on the Cultural Technologies of Space*
9	Walter Ong（1982）	*Orality and Literacy*
10	McLuhan Marshall（1994）	*Understanding Media：The Extensions of Man*

图4-4　国内外媒介环境学文献共被引图谱

表4-2显示，在国外共被引频次排名前十的文献中，有四本（篇）文献在国内已有译本，包括菲利普·马尔尚的《麦克卢汉传：媒介与信使》、沃尔特·翁的《口语文化与书面文化》、麦克卢汉的《理解媒介》、被收录于林文刚专著中的托马斯·F.金卡雷利（Thomas F. Gencarelli）的《尼尔·波兹曼与媒介环境学的崛起》一文。麦克卢汉的《媒介与决定原因》（*Media and Formal Cause*）由麦克卢汉与其子埃里克·麦克卢汉合著，在麦克卢汉百年诞辰的2011年出版发行，主要从因与果（cause-and-effect）的哲学层面讲述其

对媒介存在形式的理解。哈弗洛克的《柏拉图导论》（*Preface to Plato*）、斯特拉特的《关于时间的约束与偏见》（*On the Binding Biases of Time*）及伯兰·裘蒂的《帝国之北》（*North of Empire*）则分别基于古希腊哲学、语义符号学、加拿大历史探讨媒介对人类及社会的影响。相比已经有中文译本的媒介环境学作品，这些尚未翻译的著作在国内被引次数很低，多因饱含浓厚的西方哲学、西方历史底蕴或因关涉其他学科而被国内新闻传播学译者及治学者忽视。

二、强化的学术传统：经由翻译完成的"再经典化"过程

前文呈现的国外作者及文献的共被引知识图谱表明，汉语世界的媒介环境学研究深受译著及文化中间人的影响。而国内多数译者基于诸多考量（如何道宽教授回避了麦克卢汉与他人合著的作品，具体原因详见附件采访稿），选择性地根据本国需要展开对媒介环境学著作的引进翻译工作。然而，这种基于本国语境上的选择性转译，在一定程度上强化了媒介环境学的学术传统，同时遮蔽了一些研究视野。

目前，中国学界对北美媒介环境学的研究主要集中于经典作品，这在很大程度上是经由翻译完成的"再经典化"的结果。也就是说，中国对 20 世纪媒介环境学发轫初期的经典作品进行拣选翻译。这些原本经典的作品在跨时空旅行后再次成为主导中国新闻传播学理论版图的经典之作。其中，高被引文献（论著）是勾勒国内学者如何经由"援引"行为来理解媒介环境学派理论旅行的一个重要维度。通过对被引频次排名前十的媒介环境学中译本的出版信息及对原著和译著的引用情况进行统计（见表 4-3 和表 4-4），可以发现，中国学者对译著的引用量远远高于原著，说明译著的作用十分显著。

表 4-3　十本高被引媒介环境学译著的出版信息

序号	中译本书名	著者（编者）	译者	译著出版社	译著/原著出版年份
1	理解媒介（第二版）	（加）马歇尔·麦克卢汉	何道宽	商务印书馆	2000/1964
2	麦克卢汉精粹	（加）埃里克·麦克卢汉	何道宽	南京大学出版社	2000/1995
3	数字麦克卢汉	（美）保罗·莱文森	何道宽	社会科学文献出版社	2001/1999
4	消失的地域	（美）约书亚·梅罗维茨	肖志军	清华大学出版社	2002/1985
5	传播的偏向	（加）哈罗德·伊尼斯	何道宽	中国人民大学出版社	2003/1951

续表

序号	中译本书名	著者（编者）	译者	译著出版社	译著/原著出版年份
6	娱乐至死	（美）尼尔·波兹曼	章艳	广西师范大学出版社	2004/1985
7	童年的消逝	（美）尼尔·波兹曼	吴燕莛	广西师范大学出版社	2004/1982
8	作为文化的传播	（美）詹姆斯·凯瑞	丁未	华夏出版社	2005/1989
9	新新媒介	（美）保罗·莱文森	何道宽	复旦大学出版社	2011/2010
10	技术垄断	（美）尼尔·波兹曼	何道宽	北京大学出版社	2007/1993

资料来源：www.cnki.net，采集日期为 2020-07-15。

表4-4　《理解媒介》译著及原版引用率

原著/译著	2000 年前	2001—2010	2011—	总计
理解媒介（1992）	—	2	3	5
理解媒介（2000）	—	2 537	7 147	9 684
理解媒介（2011）	—	—	—	2 818
Understanding Media：Extensions of Man（1964）	1	211	97	309
Understanding Media：Extensions of Man（1994）	0	75	64	139
Understanding Media：Extensions of Man（2003）	—	8	25	33

资料来源：www.cnki.net，采集日期为 2020-07-15。

如表4-4所示，《理解媒介》译本的被引量是原著的26倍。可见，对高被引译著而言，中文译本的桥梁作用更加明显。图4-5直观呈现了其余9部译著与原著在中文文本中引用量的显著差距。这些中文译本经过跨时空的旅行，已成为中国学者在媒介、传播学研究中引用的经典之作。

汉语世界的媒介环境学对北美经典作品及理论加以承继，这种承继持续影响着国内新闻传播学领域的前进方向。诚如刘海龙在接受笔者采访中所言："国内参与媒介环境学研究的人不多，以何道宽的译介为主。"胡翼青也对此表达了同样的看法，认为媒介环境学目前尚处于一种引介状态。这种引介与其文化中间人何道宽的大力推举密不可分。在这个过程中，译者作为域外文化和本土文化之间的"摆渡人"，回避了一些西方历史或哲学意蕴浓厚的作品，如哈弗洛克的《柏拉图导论》，卡彭特的《古代和部落艺术中的社会象征主义》《传播中的探索选集》等①，体现了译者具有强烈的主体意识和创造精神。在之后的翻译中，何道宽根据目的语的语言文化特征，尽量避免过长定语带来欧化问题，通过零翻译形式、四字格格式等富有特色的何氏翻译法使媒介环境学作品朗朗上口，亦符合我国传统语言文化特征。② 同时，他以边译边研的形式提炼了不同媒介环境学人的诸多理论观点，这对译著在国内的传播起到非常重要的作用，为后来的媒介传播学在中国新闻传播学领域的发展奠定了坚实的基础。在《影响传播学发展的西方学人》一书中，何道宽总结了麦克卢汉研究的三次热潮和三次飞跃，归纳麦克卢汉著作中"地球村""媒介即讯息""媒介是人的延伸""冷媒介热媒介"四条经典理论，提炼出莱文森的十三幅画像，并针对"冷热媒介"的争论，将麦克卢汉四论重新设定为"地球村""媒介即讯息""电子媒介是中枢神经系统的延伸""部落化-非部落化-重新部落化"这一"新四论"。③ 之后的很多研究中，其他学者们对麦克卢汉的主要设定也是以此进行的。④ 此外，其诸多高被引研究论文帮助国内学者澄清了媒介环境学的误读，带动了国内学者对不同媒介环境学人如莱文森、罗伯特·罗根、波兹曼等学者的学术热情。国内治学者对这些北美学者已有诸多分析，此处不赘述。

何道宽根据实际状况进行通盘考虑和选择，有目的地作出改变，为国内学界呈现了上文所述的媒介环境学经典画像。这在很大程度上是经由翻译完成的跨时空的"再经典化"的结果，也就是说，是媒介环境学在译介层面的演绎帮助建构了国内媒介环境学研究的经典呈现。同时，何道宽与诸多其他中国学者一道（如陈力丹、陈卫星、胡翼青对媒介环境学"第三大学派"学术地位的肯定，李明伟对媒介环境学关键问题的刻画等）帮助开拓着国内媒介环境学的研究方向，他们如舵手一般引领着媒介环境学在中国的学术之旅。

---

① 英文名称是 *Social Symbolism in Ancient and Tribal Art* 以及 *Explorations in Communication, An Anthology*，前一部著作是卡彭特与卡尔·舒斯特在1986—1988年的合著，后一部由作者在1960年与麦克卢汉合著。

② 宋晓舟. 中国传播学发展的译者贡献：以"何道宽现象"为例 [D]. 福州：福建师范大学，2017：117.

③ 戴元光. 影响传播学发展的西方学人 [M]. 北京：中国大百科全书出版社，2012.

④ 杨汉云，杨祎. 国内麦克卢汉媒介理论研究述评 [J]. 当代传播，2011（6）：126-127.

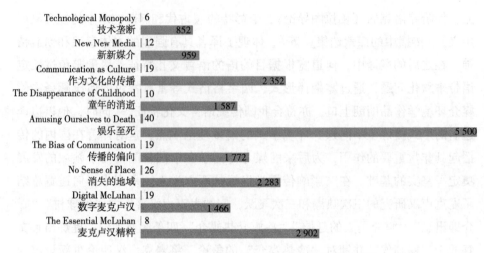

图 4-5　中英文文献在中文研究文本中的引用量对比

三、遮蔽的学术视野：引介过程中"遗失的经典"

如前文所述，由何道宽翻译的该学派在国内的系列译著，相较于其他学派而言，已相当完善且具有一定的系统性。然而，刘海龙所言的"灰色地带"① 使我们意识到，该学派"旅行"至中国后，在看似经典的历史叙述之外，也存在着许多被遗漏的声音。由于北美媒介环境学呈现了很强的跨学科特性，而中国的新闻传播学者的研究视野更多集中于该学派单一的"媒介视角"，这显然割裂了该视角与其他多元研究旨趣的联系，也导致很多经典人物及其观点在汉语世界被"隐而不发"。国内对北美媒介环境学的研究中，反思该学派在中国学术场域呈现何种学术盲点、产生哪些断裂和遗失的研究相对较少，有待学界进一步发掘。由于媒介环境学派体系庞杂，学者众多，因此，笔者以该学派的核心人物马歇尔·麦克卢汉及古典学者埃里克·哈弗洛克为代表，探索其"全球剧场"、"全球膜"、媒介教育观、口语—文字观及媒介记忆观等在汉语世界的学术盲点，并以点带面从学科语境层面正视该学派诞生的历史钩沉及在中国的发展语境，并从整体层面反思该学派产生断裂或遗失的学术脉络及原因，从而加深且拓展国内学者对媒介环境学的整体理解。

（一）"隐藏"的麦克卢汉：从"全球剧场"到"全球膜"及媒介教育观

理论的跨语境转译是一个高度选择性的过程，这决定了理论的旅行必然

---

① 刘海龙．重访灰色地带：传播研究史的书写与记忆［M］．北京：北京大学出版社，2016.

是局部的、不完整的。一些概念、学说被采纳的同时，必然有一些被忽略。从北美到中国，关涉宏大主题、具有人文关怀且呈现多元研究旨趣的媒介环境学被规训于较为狭窄的新闻传播学领域。因此，麦克卢汉的一些相关作品或观点并未呈现在汉语世界中。换言之，因涉及对原著的拣选，和基于对中国语境及社会情境的考量，一些经典著作被学界有意忽略，从而影响到学界对媒介环境学的整体性理解。就麦克卢汉而言，北美学界有很多与之相关的著作及文献并未呈现在汉语世界中，包括《从陈词到原型》（*From Cliche to Archetype*）（McLuhan and Watson，1970）、《把握今天：退出游戏的行政主管》（*Take Today*：*The Executive as Dropout*）（McLuhan and Nevitt，1972）（该书译名与何道宽教授商定）、《媒介定律》（*Laws of Media*）（McLuhan and McLuhan，1988）等。这些作品作为"遗失的经典"，我们对其思想的探索和理解有失全面性。

1. 从"全球剧场"到"全球膜"术语的缺失

在 20 世纪 70 年代以前，麦克卢汉的"地球村"概念已经成为人们对万维网最常用的描述之一。然而，在他后期的作品中，麦克卢汉开始弃用这个术语，转而使用一个看起来只是稍微修改过的词：全球剧场（global theater）。全球剧场这个词很好地将媒介与"表演""剧场""监视"等概念相结合，阐释了当下社交媒体"表演文化"的兴起，因此有必要进行"打捞"。

在 1970 年的《从陈词到原型》（国内无译作）一书中，麦克卢汉将新媒体与表演相提并论，首次提出"全球剧场"概念并对之阐释："自从 1957 年人造卫星出现之后，地球就被封闭在一个人造的环境中，这个环境终结了'自然'，把地球变成了一个有待编排剧目的剧场……地球村已经转变成一个全球剧场，其结果便是，人们在公共空间'做自己的事'。"[1] 在 1972 年与巴林顿·内维特合著的《把握今天：退出游戏的行政主管》一书中，麦克卢汉对"全球剧场"概念做了深化，并对网络社会的参与式文化的预测更为明确。他指出："建立一种新型的全球剧场，在这种剧场里，所有的人都成为演员，而很少有观众。世界人口是这个新剧院的演员和内容，剧院的剧目由一个个不断发生的事件组成，它可以对人们任何以前经历的任何事件进行检索或重播。"[2] 在 1974 年发表于《传播学刊》（*Journal of Communication*）的一篇短文中，麦克卢汉引用了《从陈词到原型》的几个段落来重申"全球剧场"这

---

① MCLUHAN M, WATON W. From cliché to archetype［M］. New York：Viking, 1970：12.

② MCLUHAN M, NEVITT B. Take today：the executive as dropout［M］. New York：Harcourt Brace Jovanovich, 1972：145.

一概念。他认为，在 1957 年 10 月 17 日，也就是人造卫星发射进入轨道的那一刻，全球剧场成了人类生存的决定性条件。他将这一时刻称为"也许是可以想象的信息领域最大的革命"①，并继续从表演和监视方面揭示这一概念的意义。此外，在 20 世纪 70 年代，麦克卢汉也尝试写了一部关于"全球剧场"的百老汇戏剧，名为《媒介中的你》（*Every Man In his Media*）。有学者提出，该剧旨在表达"在每个人自己的媒介世界里，每个人都会有各种各样的媒介扮演，这些扮演将展示你不同身份、脾气和幽默的真实生活文化"②。

可见，麦克卢汉的"地球村"理念在 20 世纪 70 年代已经有演变为"全球剧场"的迹象，国外很多学者对这一转变的隐喻意义做了相关解读。例如，约翰·廷内尔（John Tinnell）表示，麦克卢汉用剧场（theater）取代村庄（village）是对视频直播的一种评论。③ 也有学者认为其隐喻含义远远不止于此。在《隐喻的变化：从地球村到全球剧场》（*The Metaphor Morphs：From Global Village to Global Theatre*）一文中，作者阐释了麦克卢汉在这一概念转变背后的隐喻思想，并引入了新媒介和戏剧、表演之间的互动关系，并称麦克卢汉将空间作为一个舞台，每个人都在这一空间做自己的事情并让其他人见证，从而不间断地为剧院贡献节目，因此，他认为该概念是麦克卢汉对互联网时代一种愿景的表达。④《从地球村到全球剧场：麦克卢汉后期作为一位关注差异、意识和多样性的哲学家》一文指出，"地球村"概念虽出名但阐释力不足，文章认为"全球剧场"概念已从一种以构成主体为基础的延伸形态，过渡到一种类似于当代的"新现实主义"学派。作者结合马库斯·加布里埃尔的"感觉领域"（fields-of-sense）本体论阐释了麦克卢汉的媒介哲学思想。⑤ 也有学者认为，这一转变"摒弃了地球村对次生口语及部落集体性的坚持"⑥。众多学者试图从多角度丰富麦克卢汉思想的多面性，但在中国土壤中，

---

① MCLUHAN M. At the moment of sputnik the planet became a global theater in which there are no spectators but only actors［J］. Journal of communication，1974，24（1）：48-58.

② ANDREW C. After the global village［EB/OL］. （2012-03-12）［2020-11-22］. https：// mcluhangalaxy. wordpress. com/2016/06/03/after-the-global-village-an-essay-by-david-crystall/.

③ TINNELL J. All the world's a link：the global theater of mobile world browsers［EB/OL］. （2011-12-14）［2020-11-2］. http：//www. enculturation. net/all-the-worlds-a-link.

④ KOSNIK A D. The metaphor morphs：from global village to global theatre［EB/OL］. （2015-08-17）［2020-11-02］. https：//mcluhangalaxy. wordpress. com/2015/08/17/the-metaphor-morphs-from-global-village-to-global-theatre/.

⑤ RALÓN L. From global village to global theater：the late McLuhan as a philosopher of difference, sense, and multiplicities［J］. Review of communication，2017（4）：303-319.

⑥ TINNELL J. All the world's a link：the global theater of mobile world browsers［EB/OL］. （2011-12-14）［2020-11-02］. http：//www. enculturation. net/all-the-worlds-a-link.

因涉及"全球剧场"概念的相关著作没有中译本，在一定程度上影响了国内学者对其思想全面性的探索。

麦克卢汉试图将"全球剧场"作为一个标记概念来区分卫星带来的新环境。在《职业道德的终结》的演讲中，麦克卢汉指出："当地球突然被人造物品包围时，自然就变成了一种艺术形式。人造卫星诞生的那一刻就是创造宇宙飞船和/或全球剧场的时刻。莎士比亚将整个世界视为一个舞台，但有了人造卫星，世界实际上变成了一个全球剧场，这里没有观众，只有演员。"① 可见，这两个词（即 global 和 theatre）的并置意义非常丰富，或许从莎士比亚"环球剧场"（Shakespeare's Globe Theatre）概念中也汲取了意义。莎士比亚曾言，"整个世界是一个舞台"（All the world's a stage）。麦克卢汉借之而来的隐喻思维是，新媒体技术的发展，使我们共同生活在一个全球剧场里成了事实。不难发现，麦克卢汉的"全球剧场"概念正反映着我们当下的种种媒介景观：伴随传播技术的发展，地球表面的广阔区域迅速成为直播、视频会议和其他电子支持形式（大规模）表演的潜在舞台。从国内现状来看，无论是抖音、快手平台中开展的全民"表演"，抑或是 vlog 等平台的日志"秀"，还是疫情下视频会议的频繁上线，这些由新传播技术生成的新媒介平台已成为所有人表演的舞台。在这样一种人造的环境中，地球村俨然变成了人人可表演的"全球剧场"，网络也变为一种被全景监视的公共领域。

除了"全球剧场"外，麦克卢汉在 1969 年《花花公子》杂志的采访中提出了"全球膜"（universal membrane）的概念："经过几个世纪的情感分裂，现代意识再次变得完整和包容，因为整个人类家族被密封在一个统一的全球膜上。"② 媒介环境学前会长斯特拉特在此基础上挑战了媒介环境学传统的"媒介即环境"的研究视角，并发展了"媒介即是膜"（the medium is the membrane）的隐喻。他提出将德布雷媒介研究的"中介"概念应用于理解媒介环境学："若超越'媒介即环境'的观点，我想建议，当我们使用'中介'这个词时，麦克卢汉的观点可以得到最好的理解……麦克卢汉认为媒介和技术是人类有机体的延伸，但又坚持认为每一个延伸都是一种截除……当我们与环境打交道时，我们既拒绝又选择。我们将之过滤，又将之媒介化。或者

---

① MCLUHAN S, STAINES D. The end of the work ethic［M］// MCLUHAN M. Understanding me. Toronto：McClelland & Stewart Ltd，1972：197.

② The playboy interview：Marshall McLuhan［EB/OL］.（1969-03-14）［2020-02-01］. https：// www. cs. ucdavis. edu/~rogaway/classes/188/spring07/mcluhan. pdf.

我喜欢说，媒介即是膜（膜就是我们）。我们在混沌与秩序的边缘舞蹈，既拥抱又关闭、既伸展又截除、既接受又逃避。"因此，他得出"麦克卢汉真正关心的是中介过程，而不是媒介作为一种物的研究"①。约克大学教授布鲁斯·鲍威（Bruce Powe）甚至著书对"全球膜"这一术语做了全新解读。②在他的笔下，该术语道出了当前形势中一些更新的特征。他认为，"全球膜"是从"地球村"和"全球剧场"概念向感官、心理转变的一种进化跃迁式的表达：在这个开放的时代，由于数据的极速涌入，世界将我们所知道的信息连根拔起，带给人类精神困境，造成人类身份危机；当下人类正沉浸在一场意识和情感的彻底转变中，每件事都处于极速变化和高速运转的状态，人类遭受着精神紧绷的困扰，透过这层"膜"的转变，即线上线下的频繁切换，传播使人类一下进入了尖锐而痛苦的分裂状态。

从"地球村"到"全球剧场"再到"全球膜"术语的转变，反映着新媒介时期人类不同的生存状态：人类从感官平衡的地球村到人人可参与、被监控的公共剧场，再到数字传播技术之"膜"对人类生活日益加深的吞噬感，这一过程反映着媒介环境学对人类陷入岌岌可危的生存环境的担忧。然而，由于译著的缺失、语境的不适或学术前沿性的不足，我们对麦克卢汉"全球剧场""全球膜"概念及其浅隐含义的探索受到了影响。

2. 麦克卢汉媒介教育观的遮蔽

麦克卢汉的媒介教育观点在 20 世纪 60 年代就已提出，但因汉译文本的缺失而被有所忽略。对麦克卢汉甚至整个媒介环境学而言，面对技术带来的困扰，诉诸媒介素养教育是他们给出的终极方案，是该派应对技术反作用的一种手段。

1960 年，即《理解媒介：论人的延伸》诞生的四年前，麦克卢汉完成了《关于理解新媒介的项目报告》。这份报告在弗里森（Friesen）看来，旨在"提供一种研究媒介的路径及一份在中学教授媒介本质及影响的教学大纲"③，其内容明显是《理解媒介：论人的延伸》的前身。此外，在与他人合作撰写的一本完全关注教育的《城市如教室：理解语言和媒介》（*City as Classroom*：

---

① STRATE L. Korzybski, Luhmann, and McLuhan [J]. Proceedings of the Media Ecology Association, 2010, 11：31-42.

② POWE B W. The charge in the global membrane [M]. Seattle：NeoPoesis Press, 2019.

③ FRIESEN N. McLuhan's 1960 report on project in understanding new media [EB/OL]. (2014-11-18) [2020-10-12]. http：//blogs. ubc. ca/nfriesen/2014/11/18/mcluhans-1960-report-on-project-in-understanding-new-media/.

Understanding Language and Media）一书中（书名或译为《城市如课堂：理解语言和媒介》），麦克卢汉指出，面对电子信息的爆炸，城市作为"没有墙的教室"将导致"大多数学习发生在教室之外"，并提出教育的当务之急是掌握新媒介，因为新媒介将为我们"提供基本的感知工具"，帮助我们发展出"具有普通社会经验的判断和辨别能力"①。这一观点成为麦克卢汉在《城市如教室：理解语言和媒介》一书中的出发点。作者概述了通过一系列新媒介教育来训练获得、感知知识的方法，以帮助学生理解他们生活的社会文化背景。然而，当时的大多数教育者坚持认为大众媒介的产品以娱乐为目的，而不是教育。对此，麦克卢汉指出，许多文学名著最初也被视为一种娱乐，但随着时代的发展，其教育属性逐渐凸显，正如新媒介一样，未来电子时期媒介的教育功能将逐渐显现。因为"我们必须意识到，未来更多的教学是在教室外进行的，每分钟都比教室里进行的多很多倍。也就是说，仅就数量而言，在教室外的各种媒介每分钟嵌入年轻人头脑中的信息量远远超过了教室里发生的任何事情。将来，基本技能将不在教室里来教授"②。总之，该作通过提出不同问题让学生探索包括课堂、社区及媒介化的社会环境的不同特点，使人们认识到课堂之外媒介的教育意义，推翻了书本作为辅助教学的霸权，挑战了官方学习机构对教育的垄断。我们今天正面临着麦克卢汉在40多年前就成功预言的境况，即新媒介逐渐成为教育的主要方式和平台。但该观点也因译著的缺失而"消失不见"，继而也影响了我们对其后继者，如波兹曼关于媒介教育的"两个课程"③、梅罗维茨提出的"三类媒介素养概念"④ 等观点的重视和接受度。

（二）"消失"的哈弗洛克：口语—文字观与记忆理论

作为与麦克卢汉同时代的学者，哈弗洛克也在汉语世界的学科滤镜下，成为一位被"遗忘"的经典人物。哈弗洛克清晰地将希腊哲学的开端与书写带来的思想重构联系在一起，成为北美媒介环境学派中不可缺失的古典学派学者。但经由译者和国内治学者的裁剪过滤，哈弗洛克一系列相关著作并未

---

① MCLUHAN M, HUTCHON K, MCLUHAN E. City as classroom: understanding language and media [M]. Agincourt: Book Society of Canada, 1977: 220-221.

② MCLUHAN M. Electronics & the psychic drop-out [J]. This magazine is about schools, 1966, 1 (1): 37-42.

③ POSTMAN N. The first curriculum: comparing school and television [J]. The Phi Delta Kappan, 1979, 61 (3).

④ MEYROWITZ J. Multiple media literacies [J]. Journal of communication, 1998, 48 (1): 96-108.

投射到中国语境中。

1. 哈弗洛克的口语—文字观

整体而言，媒介环境学人的研究旨趣是"建立在生态学及朗格的符号学基础上，并扩展到从文字、印刷机、电脑等一系列符号表征的传播系统上，以探究这些认知工具在建构人们栖息环境中的重要作用"①。不同的是，哈弗洛克的《柏拉图导论》将帕里（Parry）和洛德（Rode）关于口述史诗叙事中口头性（orality）的发现扩展到整个古代希腊口头文化中，并清晰地将希腊哲学的开端与书写带来的思想重构联系在一起，成为北美媒介环境学派中不可缺失的古典学派学者。

作为媒介环境学古典学派的代表，哈弗洛克对口语及文字传播做了最为全面的开创性研究。其代表作《柏拉图导论》（*Preface to Plato*）分析了从口语向文字时期转变过程中，不同媒介对人的记忆、思维、心理及社会所产生的影响，主要探讨了《伊利亚特》（*Iliad*）和《奥德赛》（*Odyssey*）作为一种歌曲形式是如何在没有书面文字的状况下创作和保存的。② 1978 年所著《希腊正义概念》（*The Greek Concept of Justice*）是《柏拉图导论》的续集，主要追踪了至柏拉图时期与荷马口头思维相联系的具体的、人格化的"正义"（Justice）概念日益抽象化的转变过程。③ 1986 年的《缪斯学写作》（*The Muse Learns to Write*）是其口语—文字观最后的简明表述，以古希腊为例总结了口语和书面文字这两种媒介的特点。④

哈弗洛克和沃尔特·翁（翁本人也深受哈弗洛克的影响）一起建立了一个从研究口语到书面文字转变的学术脉络。哈弗洛克的相关著作在世界范围内一直被广泛阅读和引用，许多北美媒介环境学人深受其思想的影响。如沃尔特·翁在 1982 年出版的《口语与书面文化》（*Orality and Literacy*）一书中，赞同哈弗洛克关于"原生口语"（primary orality）的论述及"书写重构意识"

---

① 单波，侯雨. 思想的阴影：西方传播学古希腊渊源的批评性考察 [J]. 新闻与传播研究，2017（12）：15-35，126.

② HAVELOCK E A. Preface to Plato [M]. Cambridge：Belknap Press of Harvard University Press，1963.

③ HAVELOCK E A. The greek concept of justice：from its shadow in Homer to its substance in Plato [M]. Cambridge，Mass.：Harvard University Press，1978.

④ HAVELOCK E A. The muse learns to write：reflections on orality and literacy from antiquity to the present [M]. New Haven，CT：Yale University Press，1986.

（writing restructures consciences）的中心理论。^① 除了翁之外，包括人类学家杰克·古迪^②、心理学家戴维·奥尔森（David Olson）等在内的这一代学者似乎已经承认了哈弗洛克关于口传、书面文字及记忆理论的权威性^③。尽管杰克·古迪的探索已经远远超出了哈弗洛克以希腊为主的论证，但他经常把哈弗洛克的研究作为自己研究的基础，并致力于发展哈弗洛克的思想，即书写是逻辑的来源。而戴维·奥尔森"很大程度上"依赖于哈弗洛克的理论基础，他主张将字母读写能力作为现代科学的基础。^④ 截至 2021 年 1 月 30 日，哈弗洛克的代表作《柏拉图导论》（*Preface to Plato*）在谷歌学术中可查的被引量高达近 4 000 频次。该书自出版之日起至今仍在印行，其外文译本仍在世界各地拥有读者，由此可见他在全球的享誉程度。由于《柏拉图导论》在国内尚无中译本，其在中国的形象显得颇为片面和模糊，何道宽教授在接受笔者采访中称，未来不排除翻译《柏拉图导论》（详见附件 4 采访稿）。

波兹曼认为，哈弗洛克对媒介环境学的最大影响是他的观念有助于媒介环境学基本问题的成形。^⑤ 媒介环境学的一个基本原理是：媒介是文化能够在其中生长的技术。^⑥ 而哈弗洛克的主要贡献在于他发现了古希腊文明得以形成的两种技术：口语和书面传统。

首先，哈弗洛克从口语和书面文字两种媒介背后的文化意义反思西方文明源头，是媒介环境学口语—文字观学术脉络的开拓者。^⑦ 在西方，自 19 世纪以来"荷马问题"就一直是反思西方文明的重要问题。哈弗洛克的《柏拉图导论》通过对荷马史诗和柏拉图哲学的比较，讨论了字母表形成的文字文化对古希腊启蒙及西方文明的形成所产生的作用。柏拉图认为文字会带来种

---

① OLSON D. From utterance to text：the bias of language in speech and writing ［J］. Harvard educational review，1977，47：262.

② 人类学家杰克·古迪 1986 年的著作《书写逻辑和社会组织》（*The Logic of Writing and the Organization of Society*）一书以哈弗洛克的研究工作为基础，该书被视为人类学的代表作。

③ OLSON D. From utterance to text：the bias of language in speech and writing ［J］. Harvard educational review，1977，47：262.

④ OLSON D. From utterance to text：the bias of language in speech and writing ［J］. Harvard educational review，1977，47：262.

⑤ 梁颐. 贡献于媒介环境学基本问题成形的古典学家：多伦多学派 ［J］. 新闻界，2013（19）：203-204.

⑥ 梁颐. 媒介环境学者与"技术决定论"关系辨析 ［J］. 新闻界，2013（9）：1-8.

⑦ 截至 2020 年 12 月 31 日，国内以哈弗洛克为主题的相关论文仅有一篇，哈弗洛克在中国学界显然被降格为配角。

种"噩运"，如使人精神懒惰。因此，柏拉图结合口语与书写优点——既发挥书写利于保存的特点，又保留了口头论辩的鲜活与灵性，采取了一种独特的对话写作形式。哈弗洛克则批判了柏拉图认为的口语优于书面文字的观点"态度保守且不合逻辑"，因为在他看来，"书写是逻辑的来源，柏拉图用以替代意见和信念（doxa）的知识（episteme）本身就是在书面革命中孕育而生的"①。哈弗洛克不仅赞美古希腊人发明了拼音字母，更是创造了整个现代思维的文化基础。② 然而，在中国语境中，哈弗洛克关于口语和书面文字作为两种不同媒介如何影响西方文明这一思考面向因其相关译著的缺失而被国内学者忽略。2008 年被引进的其后继者翁的《口语文化与书面文化》一书在国内的被引用率也远远低于其他媒介环境学经典著作。③ 也就是说，在译者和治学者共同的演绎下，作为西方媒介环境学最为核心的关键人物（详见图 4-4），哈弗洛克的口语—文字观并未引起国人的足够重视，而这一视野是贯穿于媒介环境学最为关键的学术脉络。

2. 哈弗洛克的媒介记忆观

哈弗洛克对媒介、记忆和社会互动关系的探讨在很大程度上也被遮蔽了。柏拉图被认为是第一个关于记忆的媒体批评家，在其《斐德罗篇》（Phaedrus）中，柏拉图以苏格拉底的口吻讲述了古埃及国王塔姆斯（Thamus）和智慧之神忒乌特（Theut）的故事。故事中忒乌特向国王介绍自己发明的文字，他认为这项发明将改进和提升埃及人民的智慧和记忆，但国王却不以为然，因为他认为文字会带来记忆能力的衰退，造成懒惰和健忘。柏拉图以此故事来说明文字的出现会损害记忆能力，导致精神懒散，进而造成人们洞察外部世界能力降低。哈弗洛克不认同柏拉图这一观点，相反，他认为书面文化使人的记忆得以从人脑中逃脱，记忆以文字形式得以加强，同时，人获得了控制记忆的能力。④ 也就是说，哈弗洛克的观点是在反思柏拉图等古希腊哲人的思想中形成的，主要分析了从口传到文字的转变过程中，技

---

① HAVELOCK E A. Preface to Plato［M］. Cambridge：Belknap Press of Harvard University Press，1963：56.

② 伊尼斯. 传播的偏向［M］. 何道宽，译. 北京：中国人民大学出版社，2003：71.

③ 截至 2020 年 7 月 30 日，翁的《口语文化与书面文化》的被引率仅为 249 次，而同时期的麦克卢汉的《理解媒介》第二版引用率高达 9682 次，波兹曼的《娱乐至死》高达 5500 次，莱文森的《新新媒介》也多达 1196 次。

④ HAVELOCK E A. Preface to Plato［M］. Cambridge：Belknap Press of Harvard University Press，1963：56.

术与记忆之间的互动关系。在当下，由数字传播技术带来的社交媒体的繁荣日益影响着我们日常生活中的记忆模式，然而，哈弗洛克毫无疑问会影响我们探索当下记忆形态演变的相关研究。

除了哈弗洛克的作品，还有更多从古希腊面向深入研究的媒介环境学经典被遗忘。在麦克卢汉的《古登堡群英》（*The Gutenberg Galaxy*）① 一书中，他认为"古希腊发明的拼音文字的线性、连续性和同质性孕育了西方人思维中建立在纯视觉结构基础之上的狭隘的理性，并且这种结构在古登堡印刷术发明之后进一步被强化"②，其结果是印刷主导的文字媒介的偏向性在人们意识不到的情况下形塑人们的思维，并作用于整体社会，人们因此习惯用固定的思维看问题，这也使传播学研究毫无意外地受到印刷文化带有的偏向性的影响。因此，在《媒介与决定原因》一书中，麦克卢汉认为利用香农和韦弗的通信模式所具有的线性模式来理解媒介是有问题的，并提出回归亚里士多德的四元因果关系以从多角度同步阐释媒介的研究路径。③ 然而，因前者未能唤起国内治学者共鸣而后者尚未出现中译版，麦克卢汉这一思想脉络也被国内学者所忽视。麦克卢汉在《古登堡群英》及《媒介与决定原因》中所阐释的拼音文字对西方人思维及意识的影响和基于哲学层面对因与果角度理解媒介的研究路径与古希腊文明及其哲学思想密不可分。尽管其后继者的著作多次提到柏拉图且都有译本：如波兹曼的《技术垄断》一书从柏拉图《斐德罗篇》中的塔姆斯传说出发，告诫人们对技术后果要保持警惕；沃尔特·翁对口语文化与书面文化的论说亦不离《斐德罗篇》。但媒介环境学的这一研究脉络在中文语境下却因一些译本的缺失或适应力不足而产生了某种缺失、断裂。

若将这些尚未翻译的著作置于媒介环境学的研究传统中来看，柏拉图在《斐德罗篇》中关于口头传播、书面文字的分析及对人类思维模式、记忆的影响等诸多论点所阐释的思考框架是媒介环境学重要的思想之源。此外，不同媒介环境学人的诸多论点也或明或暗地透漏出古希腊哲人的思想，如伊尼斯提出的"时空的偏向"、麦克卢汉提出的"感官的偏向"、波兹曼提出的"技术垄断"都在阐释一个问题，即媒介技术始终使人难以摆脱"洞穴人"的命

---

① 媒介环境学译界领军人物何道宽未翻译此书，该作由杨晨光于 2014 年翻译，但该译著并未引起其他国内学者的关注，截至 2020 年 09 月 20 日，该作的被引用率仅为 1。

② 单波，侯雨．思想的阴影：西方传播学古希腊渊源的批评性考察 [J]．新闻与传播研究，2017（12）：15-35，126．

③ MORRISON J C. Marshall McLuhan：no prophet without honor [J]．AmeriQuests，2006，3（2）．https：//doi. org/10. 15695/amqst. v3i2. 83．

运，这些思维显然受到柏拉图洞穴寓言的影响。

总之，哈弗洛克可谓媒介环境学口语与书面理论、记忆理论的开创者，其口语—文字观、技术与记忆观在中国语境中呈现了某种缺失。同时，哈弗洛克的思想以及贯穿于整个媒介环境学派的对新媒介技术反思的理论脉络，都来源于早期的古希腊哲学思想。诚如彼得斯所言，许多人把苏格拉底关于文字寓言的寓意泛化，把它当作是对新媒介的担忧。① 这种担忧贯穿整个媒介环境学的学术传统，但这种从古希腊源头思考的面相也因语境问题而具有某种局限。

（三）省思

除了上述提到的观点及作品，还有从不同面向探索二者及其他不同媒介环境学人思想的更多脉络被遮蔽或遗忘。在学术资源获取日渐便捷的当下，我们不得不思考为何哈弗洛克始终未进入国人视野？这或许正如夏春祥所言，"由于这些作品的内容多半涉及我们陌生的西方历史、哲学等内容，这和我们中国人通过四书五经、先秦诸子、宋明理学以及红楼梦、三国演义、鲁迅、金庸、北岛、阿城等来表达中国的传播思想，而西方人一头雾水一样，这些基于广博的西方历史的作品恐怕会影响中国学者对之的接受情况"②。因此，这种以古代希腊启蒙运动为考察对象的媒介环境学面向，或因与中国学者言说语境的种种不适，而被国内治学者有意避开。

"失踪"现象比比皆是。哈弗洛克从古希腊文明出发，探究媒介在历史长河中的变革性力量，这一"往回看"的思想视域仅仅是媒介环境学学术传统中的一部分，在他之外还有更多未被翻译的北美学人的相关著作或文献。除上文提到的人物及观点外，麦克卢汉的《媒介定律：新科学》（*Laws of Media：The New Science*）因无汉译版本，国内学者对该英文原著的引用仅为38。③ 此外，麦克卢汉之子埃里克·麦克卢汉在麦克卢汉逝世后于1999年编纂的《媒介与光：宗教的沉思》、沃特尔·翁1958年的《拉米斯：方法和对话的式微》、詹姆斯·凯瑞的《电视上的宗教仪式》等蕴含鲜明西方宗教色彩的著作或作品尚未有中文译本，这也在很大程度上导致媒介环境学的宗教意

---

① 彼得斯. 交流的无奈 [M].何道宽，译. 北京：华夏出版社，2003.

② 夏春祥. 言诠与我群：评价《话语的摸索与寻绎：传播观念史》[J].传播研究与实践（台湾），2012（3）：201-222.

③ 检索日期是2020年7月20日。对比其在中国有译本的《理解媒介》，仅2000年版本的引用就高达9 682频次，由此可见译著的中介作用。

蕴、文化面向等诸多研究视野在很长一段时间内未在国内传播学研究中成为主流。可见，经由中译本构造起来的知识图谱显然不是英文原版的直接投射，必然受制于文化中间人及文化语境等其他各种因素，导致本土媒介环境学的学术焦点对某些理论的放大和对其他观点的遮蔽。换言之，经由现存译著建构的以北美媒介环境学人为中心的媒介理论，因忽视来自同时代其他学者的经典作品，或在国内治学者的无意识带领下，使我们对媒介环境学的理解欠缺一定的整体观。

值得一提的是，即使有相关中文译著，国内学者的焦点也多集中在了前文提到的诸多论断。一些理论或观点因对学科的适应力不同而呈现出了不同的生命力。如我们往往从波兹曼的三部曲中读到了其对技术的批判，但却忽视了波兹曼关于媒介教育的"恒温器观点"（the thermostatic view）；罗伯特·洛根的"语言演化链"及"心灵延伸模型"往往被国内传播学者忽略；詹姆斯·凯瑞被国内学者视为文化研究的代表，然而他从伊尼斯身上承继的媒介平衡观点却在很大程度上被无视；伊尼斯的"偏向论"被我们所熟知，但却对其探讨的经济学中有关权力的"依附""中心-边缘"相关观点相对陌生；我们都对麦克卢汉的"媒介是人体的延伸"论点耳熟能详，却疏漏了不太被提及的另半句话'延伸意味着截除'，继而也鲜少关注到与之关联的后人类主义所言的赛伯格（cyborg）现象。可见，我们对媒介环境学整体观的理解，还有待于在不同层面继续开掘、延伸。

总之，译著的选择需要根据实际状况，通过选择精品转译以启蒙国人，以更好地实现理论跨语境的学术"旅行"。国内学者对媒介环境学的翻译、研究回避了令中国学子不易接受的著作，这不得不说是译者根据实际状况进行通盘的考虑和选择。然而，选择性转译在一定程度上为中国学者提供了由中译本建构的对北美媒介环境学的经典想象，但凭借译著形成的学术视野多半缺乏整体观。本土媒介环境学的发展需要持续的引进翻译才有新的知识产出，那么，怎么解决这个问题呢？对于译者而言，似乎别无他法，只能在速度和广度上进一步加快翻译的步伐来提高、丰富国内学者对媒介环境学的整体观；而对于治学者，则应该从不同层面、角度深化对媒介环境学的理解，在实践中实现对理论的创新。

四、时空转换导致的研究偏差

翻译引介为中国学者提供了研究视野，然而这种视野未必与西方同路，因为它很可能因为引介的时空转换导致研究的差异性，或使研究方向南辕北辙，或使理论呈现出完全不同与原初形态的学术气质。

如前文所述，在经典画像形成的同时，这些在新千年后被"批量"引入的媒介环境学经典的中译本在时间上呈现出相当的滞后性。表4-3显示，在翻译时间层面，除《新新媒介》及《数字麦克卢汉》两本译著与原著的时间差仅为1~2年之外，其余8本的时间差距较大：时间差最长52年，6部著作时间差在16年以上。随着时间的推移，原著与译著的时间差逐渐缩短。这些经典译著在引进时间上呈现的滞后性，导致国内媒介环境学研究与北美传统的差异性。

这种差异性首先表现在内容层面。如国外很多学者对挑起了范式之争的媒介环境学斥以"技术决定论"的评价，当这些译著与诸如此类的批判一同进入国人视野后，一度激发了国内学者对这一评价的研究热情。然而不同的是，国外对媒介环境学"技术决定论"的指责占据着主流地位，典型的如威廉姆斯、施拉姆的评价。而国内学者则纷纷为这一指责进行澄清和辨析，如何道宽、李明伟、梁颐等。仔细观之，产生这一差异有两个原因：第一，这一评价在很大程度上影响着国内学者对媒介环境学的接受度及研究热度，如果不对这一评价加以澄清，则不足以对在中国学子心中根深蒂固的实证研究方法造成冲击，国内研究者尤其是年轻学者很可能为回避研究风险或质疑，舍弃对媒介环境学的研究，那么媒介环境学在中国学术旅行将中断。因此，媒介环境学的早期治学者必定要为这一评价的澄清而努力。第二，由于置身于"范式之争"的北美土壤之外，隐藏在一些评价背后的意识形态问题往往被中国学者所忽略。不同于西方学者对媒介环境学的批评掺杂着对自身学术传统合法性的维护和建构（详见第四章第三节），中国学者往往强调"知识"的正确性。因此，这些在北美具有线性历史线索的研究由于引入的共时性问题便导致国内外在具体研究内容层面的差别。

应用情境的转换也会加大研究之间的差异，使理论力量发生改变。就媒介环境学生发的历史情境而言，该理论的发轫与西方社会的发展、全球生态的恶化及对技术崇拜的反思有着直接的关系，因此，该理论在发轫之初便包含着强烈的人文主义关怀。当这种北美话语旅行至国内时，基于历史语境而生发的批判及人文关怀的理论意蕴在融入中国这片新土壤时很可能被有所忽略。如"传播的仪式观"在国内相关论文中的应用（具体分析详见本章第四节）。事实上，因中国的新闻传播学长期以来一直处于理论匮乏的学术焦虑中，北美媒介环境学派在很大程度上被当作一种理论资源，其带有批判性的人文主义关怀、媒介历史观的审视视野在很大程度上被国内学者淡化，反而更多地被变为一种中性的理论框架。

此外，学科范畴的不同影响了媒介环境学在中国的学术想象。北美媒介环境学呈现了很强的跨学科特性，涉及的研究领域包括语法学、修辞学、符号学、系统论、历史学、哲学、控制论、传播学、艺术、文学，当然还有技术本身。因此，媒介环境学研究者可以是历史学家、人类学家、文学家，也可以是语义学家或哲学家。如奥克塔维奥·伊斯拉斯所言（Octavio Islas）："媒介环境学研究需要语义学、生态学和历史学等复合研究方法。"① 因此，北美媒介环境学是一门复杂而系统的元学科，该学派不是简单的"媒介研究"或"媒介理论"所能概括的。然而，媒介环境学被收编于中国新闻传播学领域，导致中国的新闻传播学者的研究视角多集中于单一的"媒介视角"，这显然割裂了北美媒介环境学"媒介视角"与其他多元面向的联系。

要言之，这些被翻译的经典作品原本是在特定历史情境下产生出来的，文本的产生反映了清晰的历史性线索，而译著介入的滞后性及语境、情景的转换，必然造成历史性与共时性的张力关系。② 也就是说，这些中译本在为中国学者搭建起通往北美媒介环境学的桥梁，勾勒出国内研究的主要画像的同时，它们被引进的滞后以及基于不同的历史情境塑造，很可能割裂原初学术传统和本土实践之间的关联，使新语境下的媒介环境学呈现出异于理论原初形态的另一番面貌。

第三节　传播层面：媒介环境学的学科规训及反思

发轫于北美的媒介环境学隶属何种学科？其在学科中的分布有何特征？为何会形成这种分布趋势？传播至中国后又被如何驯化？当前呈现了何种趋势？本节将聚焦于媒介环境学在学科分布层面的"中西之差"，结合历史语境分析呈现这种差别的原因。

---

① ISLAS O，BERNAL J D. Media Ecology：a complex and systemic metadiscipline ［J］. Philosophies，2016，1：190-198.

② 李红涛，黄顺铭."驯化"媒介社会学：理论旅行、文化中间人与在地学术实践［J］.国际新闻界，2020（3）：129-154.

一、北美与中国媒介环境学研究学科知识图谱比较分析

通过梳理媒介环境学人的学术背景便可得知，国外媒介环境学学术体系较为松散，跨学科特性显著。如芒福德被学界公认为媒介环境学的先驱，同时也是著名的城市规划理论家。影响芒福德的另一位先驱人物是帕特里克·格迪斯，他的思想理论主要来自生物学、进化论和生态学。① 雅克·艾吕尔（Jacques Ellul）是闻名遐迩的社会理论学家，但他的研究触及多个领域，从传播学到神学再到宣传研究，都有涉及。苏珊·K. 朗格（Susanne K. Langer）和本杰明·李·沃尔夫（Benjamin Lee Whorf）都是典型的语言文化学者。伊尼斯和麦克卢汉作为多伦多学派两大领袖人物，前者早期从事政治经济学研究，其作品《变化中的时间观念》一书便渗透着他对大众媒介和政治利益关系的思考；麦克卢汉虽被称为媒介教师爷，但"他的研究方法实际上是由文学批评的实用批评学派派生而来的"②。此外，该学派包括许多与麦克卢汉有关联的重要学者，如人类学家埃德蒙·卡彭特、自称是"教育工作者"和英语教育研究者的尼尔·波兹曼。早期参与这个学科建设的先驱学术背景各异，这就决定了北美媒介环境学的发展不受学科的束缚。

为了有一个更为直观的可视化呈现，在 CiteSpace 中对 WOS 文献（即数据 1）运行"类别"（Catalog），得到如图 4-6 所示的学科分布图谱，字体的大小代表学科分布数量。图中可以直观看到媒介环境学研究分布最多的五大学科为文学（literature）、传播学（communication）、教育及教育研究（education & educational research）、语言学（linguistics）、文化研究（cultural studies），文章数量分别为 96、79、42、42、34 篇；其中，人文学科涉及跨学科（humanities，multidisciplinary）的文献数量最多，为 105 篇。③ 这表明，北美媒介环境学学科分布较为均匀，在学科分布层面未形成较大悬殊。同时，北美媒介环境学并没有被统一划分为某个学科领域，而是呈现了一定的学科模糊性。

---

① 林文刚. 媒介环境学：思想沿革与多维视野 [M].2 版. 何道宽，译. 北京：中国大百科全书出版社，2019：56.

② 林文刚. 媒介环境学：思想沿革与多维视野 [M].2 版. 何道宽，译. 北京：中国大百科全书出版社，2019：281.

③ Web of Science 学科类别分为生命科学与生物医学、自然科学、应用科学、艺术人文和社会科学五大类，扩展为 151 个小类。Web of Science 数据库标明其收录文献所属的一个或多个学科类别（category），因此所有学科发文量占比之和要远远大于 100%。

图 4-6　国外媒介环境学研究的学科分布

与西方不同的是，汉语世界的媒介环境学较为清晰地被划分至新闻传播学领域。这一定位可以追溯至 20 世纪 80 年代，彼时麦克卢汉媒介理论应传播学译潮被传入中国，此后麦克卢汉学说特别是其"媒介三论"便成为国内传播学专著必然提及的理论之一。2015 年，媒介环境学"登堂入室"，作为新闻学与传播学分支学科被列入中国的新闻学与传播学名词词库，成为媒介环境学在传播学学科领域落地生根的标志。至此，国内媒介环境学开启更加学科化的理论之旅。但另一方面，近几年汉语世界媒介环境学学科互涉特性也开始逐步显现。为呈现北美媒介环境学在汉语世界中的学科分布，笔者基于知网数据库的数据 3 进行学科分类，得到图 4-7 所示的学科分布图。该数据显示，经国内"驯化"后的媒介环境学在新闻传播学领域及文学领域的占比最高，超过一半的文献来自新闻传播学学科，文学领域次之。文献整体涉及的学科总数达到 40 个，文献散落地分布在影视、艺术、文学、哲学、教育、文学、文化、社会等学科中。

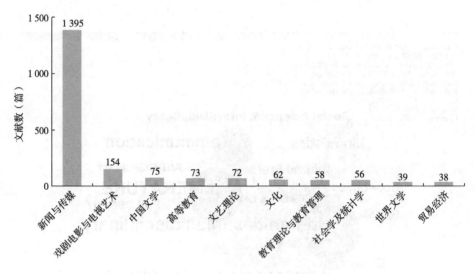

图 4-7　国内媒介环境学研究的学科分布

二、学科流布：后现代思潮下的边界"内爆"到传播学的学科"规训"

媒介环境学品鉴历史长卷的宏观视野使这一学术传统成为传播学研究不可缺失的一个重要维度，它关注的范围涉及文化、哲学、美学、教育、历史、社会等不同学科，是人文领域的一部分。如前文所述，在中国新闻传播学领域，该学派作为一个松散的学术共同体，很多学者或其代表性理论在中国语境中被裁减、被降格或被遮蔽。正如刘海龙所言："仿佛一切事件都是理所当然处在属于自己的位置，但为何会这样分布，却少有人追究。"①

媒介环境学学科领域的知识图谱表明，汉语世界的媒介环境学起初被"规训"至新闻传播学领域中，但这或许是媒介环境学在国内能保持较好发展势头的重要原因。对于呈现多元化研究旨趣的北美媒介环境学而言，他们因在整体层面缺乏对知识追求的聚合性遭到诸多学者的批评和质疑。如托尼·比彻（Tony Becher）和保罗·特罗勒尔（Paul Trowler）在《学术部落及其领地》一书中说道："作为一个领域，在研究方面，媒介环境学缺乏可归纳的发现和普遍规律，也缺乏其支持者所认同的成熟的理论结构；其知识不受限制，

---

① 刘海龙．重访灰色地带：传播研究史的书写与记忆［M］．北京：北京大学出版社，2016：序言．

研究边界不明确。"① 因此，国外学者多将之视作一个研究领域，而不是一门学科。② 那么，北美媒介环境学为何会形成边界不明确且跨学科显著的学术传统？

我们有必要追溯和还原媒介环境学诞生的历史。纵观历史，17 世纪的自然科学革命取代了主宰科学近 2000 年之久的希腊哲人柏拉图、亚里士多德的宇宙整体观，物理学、天文学带来的突破性进步逐渐使实验主义和自然哲学的机制渗透到自然科学和社会科学中。这一时期，科学家们通过客观调查获取结论，知识被视为一系列分割的体系而不是一个统一的整体："建立在专门化基础上的科学也同样卷入了直接性当中，科学把现实世界撕成了碎片，使世界的整体美好梦幻烟消云散。"③ 这种僵化、可重复性、程式化的现代性技术逻辑一度吞噬着西方传统。然而，后现代主义学派对其科学方法及普遍性提出了质疑，人类认识到资本主义已经将技术和理性推向极致，这带来的不仅是生活的"进步"，还有生存家园的破坏和精神家园的丧失。在这种环境下，人类不得不开始反思西方的现代性，逐渐意识到分割主义思维方式给文化生活带来的困境，一种追求异质性、多元化、差异化的世界观试图对人类体验作出全新的思考。

在 20 世纪 60 年代达到鼎盛的后现代主义，摒弃了僵化、封闭独断的现代主义。媒介环境学便诞生于这一时期。波兹曼公开提出"媒介环境学"这一术语是 1968 年，此后媒介环境学派逐渐制度化。换言之，媒介环境学制度建构初期正值后现代主义思潮兴起之时。对于后现代语境的学科边界，布鲁兰（Bloland）在 1995 年的《后现代主义及高等教育》一文中借用了鲍德里亚的说法，认为后现代主义下的"学科边界，正在内爆"。布鲁兰认为，后现代主义鞭笞集权化和"封闭"的寻求内聚性的学科体系，推崇"一种破坏性的、富有张力的和保持开放的状态"，在这种时代下，学科往往被设想为进行权力竞争的场所、系统或网络，而不是学者的学术共同体。④ 换言之，后现代主义

---

① BECHER T, TROWLER P. Academic tribes and territories: intellectual enquiry and the culture of disciplines [M]. 2nd ed. Philadelphia: The Society for Research into Higher Education & Open University Press, 2001: 184.

② CALI D D. On disciplining Media Ecology [J]. Explorations in Media Ecology, 2012, 10: 335-346.

③ NYSTROM C. Towards a science of Media Ecology: the formulation of integrated conceptual paradigms for the study of human communication systems [D]. New York: New York University, 1973.

④ BLOLAND H G. Postmodernism and higher education [J]. The journal of higher education, 1995, 66 (5): 521-559.

实际上预示着边界的崩溃，学科被概念化为"不依赖于统一、共识和交流"，而被视为一个"不同意见的共同体"。① 后现代"共同体"强调的是"一种平等的知识分类，而不是现代高等教育特有的学科之间的排他性"②。学科界限的瓦解使得媒介环境学成为后现代主义思想的遗迹。

后现代主义思潮的兴起带动了学科之间的模糊性，按照克里斯汀·L. 尼斯特洛姆在其博士论文中所表达的，这一思潮"摒弃了牛顿科学研究中那种僵化的切割、无用的专业化思维，带动了一场自然科学和社会科学的融合运动"③。因此，"复合"学科出现了，如数学生物化学、心理生物学、语言人类学和民族音乐学等。这些新的研究领域爆发式出现且研究范围皆如此广泛，媒介环境学就是其中的一种。对此，克里斯汀称媒介环境学走向了元学科的创建："正如自然生态学强调的是，我们的自然环境要素之间的相互作用如何能够导致一个平衡和健康的环境，媒介环境学关注的是有关维持技术和象征平衡的问题。由于其研究领域的广度，传统的学科术语几乎不适用于媒体环境学的视角。相反，将其指定为元学科可能更合适。"④

北美媒介环境学的倡导者，往往对媒介环境学所倡导的"媒介视角"这样一种"新秩序"报以美好的想象，其品鉴历史长卷的宏观视野使这一学术传统成为传播学研究不可缺失的一个重要维度。然而，随着学术的发展和学科的细分，他们似乎认识到，要想重现 20 世纪六七十年代麦克卢汉时代的辉煌，即从技术视角审视媒介变迁对社会的影响，或作为一种生态学的研究思潮对整个人文学科都产生影响，已经是不可能的事情了。事实也确是如此。诚如林文刚所言，"北美传播研究的谱系中，媒介环境研究这个思想传统总体上处于失声的状态"⑤。但他同时认为，汉语世界的媒介环境学在越来越多志趣相投的学者的关注下逐渐走向成熟，已在传播学领域得到广泛的认可。⑥ 从媒介环境学相关文本的引用量中亦可窥见这一趋势。因此，汉语世界的媒介

---

① READINGS B. The university in ruins [M]. Cambridge, Mass.：Harvard University Press, 1996：20.

② READINGS B. The university in ruins [M]. Cambridge, Mass.：Harvard University Press, 1996：20.

③ NYSTROM C. Towards a science of Media Ecology：the formulation of integrated conceptual paradigms for the study of human communication systems [D]. New York：New York University, 1973.

④ NYSTROM C. Towards a science of Media Ecology：the formulation of integrated conceptual paradigms for the study of human communication systems [D]. New York：New York University, 1973.

⑤ 林文刚. 媒介环境学：思想沿革与多维视野 [M]. 2 版. 何道宽，译. 北京：中国大百科全书出版社, 2019：绪论 10.

⑥ 林文刚. 媒介环境学：思想沿革与多维视野 [M]. 2 版. 何道宽，译. 北京：中国大百科全书出版社, 2019：第二版编者序 21.

环境学似乎变为一种以退为进的"策略"：媒介环境学先退回到一个具体的学科领域中，进而完成在整个学术界的重振辉煌，而所选取的这个领域，就是自身学术根基不够厚实的新闻传播学——而这也恰巧与国内新闻传播学需持续从外域引进资源来补缺理论匮乏的现状相弥合（这一描述是就该学科在中国的发展现状而言的，并非强调人为因素）。一方面，新闻传播学作为舶来品，国内学者长久以来一直被困于理论匮乏及学术焦虑中，这促使他们持续将目光投射到外来学科中，以寻求更为丰富的理论资源。这种焦虑贯穿于 20世纪 80 年代对麦克卢汉相关学说的引介。另一方面，传播学的学科地位在1997 年被正视，与新闻学并列成为一级学科，这促使国内学术环境大为转好，译者对译本的选择和翻译工作渐具主动性。在这一学术背景和主体意识的双重驱动下，以何道宽为代表的译者将视野聚焦到媒介环境学相关著作中。在接受笔者采访时，何道宽教授也提到他开启对媒介环境学翻译引进工作的原因主要有如下几个层面：

一是麦克卢汉的复活，即麦克卢汉研究第一次飞跃（标志是莱文森的《数字麦克卢汉》）；二是国家正式确认新闻学与传播学；三是相较于其他两个学派（行政学派和批判学派）的学科优势，我非常欣赏媒介环境学；四是我呼应该学派"跨学科、多学科"的追求；五是台湾政治大学陈世敏教授和美国威廉·帕特森大学林文刚教授来访，希望并推动我加强对该学派的引进和研究。（详见附录 4 采访稿）

其中，国内新闻学与传播学良好的学科环境是何道宽教授开启麦克卢汉引介工作的重要外部力量，对此，何道宽也曾回忆道：

1997 年，教育部正式承认传播学的学科地位，将其与新闻学并列，新闻传播学一级学科得以确立。受此鼓舞，我有意识完成人生重大的学术转向：从英语语言文学转向传播学，策划传播学译丛，加紧译介麦克卢汉及其"思想圈子"（当时还没有认识到以他为首的传播学"媒介环境学派"）的经典和名著。[①]

可见，传播学的引介工作深受时代的影响。此外，新闻传播学本身就具有跨学科传统："传播是涉及方方面面现实复杂问题的社会现象。传播学从产生之日起，其研究路向与方法天然地具备跨学科研究特性和多学科基因。"[②]

---

① 莱文森. 数字麦克卢汉：信息化新千纪指南［M］. 2 版. 何道宽，译. 北京：北京师范大学出版社，2014：第二版序 2.

② 卷首语：跨学科研究［J］. 新闻与传播评论，2018（6）：1.

而在当下，新闻传播学的跨学科研究成为近几年国内新闻传播学的重建之道，国内媒介环境学因此也面临从"走进新闻传播学"到"走出新闻传播学"的局面。

三、对收编于新闻传播学领域的思考：孰优孰劣？

从北美到中国，媒介环境学原本在国外松散模糊的学科属性被规训在较为狭窄的新闻传播学领域内，个别概念或作品得以从原初语境中分离出来，重新融入新的理论和学科环境中。按照这一逻辑，之后的译介过程跟随这一定位，形成了当前的研究景象，即与西方历史（哈弗洛克的作品）①、语言（洛根的作品）、哲学（麦克卢汉等学者的哲学思想）相关的媒介环境学理论面向在国内新闻传播学领域并未受到重视，而与信息传播、媒介关联密切的作品却成主流（如麦克卢汉、莱文森的诸多论点）。那么就学科层面而言，北美媒介环境学一定属于新闻传播领域吗？这种收编是否利于学科的发展，两种模式孰优孰劣？

为了阐明这一问题，我们有必要首先对媒介环境学在中国当前的发展走势予以明确。为了更直观呈现媒介环境学在新闻传播学领域的跨学科趋势，笔者对数据3（详见表4-1文献来源及具体检索方式）生成的关键词共现时区图予以分析。图4-8显示，在2013年之前，麦克卢汉、伊尼斯、莱文森、凯瑞等学者名字及相应论断等关键字较为突出。进一步深入文献中不难发现，这些文章多是对媒介环境学派的一种引介或释义。在该阶段，国内媒介环境学研究仍旧处于理论释义和吸收阶段。在此之后，"身体""媒介化""智能技术""虚拟现实"成为研究热点。换言之，国内媒介环境学的治学者在经历了长时期的以不同视角探索北美媒介环境学者的言说语境及思想主旨后，似乎已摆脱了理论描摹阶段，特别是在城市化进程、全球化浪潮、媒介新技术革命的三重背景的影响下，国内学者开始聚焦新变革，通过对理论的建构与嫁接，使之成为城市传播、媒介融合、智能技术等主题研究中重要的理论支撑。

首先，通过对涉及"媒介化"关键词文献的分析发现，随着国内传播学界对德布雷、基特勒、埃吕尔等不同学者论著及思想的引入，欧洲媒介研究

---

① 采访何道宽教授后，何教授得知我关注他的媒介环境学翻译进程，告知我由其翻译的《柏拉图导论》将于2022年12月与大家见面。

的思想谱系开始在与北美媒介环境学的比较分析中逐渐凸显，媒介的物质性、媒介化研究在媒介环境学范式的理论观照下逐渐成为显学。其次，"身体""虚拟现实"等关键词文献也说明了人工智能技术的突飞猛进带动了身体在传播学中的意义。"身体"视角从不同学科领域被激活，使媒介环境学学科互涉的理论特质逐渐显现，呼应了新闻传播学跨学科研究的学术追求。在这一过程中，国内学者开始聚焦新内容，在哲学、现象学等学科理论的观照下，从"身体"视角延伸出更多值得探讨的命题，如对"技术与身体"的哲学思考①、"知觉身体"的现象学思考②等问题，继而使媒介环境学有了更多跨学科层面的新发现。

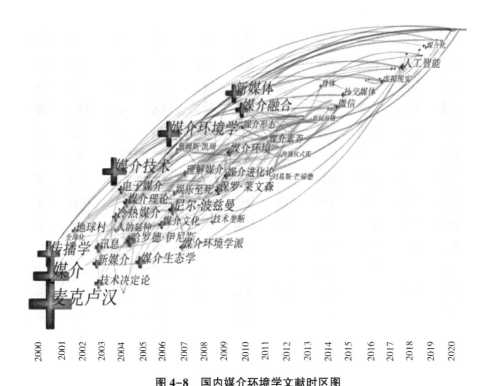

图4-8　国内媒介环境学文献时区图

相比媒介环境学在北美的松散学科体系，中国语境下的媒介环境学被收编于新闻传播学领域，也有其历史和社会语境，一方面促使该学派成为新闻

① 吴宁宁. 身体主体与技术的双重内涵 [J]. 湖南师范大学社会科学学报，2016（6）：73-79.
② 陈员. 胡塞尔知觉现象学中的身体理论 [J]. 南京大学学报（哲学·人文科学·社会科学），2020（2）：140-147.

传播学重要的理论工具，另一方面也益于媒介环境学学术传统的整合与发展。但这一属性并非固定不变的，而是伴随着应用语境及社会环境的变化而变化的。

回到"理论旅行"论，萨义德认为人文科学和社会科学思想的转移受到"接受条件"和"抵制条件"的影响，而且，理论的旅程从来不是畅通无阻的，因此，理论的跨学科接受是一个高度选择性的、历史可变的过程，这取决于接受学科的主导范式。对比媒介环境学在中西方不同语境下的学术场域，似乎无法证明哪种发展更为合适，毕竟中国语境下的媒介环境学发展有其自身的现实语境。随着打破学科间壁垒的呼声高涨，传播学学科互渗趋势的日趋明显，媒介环境学边界松散的原初形态也逐渐在国内研究中显现。

对于媒介环境学是否有一种思想传统及是否属于一种整合一体的理论，北美学界仍争论不休。媒介环境学也因其缺乏透彻的"线性"分析而饱受西方主流学界的批评，以至于在西方传播学领域长期处于边缘地位。而媒介环境学在汉语世界的改造和运用，却因其为新闻传播学研究开辟的学术想象空间而颇受关注（当然这种说法是相对而言的）。也就是说，中国语境下的媒介环境学学科发展有其自身的现实背景，它总是回应着外部学科环境变化的诉求。正如萨义德在其《理论旅行》一文中所表达的，理论的旅行总是对变化的社会环境与历史环境的一种回应。① 从起初收编于新闻传播学领域到当下学科互涉特质的显现，充分反映了中国媒介环境学研究正契合原初理论的学术传统，开始与其他学科产生交汇，逐渐走向更为开阔的发展。

要言之，如果媒介环境学确实是后现代主义所倡导的一种"学术共同体"而不是一种学科，寻找媒介环境学的学科准则就无异于找错了方向。这种构念中的"学科准则"并不由已发现的真理和现实构成的，而是在动态的外部环境协商中存在。因此，不存在孰优孰劣的说法，只能将这种学科"规训"视为对外部学术环境变化的一种反应罢了。

就传播学整体而言，不论西方还是中国，传播学学科建制问题一直被很多学者质疑，他们多认为如此狭隘和封闭的学术视野令人难以接受。如邓建国曾在彼得斯的《对空言说》的译作导读中写道："他（彼得斯）的全部传播哲学源于他本科时代就开始对这两个概念的思考，一个是学科（discipline），即相对

---

① Traveling theory reconsidered ［M］//SAID E W. Reflections on exile and other literary and cultural essays. Cambridge, Mass.: Harvard University Press, 2002: 436-452.

单一和独立的知识体系，如政治学、经济学、社会学和我们现在的'传播学'等；另一个概念是'领域（field）'，它大致指研究对象，如互联网、中国农村、中国经济、中国政治、儒家文化圈、美国、非洲和中东等。"① 在彼得斯看来，学科分工和专业化也许是正常的，但是在传播学学科体系中，主观随意、见机而作的行政行为扮演了过多的角色，而学术考量羸弱。因此，他反对将传播学视为一个封闭的"学科"，而是将之理解为一个"领域"。类似的反思有很多，也仍在继续。对媒介环境学而言，在中国，该学派也必将经历一个从走进传播学到走出传播学的过程。

第四节　应用层面：媒介环境学的
在地学术实践及反思

萨义德认为，"观念和理论由一地到另一地的运动，既是活生生的事实，又是使智识活动成为可能的一个有用条件"②。在他看来，理论是对特定的社会和历史情况的反映，当理论以各种形式从一个时空旅行至另一个时空时，它有助于在地学者摆脱其所处的智识环境，反思在地学术实践对理论形态的影响。

一、北美与中国媒介环境学核心作者群知识图谱分析

作为一门依然年轻的学科，媒介环境学打破了我们对"主流范式"的想象，采用了一种"历史的、经验的、思辨的和批判的"研究模式。如波兹曼的媒介批评三部曲《童年的消逝》、《娱乐至死》和《技术垄断》，《童年的消逝》谴责电视技术的呈现使童年的"纯真状态"趋于消逝，《娱乐至死》控诉电视对人类的控制、对读写能力的摧残，《技术垄断》则驳斥技术垄断就是极权主义的技术统治。波兹曼关切的是技术加害于人的可能性，这种批判视角显然带有强烈的人文关怀，"他们对现实问题拼盘式的表现，所得到的一些具有醒世恒言意味的结论，部分来自他们对于术语表达的偏爱，因此，即使他们勉强搭建了理论框架，理论也显得过于简单化，集中于宏观层面，细节

---

① 彼得斯 . 对空言说：传播的观念史［M］.邓建国，译 . 上海：上海译文出版社，2017：12.

② Traveling theory［M］//SAID E W. The world, the text, and the critic. Cambridge, Mass.: Harvard University Press, 1983：226.

不够"①。而在国内，以何道宽为主的译者通过翻译、引介开启了在华的思想传播实践，在对老一辈学者的研究理论精确描摹与吸收后，新进研究者逐渐走向了与本土媒介实践前沿的对话中。也就是说，在研究之初国内媒介环境学与当前的研究现状之间呈现了一定的"代际差异"，这一代际差异也反映了研究视域层面的不同。不妨从核心作者群的演变来审视这一演进过程（如图4-9所示）。

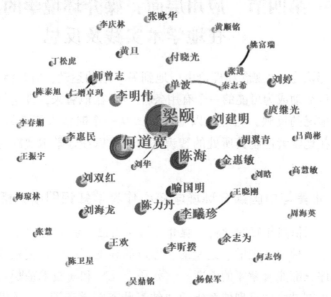

图4-9　国内媒介环境学研究核心作者群

核心作者群是一个学科发展方向的引领者，是推动某个学科领域发展的关键人物。图4-9显示节点数最大的学者包括梁颐、何道宽、刘建明、陈力丹、刘海龙、胡翼青、喻国明、金惠敏、陈海等学界关键人物。这些关键人物既包括新闻传播学领域的学界泰斗，也包括文学领域的学者（金惠敏、陈海）。他们共同聚焦于麦克卢汉，在媒介环境学研究中占据主导地位，是具有学术影响力的关键节点。

---

① 单波，王冰. 西方媒介生态理论的发展及其理论价值与问题［J］. 新闻与传播研究，2006（3）：2-13，93.

结合对文献年代的分析可以发现，早期媒介环境学的知识生产、研究成果多集中在老一辈的知名学者中，他们多依靠横跨中西的文化中间人获得广泛资源，通过与北美学者进行面对面采访，或通过赴美访学来优先获得国外资源。对知识的引入及评价是这一时期的主题。如郭镇之于 1999 年作为访问学者对麦克卢汉之子埃里克·麦克卢汉进行采访，采访内容涉及一些诸如"字母表文化"等当下国内关注相对较少的问题。作为老一辈的治学者，其学术视野、问题意识、方法路径与当下研究取向显然不同，其研究多致力于保留理论的原初形态。互联网技术的发展。传播的广度和深度不断加深，大众化、共享化的知识生产为青年学子提供了便利，一些博士论文及硕士论文开始频频涉及媒介环境学相关研究主题。如图 4-9 所示，核心作者群的外围出现了一批青年学子，如高慧敏、仁增卓玛等。这表明汉语世界的媒介环境学研究开始从老一批的精英群体逐步向青年学子群体中渗透，他们的引用文献已不仅仅局限于国内二手资源，而是直接投向外文原著，呈现了从译文中心向原文中心转移的态势，且学术取向逐渐转向对媒介实践前沿的观照中。特别是随着新传播技术的应用，麦克卢汉的"身体"视域、梅罗维茨的"场景"论、伊尼斯的"传播的偏向"论等日渐成为国内学者与媒介实践对话的关键着力点。如从"传播的偏向"理论视域下探讨网络传播学术研究的偏向性[1]、从"身体"视域展开对 Vlog 现象的媒介环境学解读[2]等。同时，随着国内媒介环境学研究的逐渐成熟化，一些学者逐渐开始通过嫁接、移植取代之前的简单搬运，使更多富有创造性的理论再生。如有研究将媒介环境学者的"媒介技术理论"和戈夫曼的"场景主义"相连接，为 Vlog 现象研究创造了一种"媒介—场景—行为—社会"的研究路径[3]。在该研究中，不乏对多位媒介环境学人学说的杂糅及运用，包括梅罗维茨的"场景"学说，伊尼斯、麦克卢汉的媒介发展史视角等。国内治学者借用媒介环境学相关理论资源，从观照新媒介本身入手，逐渐呈现出一种建设性的应用取向。

---

① 党明辉，郭欣荣．"传播的偏向"理论视域下中国网络传播学术研究：基于媒介形态知识图谱的对比分析 [J]．当代传播，2020（4）：35-39，63．

② 高慧敏．从口语日记到 Vlog：身体视域下的一种自我传播形态演变 [J]．中国地质大学学报（社会科学版），2020（1）：105-113．

③ 刘娜，梁潇．媒介环境学视阈下 Vlog 的行为呈现与社会互动新思考 [J]．现代传播（中国传媒大学学报），2019（11）：47-54．

二、应用转向：从宏观、批判性思维到微观、建构式取向

中国学者将媒介环境学基于技术纬度及人文关怀基础上的批判取向转化为一种建设性的理论资源，这种学术取向不再是简单的"拿来""阐释"等理论描摹，而是基于内化的一种理论创生。但与此同时，这一研究取向在很大程度上淡化了原理论基于历史和长远效果的宏观研究视野及批判的学术精神，使一些理论转变为一种中性的分析工具。不妨以詹姆斯·凯瑞的媒介环境学思想为例。

基于对20世纪60年代实证主义统治传播界的一种批判，凯瑞提出了著名的"传播的仪式观"，促成了仪式与传播的相遇。面对由拉扎斯菲尔德等学者开创的效果研究，凯瑞认为这种经院式的学说只是对"明确无误的事加以验证"，只是在纯粹地描写"有些人这样，有些人不这样的"个体结论，根本并不能推动国家民主话语的健康发展。凯瑞敏锐地体察到了媒介受众和媒介技术的新形势，认为传播应是一个具有重大责任的领域。他提出的"传播的仪式观"，指的是分享、参与及共同感的建立等含义，拷问的是传播行为如何推动民主社群的发展，是"对一个社会的维系"及"共享信仰的表征"。① 因此凯瑞在阐释传播的仪式观时常常充满着批判，饱含着通过文化共享的仪式观缔造的共同信仰来纠正功能主义和基于刺激—反应模式的行为主义的责任感，目的在于避免讨论"大众传播对个体心理的影响，更加关注传播对于自我身份、社群、文化等因素的长期、整体的影响"②。

凯瑞的传播的仪式观打开了仪式与传播相结合的研究面向，在此之后，此种研究理论不断涌现，丰富了传播学的研究成果。如丹尼尔·戴扬和伊莱休·卡茨的"媒介事件"（media events）理论、埃里克·罗森布勒的"仪式传播"（ritual communication）理论等，他们接续凯瑞提出的观点，促使学术对话持续进行。

将视域拉回国内，国内某些研究将凯瑞的"传播的仪式观"理论实体化为一种致力于建构认同和凝聚的媒介景观，如晚会、节日庆典、电视节目、开幕式等。也就是说，凯瑞立足于大众传播时代，其传播理论承载着对大众民主隐含的命题；国内研究则多立足于新媒介时代，注重公众群体的日常媒

---

① 凯瑞.作为文化的传播："媒介与社会"论文集［M］.丁未，译.北京：华夏出版社，2005：7.
② 刘海龙.重访灰色地带：传播研究史的书写与记忆［M］.北京：北京大学出版社，2016：58.

介实践，使不同立场的学者基于相似的议题产生了一系列雷同模式的研究。如《论传播仪式观中的社会认同现象——以"西兰花之战"为例》[①]、《传播仪式观视域下的文化类慢综艺研究——以〈见字如面〉为例》[②] 等。这些研究概从文化角度研究社会中的传播活动，以论证传播活动所富有的仪式化特征。这便印证了萨义德的论断，即当某种理念因显著的有效性被广泛传播时，过程就很有可能被体制化或僵化，最终使理论陷入一种困境之中。

　　凯瑞的思想暗含批判的隐喻特性，这在很多媒介环境学人身上都有体现，前有麦克卢汉提出的富有洞见性的"媒介即讯息"，后有波兹曼延伸出的"媒介即隐喻"。他们借助隐喻的方法，使得不同媒介环境学人的学术思想每每问世都能对学界形成巨大冲击。然而，媒介环境学主张的思辨研究与传播学盛行的实证研究方法不同，往往在规范性上被人诟病。很多学者利用实证主义的量化研究方法，来批评媒介环境学在方法论层面的缺陷，更有甚者试图以实证研究方法，来检验媒介环境学的一些概念和问题。除了凯瑞的"传播的仪式观"被降维为一种中性的模式化研究外，媒介环境学其他学者的论点也呈现了此种趋势。如国内一些文章借用伊尼斯"传播的偏向"论来解读微信的媒介偏向[③]，或对微博平台的偏向性做量化测试，从而得出微博的"时空偏向、内容偏向、关系偏向和感官偏向对用户的满意度均有显著正向影响"[④] 的结论。这些研究从一开始就忽视了一个问题，即媒介环境学所谈的媒介影响是基于历史变迁的深远意义，并非通过测量而得出的。诚如英国社会学家赫伯特·斯宾塞所指出的，根据短期结果进行推论如同通过观察我们是在向山上或山下走来判断地球的曲度那样，是不可靠的。[⑤]

　　概言之，凯瑞的"传播的仪式观"为媒介环境学加入了文化层面的理解，在分析国内媒介现象时，往往被实体化为一种中性的理论框架。除此之外，媒介环境学的"传播的偏向"论等理念在应用中亦会遇到相同的境遇。由于根深蒂固的重应用、重效果的思想，国内媒介环境学基于直观观察和思辨的

　　① 李家蒲. 论传播仪式观中的社会认同现象：以"西兰花之战"为例 [J]. 新闻文化建设，2020（6）：100-101.
　　② 袁滨烨，石宽宽. 传播仪式观视域下的文化类慢综艺研究：以《见字如面》为例 [J]. 西部广播电视，2020（12）：84-85.
　　③ 李畅. 媒介环境学视域下微信的传播偏向研究 [J]. 西南民族大学学报（人文社科版），2018（6）：161-165.
　　④ 何冰洁. 媒介环境学视域下微博的传播偏向研究 [D]. 郑州：郑州大学，2019.
　　⑤ 斯宾塞. 社会学研究 [M]. 张红晖，胡红波，译. 北京：华夏出版社，2001：92.

研究方法往往会在二者之间选择去除这种批判性的隐喻色彩，转而将一些理论实体化，造成在应用中不断弱化媒介环境学批判性的学术传统，并最终变为一种中性的理论分析框架。这样"驯化"可能并不利于理论在国内的进一步发展。

此处有必要对为何将凯瑞视为媒介环境学派学者作出阐释。如陈卫星教授在采访中所言："北美的媒介环境学本身更多的是从技术工具出发来阐释文化量变，本身并没有文化思考。"这是我们对媒介环境学的常规认知，事实也确实如此。因为对于媒介环境学是否有一种思想传统，以及是否属于一种整合一体的理论，在北美学界仍争论不休，但毫无疑问的是，如果过分集中在"技术视角"这样一种单一路经上，将难以还原媒介环境学的原初样貌，甚至会在一定程度上扭曲先驱者们的思想。凯瑞对媒介环境学的贡献在于为之加入了文化研究的洞见，国内很多学者将他视为文化研究的代表，而他的很多观点实则是对伊尼斯、麦克卢汉观点的批判和继承的产物。在林文刚《媒介环境学：思想沿革与多维视野》一书中，赫然将凯瑞列为媒介环境学学者之一。他的隐喻思维、对实证主义的批判都与媒介环境学的学术传统相连。因此本节以凯瑞为例，分析他所提出的"传播的仪式观"在本土的应用现状，以此来找寻媒介环境学除技术视角外更多研究视域。如前文提到的媒介教育观，就不失为一种积极尝试。

除了上文所描述的困境，还有如陈力丹教授所说的，"开篇引述一段麦克卢汉或莱文森的话，然后套上相应的新媒介技术特性，接下来举几个例子，自说自话一番，总结几条新媒介的作用，最后回应几句媒介环境学的观点，结束"①。这也从侧面反映了媒介环境学基于宏观及长远效果的研究传统在国内正面临向微观现实应用的转变。很多研究对媒介环境学的应用多限于从技术形态、特质本身出发，忽略了其基于现实困境的批判色彩及忧思人类所处环境的人文关怀，直接用于微观实践的解读必定会使理论陷入一种应用的困境中。

三、避免僵化的解决良方：诉诸一种空间感（spatial sense）

我们今天处在人人可表演的"全球剧场"中，这与媒介环境学诞生的20

①　陈力丹，毛湛文．媒介环境学在中国接受的过程和社会语境［J］．现代传播（中国传媒大学学报），2013（10）：35-40.

世纪 60 年代相比发生了极大的变化。反叛的后现代性正逐渐转变为鲍曼所说的"流动的现代性"，技术转变为一种资本的权力工具，媒介环境学所倡导的"媒介视角"这样一种"新秩序"也不足以分析当下处处被资本权利附着的西方社会的媒介环境，其基于历史文化变迁的宏观视阈在解读微观的本土实践时必定面临着种种不适与困境。

那么，究竟有哪些因素主宰着理论的旅程？萨义德认为，理论的跨学科接受过程是一种选择性的和历史可变的过程，取决于接受学科及其主导范式，而学科及其主导范式又将引导着研究者的研究方向。在国内，新闻学领域因缺乏深厚的学科积淀和缜密而独立的理论体系而饱受"新闻有学无学"之争。一些学者为避免质疑，难免与传播学理论相互渗透、建构联系，以便为研究搭建理论"根基"。这一过程中，一些研究对包括媒介环境学在内的传播学理论的批判和人文关怀，都在很大程度上被裁减、降格，因此理论在应用过程中很有可能转成一种温吞的学术产物。

萨义德提出，为避免理论在旅行过程中的困境与僵化，我们应保持一种批判性。对于如何保持批判性，萨义德认为应诉诸一种"空间感"（spatial sense），即将定位理论置于特定情境的度量能力，也就是要求理论应用者必须具备一种跳出理论应用及理论定位的空间意识，俯视理论应用情境的差异，分析理论被抵制及造成理论冲突的具体情境，最终使理论能够在不被僵化的情况下获得更广泛的接受。① 反思是突破理论发展瓶颈和避免理论内卷化的关键路径。因此，我们有必要跳出媒介环境学在中国的应用情景，时常检视和反思理论在旅行过程中是否已沦为种种温吞的学术产物，以不断修正、改进理论在未来发展中的应用方式和研究路径。

此外，针对媒介环境学在本土的应用问题，笔者与刘海龙、胡翼青等多位媒介研究的学界领航人进行了沟通。两位学者在采访中都提及了媒介环境学在我国的研究现状，即主流作品还是以译介为主，真正做研究的人不是很多。胡翼青认为："媒介环境学目前一直处于一种引介状态，中国学者多集中于为该学派在中国的学术语境和学术结构中找到其合法性而做努力，鲜有学者说我们可以少说点主义，多谈一点问题，直接将之用于学术研究，以摆脱单纯的理论描摹和释义。"也就是说，媒介环境学如何应用在中国本土实践

---

① Traveling theory ［M］// SAID E W. The world, the text, and the critic. Cambridge, Mass. : Harvard University Press, 1983：242.

中，一直以来都是困扰中国学子的问题。对此，刘海龙认为媒介环境学更多的是给予我们一种研究思维，其思辨性的、具有批判性的、基于历史的长效视野才是我们应该予以借鉴的。

本章小结

本章从理论的引入、传播及实践层面，即译著选择性生成、学科"规训"、在地学术实践三方面对媒介环境学在汉语世界的理论旅行进行了探讨。中国学者对源自北美的理论资源、概念及方法加以吸收和承继，就在地的媒介或传播现象、本土情境展开对媒介环境学的"驯化"，发现了原初理论的诸多经典洞见，也使原初理论形态发生了诸多变异，主要表现在四个知识层面。

第一，选择性生成的译著强化了经典的学术传统。中国传播学者对北美经典作品及理论加以承继，这种承继持续影响着国内新闻传播学领域的前进方向。首先，国内学者对媒介环境学经典作品表达了一定的认同，特别是伊尼斯和麦克卢汉的相关作品。这些产生于 20 世纪 60 年代左右的学术经典在当下的新媒介时代仍持续产生嘹亮的回响，成为国内学子在研究中必引的对象，从对《理解媒介》《传播的偏向》的引用量中便可窥见这一趋势，这在一定程度上是经由翻译完成的"再经典化"的过程。同时，选择性翻译也因对语境及文化等因素的考量而遮蔽了些许经典，致使国内学者对媒介环境学的理解欠缺一定的整体视野。如哈弗洛克作为媒介环境学古典学派的代表，在西方媒介环境学领域的影响力显著，但经由译者和国内治学者的裁剪过滤，其学术作品并未在中国语境中引发共鸣。其后继者翁关于口语及书面文化的研究也未能像其他媒介环境学理论一样在学界激起涟漪，致使"口语媒介—文字媒介—印刷媒介—电子媒介"这条北美思想沿革的关键人物并未在国内完整呈现。麦克卢汉相关论点如"全球剧院"、"媒介和决定原因"、媒介教育观等理念也因译著的缺失而未被国人关注。这些缺失的经典人物与作品散发着一种与中国学子理解截然不同的理论气质，当我们把由伊尼斯、麦克卢汉、波兹曼等建构的媒介环境学从中国学者的叙事中"解放"出来，将消失的哈弗洛克、缺失的麦克卢汉等置于媒介环境学思想发展的历史脉络，填补起其断裂的缝隙，会发现媒介环境学的学术脉络变得更加完善和清晰。例如，重拾麦克卢汉的媒介教育观，并将之置于媒介环境学整体中进行考察，会发现媒介教育观一直贯穿于该学派的始终。他们对技术理性的批判和人文主义的反思，一直以来都将希望寄托于媒介教育。

第二，后现代思潮下的边界"内爆"到传播学的学科"规训"。不同于媒介环境学在北美呈现的学科特性，其起初在国内"旅行"至新闻传播学学科场域中，产生"流变"，之后又与原传统逐渐合流：国内媒介环境学在与哲学、现象学产生勾连的过程中凸显了其学科互涉的理论特质，这是对原初形态多元学科属性的契合和发展。这种"收编"不存在孰优孰劣的说法，我们只能将这种学科"规训"视为对外部学术环境变化的一种动态反应。

第三，由宏观视野到微观应用的研究视野的转变。北美媒介环境学派学者致力于创造一个"更加'平衡'或'健康'的符号环境或媒介-文化环境，以便使人享受更加'美好'的生活"①。这种宏伟愿景导致西方学者更加偏重宏观层面的分析，微观的个案研究虽有但较少。而中国知识生产者对媒介环境学的想象与实践主要局限于新闻传播学术界内部，旨在借助媒介环境学的学术场域和知识资源争夺知识承认，以提升传播研究的知识含量与合法性。因此，从偏向宏观的分析、描绘和批评逐渐转向微观的务实和个案研究。

第四，由批判到建构式的学术转向。中国知识生产者受制于学术场域"对差别的追求"，更多地把媒介环境学作为"建设性"的理论资源，基于现有的学术文献，从学派一脉相承的特性中找寻可以阐释中国传播现象的理论脉络，走向了理论于在地媒介实践的阐释、解读。但这种驯化偶尔会走入一个误区，国内学者主要依据媒介环境学来建构国内新闻传播学的理论基础，一些学者在应用过程中会将媒介环境学思辨性的批判研究降维为一种实证研究，导致原初理论的批判性力量在一定程度上被削弱。

概言之，与国内本土精神接轨的媒介环境学为中国新闻传播学研究提供了新的学术空间和研究轨迹，基于本土语境产生的种种变异有优有劣：一方面，汉语世界的媒介环境学在一定程度上承继了媒介环境学的理论方法和研究视域，并将之用于对国内具体媒介现实的观照，这在很大程度上弥补了北美学者缺少微观视域的研究缺憾，强化了北美媒介环境学在非发达国家媒介研究的应用性；另一方面，北美媒介环境学警言式语言风格的潜隐含义、宏观视野、人文主义的价值关怀在理论旅行过程中均存在不同程度的误读、变异及流失，国内相对封闭的学科规训使其在不同领域的阐释力降低。需要注

---

① 林文刚．媒介环境学：思想沿革与多维视野［M］．2 版．何道宽，译．北京：中国大百科全书出版社，2019：第一版编者序 33.

意的是，媒介环境学为我们提供的不是一套稳定的理论框架，而是一种启发我们重视文化、技术、社会之间关系的方法论。偶有将思辨批判转变为实证研究的做法削弱了媒介环境学批判性的理论力量，阻碍相关理论在国内的进一步发展。

下篇　想象

第五章
对话与融合：媒介环境学的理论框架、局限及在数字媒介时代的可能性拓展

　　媒介环境学在被引介到中国以后，持续占据着中国学者的思想本位，与在地语境融合，形成具有本土特色的理论域，深刻地影响着新闻传播学学科的知识结构、话语体系及发展方向。本章基于媒介环境学的理论框架，结合诸位学者的观点审视其理论命题的局限性，从微观、中观、宏观三个层面探索该学派在未来媒介实践前沿中的可能性拓展和应用。

　　笔者在撰写本书的过程中，针对媒介环境学的理论局限及未来面向等问题，采访了中国人民大学新闻学院刘海龙及陈力丹教授、南京大学新闻传播学院胡翼青教授、中国传媒大学传播研究院陈卫星教授、浙江大学传播研究所邵培仁教授等五位国内媒介研究的领航学者。由于访谈期间新冠疫情局势仍不稳定，本次访谈采用邮件及电话形式进行，这也为后期回访提供了便利。采访时间为2021年3月20日至2022年5月8日。五位学者是媒介研究的领航人，对媒介环境学的理论局限及未来走势有着独到的见解，帮助笔者在反思北美学术传统本身，探究北美媒介环境学在国内的未来研究方向、研究盲点及本土化等问题方面做出了指导。因此，第五章及第六章结合诸位学者的观点，展望媒介环境学未来的发展。

第一节　媒介环境学的理论框架

　　媒介环境学并非表面看起来那么杂乱无章。国内对伊尼斯、波兹曼、麦克卢汉的讨论较多，本章主要以国内关注较少的媒介环境学者如哈弗洛克、翁、凯瑞（国内学者多未将其置于媒介环境学范畴）及麦克卢汉等学者的观点为例，借鉴李明伟提出的媒介环境学理论框架[①]，从微观、中观及宏观层面即"媒介本身的具体研究""媒介的演变分析""媒介的影响研究"三方面入手，并通过规避其理论缺陷，发掘其在未来的应用潜力。

一、关于媒介本身的具体研究

　　传播的长效影响取决于媒介本身而非传播内容，这是媒介环境学异于其他范式的立论之本，也决定了研究媒介环境学需对媒介本身做具体的深度研判。伊尼斯、麦克卢汉讨论了人类历史上出现过的几乎所有的主要媒介，诸多研究者已对此做过详细表述，此处不再赘述。而哈弗洛克作为媒介环境学

---

　　① 李明伟．知媒者生存：媒介环境学纵论 [M]．北京：北京大学出版社，2007：165-178．

古典学派的代表，更多关注口语与书面文化等具体媒介，国内研究者对他的关注相对较少。

哈弗洛克对口语及文字传播做了最为全面的开创性研究，与之相关的理论于 1963 年首次出现在他的《柏拉图导论》一书中，并在《希腊的正义概念》和《希腊文化革命及其文化后果》中得到了进一步发展，在《缪斯学写作》中得到了最后的简明表述。

哈弗洛克主要讨论了在文字出现以前，口语作为一种传播媒介的主要功能和特点。他认为，口语传达的内容多是一些实用知识，如公认的信仰或正确的行为和思维方式，其本质上是说教，最重要的功能是保存群体的集体知识，并将集体知识完整地传递给下一代。同时，口语作为一种文化传承和知识传递的工具，为了使传播的内容得以承继，口语必须是令人难忘的和可记忆的，这意味着它们必须以合适的语言形式出现。首先应该是"诗化"的，"口头陈述必须是'诗化的陈述'，口语也必须被'叙事化'，即以某种故事的形式出现"①。其次应该有韵律，"唯一可能的语言技术，可以保证传播的保存和固定，是巧妙地组织在语言和韵律模式中的韵律词，这些韵律词足够独特，可以保留它们的形状……语言的内容必须是诗意的，否则它什么都不是"②。最后，必须是精心设计的，"文化信息的口头储存"需要使"整个世俗的知识和技能体系必须保存在语言公式中，这些语言公式是仪式化地记忆的，以及仪式化地执行的再现"③。概言之，哈弗洛克认为，口头传播的语言只有是诗化的、有韵律的，且精心设计的，才能使集体智慧不断地被回忆和重复。也就是说，口语传播的语言与普通的语言截然不同，他们必需便于记忆，因为语句只有经过特殊形塑后才能被记住和重复。

除了对口头传播的主要特点进行分析，哈弗洛克还详述了另外一种媒介的特征——书面文字。他认为，文字的出现缓解了"必须以记忆的形式存储语言的压力"及"将所有可保存的语句叙述出来的压力"，并且使"精神能

①　HAVELOCK E A. The literate revolution in Greece and its cultural consequences ［M］. Princeton：Princeton University Press，1982：74.

②　HAVELOCK E A. Preface to Plato ［M］. Cambridge：Belknap Press of Harvard University Press，1963：42-43，56.

③　HAVELOCK E A. The Greek concept of justice：from its shadow in Homer to its substance in Plato ［M］. Cambridge，Mass.：Harvard University Press，1978：25.

量……因其他目的而被释放"①。在哈弗洛克看来，书面文字可以使语言自由地不受约束地发展，并使思想超越"口头思维"的局限，成为一种生成逻辑、哲学和科学的工具，即一种全新的意识。其中，视觉元素的引入带来了新的反映方式和构图手段，在哈弗洛克看来，"叙事化的用法已经变成了一种逻辑用法"②，书面文化强化了人类的逻辑系统，如文字是允许我们"反向扫描"或反思文字是如何组织的，从而促使人类的逻辑系统化。此外，文字使保留的言论不再需要局限于熟悉的内容，而是可以提出新的言论，但"在声学（即口头传播）条件下，这一切都是不可能的"③。

总之，哈弗洛克以荷马史诗和古希腊字母表为例，论证了口语和文字作为不同媒介形态的传播本质：口头语言和读写能力都有各自的价值和偏向性，口语思维培养的是一种以"诗性智慧"为导向的文化，而读写能力培养的是一种以"理性的逻辑思维"为导向的文化。的确，每个人的思维确实是由文化所塑造的，而文化反过来又被思维所造就的技术而形塑。

麦克卢汉的传播思想则建立在感官偏向上，首先分析了冷媒介和热媒介的特征。他认为前者没有提供太多信息，鼓励人们的感官卷入其中，如电话和漫画；后者充满了信息，如广播和摄影，其结果是人们对这些媒介的感官卷入较少。此外，他对口语及书面文字的具体分析也主要从感知角度介入，并以此确立了三个时代：第一个时代是前识字时期或口语时期，口语是这一时代唯一必要的工具，口头传播调动了人体的听觉、视觉、触觉等一切感官。在这里，各种感官同步互动，人们与对象之间的关系是共鸣的、有机的、整体的。因此，原生口语时期的生活和文化温和而自然，人们生活在一种感官相对平衡的声觉空间世界。第二个时代是古登堡时代，文字的出现打破了具有整体结构的声觉空间，突出了视觉的主导地位。在这个时代，拼音文字的排列方式助长了线性的思维模式和逻辑感知，印刷术的出现强化了这一过程。第三个时代是电子时代，这个时代的现状是在多媒介的互动性中构成的麦克卢汉预测电子时代的潜力，指出我们将会进入电子"内爆"时代，同时性的

---

① HAVELOCK E A. The muse learns to write：reflections on orality and literacy from antiquity to the present［M］. New Haven, CT：Yale University Press, 1986：101.

② HAVELOCK E A. The muse learns to write：reflections on orality and literacy from antiquity to the present［M］. New Haven, CT：Yale University Press, 1986：105.

③ HAVELOCK E A. The muse learns to write：reflections on orality and literacy from antiquity to the present［M］. New Haven, CT：Yale University Press, 1986：109-110.

电场使每个人都相互连接，人类重回部落化时代，个体之间将变得毫无边界。总之，麦克卢汉将媒介研究扎根感知系统里，一切媒介都成为人的延伸，除了对口语和书面文字的分析外，在他口中，服装成了"延伸的肌肤"，货币成了"穷人的信用卡"，照片成了"没有围墙的妓院"。①

可见，哈弗洛克和麦克卢汉的研究旨趣——无论是对口语的研判还是对书面文字、印刷术的分析，都指向了对媒介本身的具体研究。至于其他媒介环境学人，他们不仅关注人类历史长卷上依次崛起的主导媒介，包括口语、文字及广播、电视、网络等媒介，也关注了莎草纸、石头、照片、电话等物质性媒介。如在麦克卢汉之前，伊尼斯区分了时间偏向性媒介与空间偏向性媒介。而莱文森着重分析了网络时代新新媒介的具体特征，在《软利器》一书中，其关于照相机（视线跨越时间的延伸）、电报（视线跨越空间的延伸）、电话（声音跨越空间的延伸）和留声机（声音的延伸）等论述就相当有说服力。②

总之，媒介环境学从口语、文字、印刷机、电视乃至电脑等传播媒介的不同偏向性展开具体研究，构成了媒介环境学学术传统的基本特征。

二、关于媒介的演变分析

在媒介环境学派当中，对媒介发展规律研究较多的是麦克卢汉、莱文森和罗伯特·洛根。麦克卢汉较早划分了媒介的演进历史，即口语时期、文字时期、电子时期③，并提出了被莱文森称为天鹅绝唱④的"媒介四元律"，阐释媒介发展是一个无终点的演化过程，强调在每一种媒介发展过程中都需要重视四个问题：它强化了什么？淘汰了什么？再现了什么？未来会发生何种逆转？⑤

麦克卢汉的"媒介四元律"可被视为分析媒介演化规律的典型理论。"媒介四元律"主要考察媒介在其历史背景和当前环境中的演变规律及媒介本身的特征和属性，指出所有媒介的发展都会存在提升（enhancement）、过时（obsolescence）、再现（retrieval）、逆转（reversal）四种效应。这四种效应呈

---

① 麦克卢汉. 理解媒介：论人的延伸 [M]. 何道宽，译. 南京：译林出版社，2019：33.
② 莱文森. 软利器 [M]. 何道宽，译. 上海：复旦大学出版社，2011.
③ 麦克卢汉，秦格龙. 麦克卢汉精粹 [M]. 何道宽，译. 南京：南京大学出版社，2000：9.
④ 莱文森. 数字麦克卢汉 [M]. 何道宽，译. 北京：社会科学文献出版社，2001：268.
⑤ 麦克卢汉，秦格龙. 麦克卢汉精粹 [M]. 何道宽，译. 南京：南京大学出版社，2000：567-568.

现了一个螺旋无终点的过程，审视任何一种媒介都可关注这一演化过程，即：①增强了人类的某些功能；②淘汰了以前的某种功能；③再现了过去的某种功能；④到达极致后会发生某种逆转。如"电视提升了口头传播全身感官参与的特点，同时，电视使印刷媒介的线性机械传播过时，电视的进一步发展有可能逆转出现互动电视、网络电视等新的媒介形式"①。再如在当下的互联网时代，智能手机的兴起提升了人们连接网络的可及性和便捷性，除了我们记忆事物的必要性且淘汰了仅有电话功能的手机，回了曾经失宠的各种媒体，如照相机等；当其潜力达到极致时，智能手机很可能颠覆其原有特征转变成一种全新的形式，如同谷歌眼镜一样"进化"成一种能够创造增强现实的设备。然而，媒介四元律中的"过时"并不意味着事物的结束，而是新事物的开始。如货币取代了物物交换制度，现金交易成为大多数国家进行商品交换的主要方式，但这并不代表会永远结束商品的直接交换。在中国，随着智能手机的普及与网络支付平台的发展，现金交易已经逐渐演变为网络支付，逐渐引发了"去现金化"等各种社会现象。从这一层面来看，媒介四元律为审视媒介的演变发展提供了一种预测路径。

莱文森在麦克卢汉的基础上提出了"补救性媒介"（remedial media）和"人性化趋势"（anthropotropic）观点，认为在完善旧媒介的同时，新媒介的产生也会出现新的缺憾，但任何一种后继发展的媒介对旧媒介都是一种"补救"；同时，由于理性的人对媒介有一定的控制能力，因此技术的发展会按照人类的需要变得越来越"人性化"。不同于麦克卢汉赋予媒介在过程和实践中的重要地位，莱文森强调媒介演化过程中人的主观能动性，试图通过重置前人的"技术–人"的关系以进行超越："地球上的生命形式以各种各样的方式操作着它们的环境，蜘蛛织网、鸟类建巢就是例证。人类具有针对技术的理性，技术本身就是生命的根本策略。"② 可见，莱文森强调的是人的理性和在技术发展过程中的能动作用。

罗伯特·洛根则在麦克卢汉关于媒介演进理论的基础上，将媒介演进过程重新划分为前语言传播时期、口语时期、书面时期、电力传播时期、数字媒介时期。③ 在 2019 年《理解人类：数字时代的延伸》一文中，洛根按照麦克卢汉的媒介四元律分析了数字媒介时代所遵循的媒介法则，认为数字媒介：

① 李明伟 . 知媒者生存：媒介环境学纵论 [M].北京：北京大学出版社，2007：176.

② 莱文森 . 莱文森精粹 [M].何道宽，译 . 北京：中国人民大学出版社，2007：128.

③ 洛根 . 理解新媒介：延伸麦克卢汉 [M].何道宽，译 . 上海：复旦大学出版社，2012：24.

①强化了信息的交互性、信息的获取能力及双向沟通; ②取代了电视和报纸等大众媒体; ③使社群得以再现; ④如果发展到极致, 我们会进入超现实状态, 导致我们的身体和大自然失去联系。① 可见,"媒介四元律"作为一种分析模型, 不仅能反映过去, 也能推测媒介的未来; 既是一个观照媒介具体特征的分析工具, 亦可作为一个观照媒介发展规律的经典定律。

三、关于媒介的影响研究

无论是对媒介的具体研究, 还是对媒介的演变分析, 都不能算作媒介环境学研究的重心。从宏观视角考察媒介变革对社会发展和人类社会的影响, 才是媒介环境学研究的最终指向。

其中, 哈弗洛克作为典型的媒介环境学古典学者, 其核心观点是"导致希腊启蒙运动的最主要, 甚至是唯一的原因在于字母表对读写能力的培养, 这也是西方文明的基础"②。他在不同著作中阐释了希腊字母表的发明对西方文明的影响, 认为希腊字母表不仅为人类带来了广泛的读写能力, 也从根本上改变了口头传播时代形成的思维方式和意识。因为文字能使文化信息更持久、更可靠地储存起来, 而且比口头记忆耗费的脑力要少得多。他认为, 希腊字母表形成的新散文的表达方式,"成为一种全新的事实和理论的载体, 这不仅是语言的释放, 也是思想的释放……"③。在《缪斯学写作》一书中他自问道:"难道所有的逻辑思维, 不都是希腊字母表文化的产物吗?"④ 哈弗洛克坚信, 历史上的革命性变革都蕴含在希腊字母表的发明中, 而这一字母表是唯一被发明的字母表, 其他字母表虽然借用了腓尼基人的书写系统, 但希腊字母表通过增加元音符号彻底地改变了这一系统, 这本身就是语言学的一个壮举(因为辅音在语音中并不独立于元音——它们本身并不能独立发音)。⑤

---

① LOGAN R K. Understanding humans: the extensions of digital media [J]. Information, 2019, 10: 304.

② HALVERSON J. Havelock on greek orality and literacy [J]. Journal of the history of ideas, 1992, 53: 148-163.

③ HAVELOCK E A. The muse learns to write: reflections on orality and literacy from antiquity to the present [M]. New Haven, CT: Yale University Press, 1986: 110.

④ HAVELOCK E A. The muse learns to write: reflections on orality and literacy from antiquity to the present [M]. New Haven, CT: Yale University Press, 1986: 39.

⑤ 哈弗洛克具体分析了不同字母表的区别, 认为早期的闪米特(Semitic)字母表只有辅音字母, 元音包含在辅音字母中, 这一字母表让读者自己决定要使用哪些元音、哪些言词是想要表达的, 因此较为复杂;楔形文字需要比仅使用辅音系统的字母表多四到五倍的单独符号, 而且对于辅音结尾的音节, 也要留给读者来决定哪些元音应该省略, 也就是说, 这两种字母表都不能准确和高效地表达语言。

他认为其他字母表都不能完美地呈现语音音节，而且由于这些字母表固有的歧义性，导致这些字母表需要借用熟悉的情境背景进行交流以帮助破译。在《希腊的文化革命及其文化后果》一书中，哈弗洛克探讨了其他两种字母表（闪米特字母表和楔形文字）的缺陷：

这些字母表倾向于在典型的情况下表示行为和思想，并且使用公式化和重复的风格。在这些限制下形成的文化记录很可能以宗教和神话为中心，因为这些内容倾向于编纂和规范人类经验的多样性，（这些字母表使）只有与宗教和神话相关的文字才可以促使读者意识到作者在说什么。①

也就是说，这两种字母表都不能准确和高效地表达语言。与其他字母表系统不同的是，希腊字母表只需要很少的训练就可以被掌握，它几乎向所有人敞开了识字的大门，并且可以轻松地表达新奇的语句。相比先前的字母表，这是一种巨大的进步，具有重要的文化意义。哈弗洛克指出，在大约三个世纪的时间里，希腊人逐渐开发了识字潜力，最终形成了大量的书籍生产，并开启了公元4世纪的希腊启蒙运动。他表示，如果没有希腊字母表，这一切也不可能发生："希腊人不仅发明了字母表，他们发明了识字和现代思想的基础。"② 哈弗洛克看似是对对口语或文字具体特征的讨论，最终都是在阐释这两种媒介对整个社会带来的影响。

翁承继哈弗洛克关于口头传播和书面文化的诸多见解，认为原生口语社会的人们必须发明和采用有助于记忆的模式来思考问题和表达内容："你必然用大量的箴言，这些箴言必然是人人经常听见的，因而能够立刻唤起记忆。它们以重复的模式引人注意，便于记忆；你还必须用其他辅助记忆的形式。"③ 他对文字的分析也颇有深见，认为文字是对客观世界和传播主体的双重抽离，一方面文字使客观世界变成了种种抽象符号，另一方面抽象符号使话语脱离了鲜活的主体，成为僵死的视觉符号，然而正是这样的形态保留了它的永恒性及复活的权力——在无数读者的呼唤下，它可以复活成无限活生生的语境。④ 而文字的双重抽离也带来了一种文字文化："文字使我们与客观世界之

① HAVELOCK E A. The literate revolution in Greece and its cultural consequences [M]. Princeton: Princeton University Press, 1982: 72-73.

② HAVELOCK E A. The literate revolution in Greece and its cultural consequences [M]. Princeton: Princeton University Press, 1982: 82.

③ 翁. 口语文化与书面文化：词语的技术化 [M]. 何道宽，译. 北京：北京大学出版社，2008：自序.

④ 翁. 口语文化与书面文化：词语的技术化 [M]. 何道宽，译. 北京：北京大学出版社，2008：61.

间保持了一种距离，在这种相对距离中，人类得以自省、阅世。"① 在翁看来，作为一种精妙的符号，文字带来的意义远远超过了口语，这意味着人类从此可以构筑一个结构无限精巧、意义不尽精妙的文字文化。

哈弗洛克、翁作为媒介环境学的古典派代表，深入研究了口头传播和口语文化、文字和书面文化对人类思维模式、社会文化产生的影响。麦克卢汉、波兹曼、梅罗维茨和莱文森作为媒介环境学的现代派代表，更多着墨于从印刷传播到电子传播的社会变革。

对麦克卢汉而言，"地球村"这一概念是其分析口语时期、文字印刷时期、电子时期人类生存状态的核心术语。对麦克卢汉而言，"地球村"这一概念是用于分析不同时代人类生存状态的核心术语。麦克卢汉认为，无论是在古代只有口头传播的时代，还是在后来有印刷书籍的时代，抑或是现代电子通信时代，人们的思维都可以同时处理多种感官信息。这就意味着，信息在不同的时代传递方式和传达的意义会发生很大的改变。例如，随着技术的发展，我们现在可以用更多的方式传播和接收信息，而这些方式也改变了信息的含义和影响。因此，当人们试图通过任一媒介进行交流时，能否准确地接收和传递信息，取决于该媒介能否调动人类所有相关的感官。在他看来，口语是唯一能够满足这一要求的媒介，因为人们会通过语调、手势和面部表情等所有感官活动对发生的情况作出反应，以更清楚地表达自己的意思。在这一时期，口语是交流的基本手段，人类生活在口语空间中。这种空间"具有球体的基本特征，它的焦点或中心同时存在于任何地方，而边缘却无处可寻"②，这个空间"无边无际，没有方向，没有地平线"，人类生活在"心灵的黑暗中，在情感的世界里，在原始直觉的世界里"③。也就是说，这一时期的人们生活在一种富有想象力的"部落化"状态中。而书写往往是一种独立的行为，很少要求人们作出回应："书写的发展、以视觉形象组织生活的方式，使人发现个人主义和内省等成为可能。"④ 同时，书写迫使人们牺牲所有其他感官来关注视觉，而放弃了听觉空间："视觉空间，如欧几里得几何学所

① 翁.口语文化与书面文化：词语的技术化［M］.何道宽，译.北京：北京大学出版社，2008：62-64.

② MCLUHAN M. The brain and the media：the "western hemisphere"［J］. Journal of communication，1978，28（4）：54.

③ MCLUHAN M. Five sovereign fingers taxed the breath［M］// CARPENTER E，MCLUHAN M. Explorations in communication：an anthology. Boston：Beacon Press，1960：207.

④ 麦克卢汉.理解媒介：论人的延伸［M］.何道宽，译.南京：译林出版社，2019：67.

阐明的，具有线型、连通性、同质性和静止性的基本特征。这些特征在其他任何感觉中都没有。"① 书写也对城镇、道路、军队和官僚机构的形成发挥了作用："书写是文明循环开始的基本隐喻，是心灵从黑暗走向光明的一步，填满羊皮纸的手建造了一座城市。"② 至于印刷术，他认为印刷术放大了书写的作用，使书写变得机械化；印刷术也促使便携式图书的产生，使人们可以在与他人隔绝的情况下私下阅读。总之，印刷"在把方言变成大众媒介或封闭系统的过程中，创造了统一的、集中的现代民族主义力量"③。印刷术使个人的观点表达成为可能，正是印刷术为人类带来的专业化创造了西方的权力和效率。总之，文字、书籍使得人们进入一个以知识为中心的"去部落化"时代，理性、逻辑、单向性和阶层化的社会心理逐渐形成。随着电力系统的发明，电子媒介在所有人类事务中重新创造了同步场，创造了"地球村"这样一种新世界。我们回到了声学空间，而电话、留声机和收音机是后文字声学空间的机械化发展："电影和电视完成了人类感官机械化的循环，有了无处不在的耳朵和移动的眼睛，我们废除了书写，专业化的视听隐喻建立了西方文明的动态发展。"④ 对此，麦克卢汉曾言：

> 我们的世界是一个崭新的、充满活力的世界。"时间"已经停止，"空间"已经消失。我们现在生活在一个地球村……同时发生。我们回到了声学空间。我们又开始构建原始的感觉，部落的情感——几个世纪的文化素养使我们脱离了的这种情感。⑤

麦克卢汉认为"口语时期"的人们通过语调、手势和面部表情调动所有感官，人们生活在一种富有想象力的迷人状态中。古登堡发明的现代印刷术，使文字的批量复制成为可能，强化的线性序列和文字的大规模机械复制影响了社会很多领域，理性思维蓬勃发展，理性成为"书写时期"的关键词。"电子时期"人体所有感官被延伸，电子媒介打造了一个时空同步的境界，内容

---

① MCLUHAN M. The brain and the media: the "western hemisphere" [J]. Journal of communication, 1978, 28 (4): 54-69.

② MCLUHAN M, FIOR Q. The medium is the massage: an inventory of effects [M]. Corte Madera, CA: Gingko Press, 1967: 50.

③ MCLUHAN M. The gutenberg galaxy: the making of typographic man [M]. Toronto: University of Toronto Press, 1962: 199.

④ MCLUHAN M. Five sovereign fingers taxed the breath [M] // CARPENTER E, MCLUHAN M. Explorations in communication: an anthology. Boston: Beacon Press, 1960: 208.

⑤ MCLUHAN M, FIOR Q. The medium is the massage: an inventory of effects [M]. Corte Madera, CA: Gingko Press, 1967: 63.

的感性程度增强，人类无法专注线性思维，而重回"地球村"感官同步的和谐时代。在这三个不同时期，人类分别处于"部落化—非部落化—重新部落化"的发展形态中。

麦克卢汉认为，媒介延伸产生的心理影响和社会后果，增强了人类在变革面前有所作为的能力与自由。① 在后期转向的"全球剧场"这一概念中，他同样强调技术变革的存在意义。他声称"生活在卫星舞台中的结果是，年轻人接受地球这一公共空间作为角色扮演的区域"②。也就是说，卫星技术在电视上的广泛应用培育了一个远程表演的空间，各种电子录音设备面前发生的任何事情都可以实时地向世界各地的大量观众传播。一个人不需要拥有一个摄像机，就能受到电视记录和全球广播带来的文化培育，这为人类增加了一种力量，一种孕育新文化的力量。但同时，人们普遍更加容易受到监视。麦克卢汉从表演和监视两个方面揭示了它的革命性意义，并将这一时刻称为"也许是可以想象的信息领域最大的革命"③。总之，他通过细数不同媒介分期塑造的各异文化与思维模式，并将重点放置在媒介本身带来的新讯息，其诸多论断都专注于媒介技术对人类社会、文化、个体心理产生的震荡。如美国率先接纳电子媒介，助力了群体运动兴起，推进了民主化进程、社会文化生态更新以及个人的全面发展等。

对于其他媒介环境学人，他们都着力于在非内容领域研究传播，探索新媒介如何影响人的记忆、思维模式，继而在社会发展、社会重构过程中产生影响。如伊尼斯探讨了具有弱传播特点的莎草纸如何维持着罗马帝国的统治，考察了媒介在国家、社会和文明发展中的作用（伊尼斯认为印刷媒体是中世纪教会崩塌的深层原因而非导火索），增强了西方人的灾难意识。④ 梅罗维茨认为，媒介本身是第一位的，而媒介本身又决定着传播内容，继而对人类社会产生深远影响。他认为自身研究的目的在于提供一种研究媒介影响和社会变革的新方法，不仅能研究现在，也能预测未来。⑤ 波兹曼则认为，媒介环境学研究的是媒介转变产生的文化后果，即"媒介如何影响我们社会组织的形

① 麦克卢汉．理解媒介 [M]．何道宽，译．北京：商务印书馆，2000：第一版序，85.

② MCLUHAN M, WATON W. From cliché to archetype [M]. New York：Viking, 1970：10.

③ TINNELL J. All the world's a link：the global theater of mobile world browsers [EB/OL]. (2011-12-14) [2020-11-02]. http：//www. enculturation. net/all-the-worlds-a-link.

④ 伊尼斯．传播的偏向 [M]．何道宽，译．北京：中国人民大学出版社，2003：前言.

⑤ 梅罗维茨．消失的地域：电子媒介对社会行为的影响 [M]．肖志军，译．北京：清华大学出版社，2002：原著前言.

式、我们的认知习惯和政治理想"①。

在诸多媒介环境学人的口中，电子媒介孕育了一场非集中化的社会革命，每一个电脑终端都成为进入地球村的媒介，造成处处皆中心、无处是边缘的社会局面。在这种媒介环境中，人的感观、情绪化成一串串数字符号通过电子媒介发送到世界各个角落，重构着社会的后现代转型，特别是在互联网传播技术飞速发展的时代下，这种影响将更加明显。

总之，媒介环境学学者们认为，人类文明的所有方面都在媒介环境的变革中发展、演变。他们都致力于阐释传播媒介的变革如何反映着人类文明的发展变迁，正如陈力丹所言："（媒介环境学）将媒介技术作为思考的起点，但思考的落脚点始终是社会、文化和人。"② 媒介环境学学者们从媒介本身出发探索媒介对社会发展的革命性力量，这在新媒介更新迭代的当下，无疑具有重要的指导意义。

第二节　媒介环境学在应用过程中凸显的理论局限

北美媒介环境学有其自身独特的学术特色，主张从技术维度入手媒介与历史变迁之关系。从当下数字传播技术及社交媒体繁荣发展回望媒介环境学的理论命题，可以发现其主要存在四个层面的应用局限。

一、长于描述阐释的"元学科"：缺乏有力的分析框架

中国人民大学新闻学院教授刘海龙对媒介研究有着独到的见解，针对"媒介环境学在当前所凸显的理论局限"这一问题③，他认为"目前这个学派有点式微，可能范式本身面临着比较大的问题"，并从四个方面总结了该派的缺陷：①只注重人工技术，忽略身体技艺和非人工物（如彼得斯说的自然）。②环境论本身有一定局限，类似功能主义，预设了和谐稳定等前提，而缺乏冲突论、存有论等视角。③长于历史回顾，缺乏对短期冲击的回应；长于描述阐释，缺乏哲学理论上的提升。④基本还是人文主义的视角，缺乏后人类

---

① POSTMAN N. Conscientious objections：stirring up trouble about language，technology and education [M]. New York：Alfred A. Knopf，1992：5.

② 陈力丹，毛湛文. 媒介环境学在中国接受的过程和社会语境［J］. 现代传播（中国传媒大学学报），2013（10）：35-40.

③ 采访时间：2021-03-20 至 2021-03-23，采访形式：邮件形式。

主义的视角。对于此问题，北美学者更多的是将媒介环境学视为一种"元学科"。所谓元学科（meta-discipline），即"构成了一个总体学科，涉及所有其他学科的理念和方向"①。克里斯汀·L.尼斯特洛姆称媒介环境学一直在走向元学科的创建："正如自然生态学强调的是，我们的自然环境要素之间的相互作用如何能够导致一个平衡和健康的环境，媒介环境学关注的是有关维持技术和象征平衡的问题。由于其研究领域的广度，传统的学科术语几乎不适用于媒体环境学的视角。相反，将其指定为元学科可能更合适。"② 这种认知似乎已成共识，如凯特也认为："媒介环境学被广泛定义为对作为环境的复杂传播系统的研究，它已经成为一门元学科，寻求技术、文化和意识碰撞所造成的后果的综合和整体的解释。"③ 也就是说，北美学者主张媒介环境学用整体性思维取代分析主义的思维方式④，认为人类生活在一个有机的整体中，不同角色和生活领域通过媒介的信息流以新颖的方式交织在一起。

　　然而，从本质来看，无论是西方学者将之视为一种元学科⑤，或是将之理解为一种"范式式微"⑥，其实都在说明媒介环境学在解读某些具体媒介实践时需要结合其他学科的相关分析框架以完善自身的认识论体系。从当下热讨的"身体"问题便能很好地发觉媒介环境学在分析具体媒介实践时的局限性。

　　仔细观之，媒介环境学从未脱离哲学的学术传统，其身体观也不例外。"身体"一直以来都是一个颇具争议的主题，对身体的探讨最早可追溯至古希腊。古希腊哲人柏拉图的"身心二分观"消解了身体的主体作用，哲学之父笛卡尔"身心二元论"学说更是将身体与心灵视为互不从属的对立面，身体的作用在哲学领域一度不被重视。20世纪后，梅洛-庞蒂的具身（embodiment）、身体-主体（body-subject）观点为人的主体性提出了一种现象学阐释，克服

　　① CATAWBA. Religion & philosophy：the academic meta-disciplines ［EB/OL］. （2020-12-22）［2021-01-10］. https：//catawba. edu/academics/programs/undergraduate/religion-philosophy/why-major/disciplines/.

　　② NYSTROM C. Towards a science of Media Ecology：the formulation of integrated conceptual paradigms for the study of human communication systems ［D］. New York：New York University，1973.

　　③ 王冰. 北美媒介环境学的理论想象 ［M］. 北京：光明日报出版社，2010：116. KATE M. Media Ecology ［EB/OL］. （2012-05-23）［2021-03-12］. https：//www. oxfordbibliographies. com/view/document/obo-9780199756841/obo-9780199756841-0054. xml.

　　④ 王冰. 北美媒介环境学的理论想象 ［M］. 北京：光明日报出版社，2010：116.

　　⑤ KATE M. Media Ecology ［EB/OL］. （2012-05-23）［2021-03-12］. https：//www. oxfordbibliographies. com/view/document/obo-9780199756841/obo-9780199756841-0054. xml.

　　⑥ 刘海龙教授在本次采访中的观点。

了困扰西方哲学思想的身心二元论。他认为身体不是"世界的客体"，头脑也不是"超然的主人"，而是"我们与世界沟通的手段"。[①] 人类是"身体主体"，因为身体是我们"拥有世界的媒介"。[②] 唐·伊德则在此基础上嵌入技术因素重新解读身体，通过身体、技术、世界三者的变相关系建构了其技术哲学体系。其中，技术被定位为用户用来感知世界的中介界面，通过它，人能诠释、理解世界。唐·伊德的技术哲学观发展出了有力的分析框架，目前依据此观点对具体传播实践展开的相关研究已有很多。

哲学与现象学探讨的身体观在传播学领域得以延续，媒介环境学旗手麦克卢汉也一直在解决人类如何突破物质性身体的障碍，从而实现身体延伸的无处不在。麦克卢汉提出的"媒介即人的延伸"可谓媒介环境学观照身体的典型观点，即认为技术正将人的身体、记忆及思维全方位向外延伸。但在具体应用过程，媒介环境学的身体观既不能像现象学一样对媒介和外部世界的阐释发展出一种有力的分析框架，也不能像媒介学一样对媒介与社会的双向互动提供有力的认识论框架。换言之，尽管媒介环境学一直以来从未脱离哲学的学术传统，但在分析具体问题时往往因其局限性致使理论力量大打折扣。为此，斯特拉特提出将德布雷媒介研究的中介概念应用于媒介环境学："若超越'媒介即环境'的观点，我想建议，当我们使用'中介'这个词时，麦克卢汉的观点可以得到最好的理解。"[③] 同时斯特拉特发展了"媒介即是膜"的隐喻，将媒介环境学从关注物质环境延伸到关注"媒介作为中介"的意义上。多伦多大学麦克卢汉研究所所长德里克·德克霍夫延伸麦克卢汉的观点，指出"从电话到虚拟现实的所有电子技术对我们身体的延伸，已远远超越了我们肌肤的限制"[④]。他试图突破身体的界限，关注媒介与人类对身体轮廓。甚至心理感受的研究。凯瑞更是将传播和运输比作人的动脉和神经。[⑤]

然而，这些努力也仅仅止步于此，以麦克卢汉为代表的媒介环境学学者

---

① MERLEAU-PONTY M. Phenomenology of perception [M]. SMITH C, Trans. London：Routledge, 2002：106.

② MERLEAU-PONTY M. Phenomenology of perception [M]. SMITH C, Trans. London：Routledge, 2002：106.

③ STRATE L. Korzybski, Luhmann, and McLuhan [J]. Proceedings of the Media Ecology Association, 2010, 11：31-42.

④ 德克曼夫（亦译为德克霍夫）. 文化肌肤：真实社会的电子克隆 [M]. 汪冰，译. 保定：河北大学出版社，1998：262.

⑤ CAREY J W. Communication as culture [M]. New York：Routledge, 2009.

因缺乏考察媒介与社会互动的视野而难以介入对媒介实践的具体分析中。因此，在具体分析过程中，很难完成与具体实践的对接，如在分析"离身""具身"传播现象时，往往需要结合哲学或现象学的"意向性""可供性"等技术哲学观所提供的认识论和分析框架（对此论证将在本章第三节以案例分析形式讨论）。因此，媒介环境学为我们提供的是一种"元视角"，对一些媒介实践的具体分析还需要我们将之与其他理论融合、嫁接以充实其认识论框架。

二、基于西方语境审视媒介变迁：普适性降低

如前所述，媒介环境学的北美话语是将"媒介作为环境的研究"，但在中国本土考量更多的是"媒介的生存环境"。对于发展中国家媒介发展的逻辑和路径，英国学者丹尼斯·麦奎尔在《大众传播理论》一书中根据社会发展的历史变迁，归纳出 20 世纪 70 年代后大多数发展中国家的媒介规范理论，认为这些国家因面对生存和发展的问题，大众传播媒介必须以推动国家发展为基本任务，在国家政策的指导下运行；在涉及重大核心问题时，国家有权对媒介进行检查、干预、限制乃至实行直接监管。[①] 中国的媒介发展变迁也遵循着这样一种路径。作为"党和人民的耳目喉舌"，中国媒介长期以来承担着重要的意识形态功能，传媒业逐步走向"事业型单位、企业化管理"的道路。[②] 然而这样一种混合型体制显然不能满足当下市场的需求，在一个纷繁复杂、高度开放的市场经济中，媒介的发展也面临着转型，其谋求市场利益的经济属性日益凸显。

在这种既有政治属性又要求经济属性"双重效益"的追逐下，中国媒介在实现社会效益的前提下完成了市场初期的积累，在进入互联网时代后激发了更大的经济潜力。媒介的发展因此面临着一种尴尬的境遇：一些事业单位属性的传媒集团，应该是不以营利为目的的社会公益组织[③]，主要为国家和人民服务，而其经济属性则要求其必须以谋求市场利润为目标。那么如何在两个角色中保持平衡，是由政府的监管和媒介的属性共同决定的。媒介在这样一种生存环境下不断调试自身的发展走向，追求"双重效益"的最大化来选

---

① MCQUAIL D. McQuail's mass communication theory［M］. 6th ed. London：Sage Publications Ltd, 2010：163.

② 唐绪军. 新中国新闻与传播学研究 70 年［M］. 北京：中国社会科学出版社，2019：338.

③ 参见《事业单位等级管理暂行条例》（中华人民共和国国务院令第 411 号），第一章总则第二条，2004 年。

择最适合自身发展的道路。

时至今日，中国媒介的生存环境对经济和政治二者之间的平衡追求体现在了更多的层面。媒介生态的失衡导致一系列问题：信息爆炸、信息失衡、信息疫情等，构成了中国情境下媒介环境学的历史背景与现实语境。

由前文分析可知（详见第二章第一节），媒介环境学是带有鲜明西方色彩的传播理论，其在创立之初就不可避免地被打上了"北美"甚至"西方"的烙印，如莱文森及其导师波兹曼的理论和经验观察都以美国社会为样本："因特网促进更好的民主"并非莱文森一人的观点，该观点是早期对大众媒介的积极功能的延伸，包含了浓厚的美式价值观，代表了西方一些政治、社会学家对互联网改变民主制度的企盼。也就是说，莱文森的因特网能够造就"地球村"般的美好和谐愿景，经理论包装后以现代性话语体系在全球范围内得以传播，而这一切的前提是美国的现代性价值：美式的言论自由、美式的民主制度。凯瑞从伊尼斯借鉴而来的时间偏向概念也基于他对美式民主的自信，他相信技术的偏向是可以控制的，依赖于理性、民主和时间[1]；他的传播的仪式观理念也来自他对民主国家所持的乐观态度，"美国文化的根本力量继续存在于最令人印象深刻的现象之中，而且在吸引新的成员进入社区时，这一力量没有任何减弱"[2]。总之，在诸多媒介环境学者的研究当中，他们的理论观察都以西方社会为样本，未将观念置于对多个文化或民族的社会实践的观察中，从而导致理论在非发达国家的应用实践中存在重大局限，这种倾向势必影响理论在非发达国家的普适性。

此外，媒介的不同形态反映着人类生存的不同环境，媒介技术的变革对整个人类的文化、行为、社会的结构性产生了何种重要影响及如何产生是媒介环境学人共同的研究旨趣。然而，他们在强调媒介对人类社会和文化产生影响的同时，却淡化了不同情境下的政治文化对媒介的反作用，淡化了经济属性对媒介的反作用，淡化了人类对媒介的使用方式、使用意图等，而这些是在中国本土情境下媒介研究必不可少的。总之，"作为环境的媒介"这一北美话语因鲜明的西方色彩而降低了其在非发达国家应用的普适性，也与中国本土情境发展的"媒介的生存环境"大相径庭，这种差异性将或明或暗地影响着北美媒介环境学在中国的学术旅行。

---

① YOUSSEF M. Editor's introduction [J]. Journal of communication inquiry, 2007, 31（4）：299.

② MUNSON E S, WARREN C A. James Carey: a critical reader [M]. Minneapolis: University of Minnesota Press, 1997: 328-329.

三、从口传到电子时期：缺乏对数字媒介时代的观照

媒介环境学始于伊尼斯和麦克卢汉两位先驱的研究，伊尼斯的所有论断是在计算机出现之前产生的，而麦克卢汉的著作在完成时尚未出现个人电脑和互联网。因此，媒介环境学的主要学术研究集中在电视、广播、早期的互联网等媒介上。面对数字传播技术及社交媒体对人类日常生活的渗透，伊尼斯无缘一见，麦克卢汉也只是在 20 世纪 60 年代管窥蠡测。麦克卢汉同时代的人物罗伯特·洛根则见证了互联网普及带来的数字媒体的发展与兴盛，提出将麦克卢汉历史分期中的"电力时期"细化为两个阶段：一个是由电报、电话、电影、唱机、广播和电视等大众媒体组成的电力时代，另一个则是包含互联网和万维网等数字技术的数字媒介时代①，但其研究的前沿性也仅限于此。梅罗维茨对互联网时代的研究涉及不多。最新一代的媒介环境学人莱文森涉及了网络社会的研究，在 1999 年出版的《数字麦克卢汉》一书中，莱文森表达了对网络传播人性化的礼赞，认为"因特网是传播的民主化"②；2009年的《新新媒介》一书则是莱文森对媒介进化论的继续，也是媒介演化在新媒介时代的最新体现。莱文森敏锐地总结了新新媒介的特征，他用极具先见性的媒介研究嗅觉，观察着周围的巨变，并随时准备参与到新新媒介的具体实践之中。然而，莱文森的这些研究也"仅仅是导航的线索、环境的轮廓"③。

显然，一个学派应保持一种与时俱进的不竭动力，这是在一个求新、求快、求突破的新媒介时代寻找到自己用武之地的必备法宝。然而，随着技术的迅猛发展，媒介环境学旗手麦克卢汉曾经预言式的开创性贡献似乎未能再现，人们在接触这些新的媒介形式时往往缺乏对这些媒介的了解。对此，莱文森也深有感触，他在《新新媒介》一书中指出，现在的媒介研究还存在着滞后性，对社交网站、新闻网站、视频网站等新新媒介形式的研究还未形成气候。④

虽然数字媒介技术及各色社交平台在人类日常生活中扮演着重要角色，但媒介环境学还远未渗透到社会的方方面面。特别是伴随智能化技术的广泛

① LOGAN R K. The five ages of communication [J]. Explorations in Media Ecology, 2002, 1：13-20.
② 莱文森. 数字麦克卢汉 [M].何道宽，译. 北京：社会科学文献出版社，2001：21.
③ 莱文森. 数字麦克卢汉 [M].何道宽，译. 北京：社会科学文献出版社，2001：35.
④ 莱文森. 新新媒介 [M].何道宽，译. 上海：复旦大学出版社，2011：3.

应用，媒介环境学也需要一些新的认识论以阐释诸如"离身""具身"等传播现象，以更好地对当下的媒介化生存现状及未来的后人类生存图景做出经验学阐释。此外，对虚拟现实、人机交互等应用利弊的探讨也缺乏可行的分析框架。也就是说，随着新媒介的层出不穷，媒介环境学范式的研究速度似乎赶不上新媒介演变的速度。因缺乏对数字媒介时代各种媒介实践的关照，所以，在一定程度上阻碍了媒介环境学在中国的学术旅行。

四、以"理性"统领媒介发展大方向：一种失败修正

对媒介演进规律探究最多的不外乎麦克卢汉及莱文森。"媒介四元律"虽然是麦克卢汉在30年前提出的，但该理论在审视媒介本身的特性及媒介的过去、现在和未来仍具有一定的普遍性和适用性。许多学者都受到麦克卢汉四元律的启发。然而，莱文森对此却未能全盘接受。在其导师波兹曼的指导下，莱文森在其博士论文中提出了媒介的"人性化趋势"理论（1979），并在后来的《软利器》（1997）和《数字麦克卢汉》（1999）等书中得到扩展。莱文森认为，对于新媒介"再现"和"提升"效应及媒介研究方向，麦克卢汉既没有提供有深度的理论，也未说明其中的动因。[1] 他认为，媒介在人类使用和发明的压力下不断进化、完善，而媒介的演变可以被看作一种补救的过程。但仔细观之，莱文森的"人性化趋势"观点的漏洞在于，其阐释皆基于对人类理性的十足自信："在我们考虑媒介的影响时，人类的选择——即对媒介作出理性、深思熟虑的决定和规划的能力——是一个无时无刻不在出现的因素。"[2] 换言之，莱文森的媒介人性化趋势是假定在人类抽象的"理性"之上的，但这种理论修正的假设真的合理吗？

麦克卢汉四种效应的循环往复旨在强调技术发展的利弊和难以定夺的多元未来，反映了麦克卢汉"媒介四元律"的客观性和辩证性，而且合理论证了人类会受技术刺激去能动地改变技术："人在正常使用技术的情况下，总是永远不断受到技术的影响，反过来人又不断寻找新的方式去修改自己的技术。"[3] 或许是为了避免像伊尼斯、麦克卢汉一样被冠以"技术决定论"的评价，莱文森着重强调了人类的主观能动性，仅重申新媒介的"再现"和"提

---

① 莱文森. 数字麦克卢汉 ［M］. 何道宽，译. 北京：社会科学文献出版社，2001：268.

② LEVINSON P. The soft edge：a natural history and future of the information revolution ［M］. New York：Routledge，1997：4.

③ 麦克卢汉. 理解媒介：论人的延伸 ［M］. 何道宽，译. 南京：译林出版社，2019：66.

升"效应，坚信媒介的发展皆在人类理性的掌握之中；由于理性的人对媒介
有控制和指导进化的能力，技术发展的趋势越来越人性化。但他同时又承认
媒介的发展多"有意料之外的进化"，即媒介的产生和发展不会总是遵循发明
人的意志，往往会偏离最初的设想，出现许多意料之外的变化。①

　　显然，莱文森对"理性"和"意料之外的进化"相关论述呈现了一种逻
辑上的不合理：既然人类有意识的理性掌握着媒介发展的大方向，又怎会出
现意料之外的情况？换言之，倘若人类理性不能控制媒介的发展，那么理性
引导下的媒介进化论又何以立足？莱文森试图高举人类的"理性"旗帜，并
用"意料之外的情况"来修正自身的理论逻辑，这在"非理性"当道的互联
网时代，显然站不住脚。

　　回望诸多媒介实践，可以清楚发现人类的"理性"在数字传播技术及社
交媒体繁荣的当下往往难以立足，从中西方学界对后人类时代利与弊的争论
便可窥见这一事实。如果理性可以统领媒介发展大方向，那我们对后人类时
代还有何畏惧？人类对后人类时代的焦虑，是一种对自主性丧失的担忧及对
机器失控的恐惧。但这种担忧并不能阻止技术的发展和使用，理性在技术的
发展过程当中也并不能起主导作用。这便是技术的吊诡之处，即新技术一旦
产生，便不受制于创造技术的人。如微信方便了人与人之间的相互沟通，但
与此同时也在驯服着人类：人们不得不随时面对微信中的工作消息，从四面
八方汇聚而来的信息正稀释着人们的精力和体力。此外，摆事实讲道理，远远
不及关系认同和情感共振、圈层所属所起到的动员力量。"新媒介技术支撑即
时社交互动平台全面崛起，赋予网络用户更多参与社会舆论传播的权利，而
社交媒体中的传播是一种民意情绪的连接，这些舆论往往以关系、情感而非
人类的理性作为连结纽带完成信息交往实践。"② 因此，在这样的连接之下，
传统的理性逻辑必将逐渐式微，而由非逻辑、情感关系建立的横向连接的影
响力必将逐步扩大。也就是说，莱文森试图以"理性"统领媒介发展的大方
向，是对媒介发展大局的失败修正，这在社交媒体渗透的媒介化生存状态下
将更加明显。

---

　　① 利文森（又作莱文森）. 软边缘：信息革命的历史与未来 [M]. 熊澄宇，等译. 北京：清华
大学出版社，2002：7-10.
　　② 朱豆豆. 从宣传到战略传播：美国宣传观念分野、影响及新宣传话语研究 [J]. 新闻界，2020
（7）：78-95.

第三节　媒介环境学在数字媒介时代的可能性拓展

理论与实践展开对话，是我们观照现实、改造世界的一种有效方式，也是反思理论并使理论得以创生的重要途径。当下数字传播和社交媒体繁荣发展所构成的全新环境，"从根本上改变了人们的生活方式、思维方式、与周围世界联通的方式"①，这为媒介环境学开辟了多重解读的可能性，也为理论的全新拓展和延伸提供了空间。

一、数字媒介时代借鉴媒介环境学的必要性

从口语媒介、文字媒介、印刷媒介再到电子媒介，媒介环境学多着墨于不同媒介时代下的人类境遇和社会变革。当下，人类已进入全新的数字媒介时代，数字互联使"人与人、人与物和物与物之间原有的互联互通界线将被重新整合"，所有的人和物都将共在一个技术所建构的有机数字生态系统之中，内容与信息将通过最优化的方式进行传播②，整个社会因此呈现出全新的样貌：信息存储的数字化甚至使人类的情绪连接都可以进行数字显示，人们也得益于传播技术的发展可以在当下与未来、现实与虚拟间穿越。数字媒介正深刻改变着人们生存和交往的方式，因此，延续媒介环境学在数字媒介时代的理论命题，是媒介环境学人在新时期的新使命，也是理论走向未来旅程的迫切要求。

数字媒介使现代社会步入一个崭新的阶段。伴随着移动互联及社交媒体对人类日常生活的广泛渗透，QQ群、微信群、B站圈、微博（如"话题"功能）、抖音、贴吧、知乎等社交平台造就了一种以"群"的状态存在的生活方式。对于这种方式的产生原因，《微粒社会》一书做了很好的阐释：当下我们正步入"微粒化"的社会中，所谓"微粒化"，即社会不再被划分为那种粗颗粒的人群和基层，单个人成为社会运作的基本主体。在这样一种社会中，人们获得了更多的行动自由度，但与此同时，人们也需要一种群体性连接。这种需求便成为人们通过新媒介寻求凝聚社会力量的根源，人们通过各种关系网络将志同道合的群体聚集成相对稳定的小联盟，仿佛带领我们重新回到

---

① 蒋原伦．媒体文化与消费时代［M］．北京：中央编译出版社，2004：98.
② 彭建，周钰哲，孙美玉，等．5G十大细分应用场景研究［N］．中国计算机报，2019-07-15.

了虚拟的"部落化"时代。数字媒介以"部落化""群"的方式改变着我们的存在状态，也重塑着我们的社会交往方式。换言之，数字传播技术的发展和社交媒体对日常生活的渗透深刻改写着人的社会性连接、认知及行为。因此，我们需要重新寻求一种认识论框架来界定人与人、人与社会之间的关系，而媒介环境学具有在结构和互动中考察人与媒介、社会关系的视野，理应是这种认识论框架的提供者。

通过北美媒介环境学的生发情境可以得知，媒介环境学是基于西方特殊的历史情境中诞生的，其学术传统的延续对新兴媒介观照明显不足，在分析一些媒介现象时缺乏有力的分析框架，同时也忽略了人类的非理性对社会所造成的影响，致使其理论和实践存在着一定的局限性。同时，由于媒介环境学关注的是宏观媒介环境，思考问题的宏观视野决定了媒介环境学范式的研究方法与经验学派的迥异。因此，理论就在地实践展开应用时，往往存在诸多不适；在与当地媒介实践结合时，理论样貌往往会出现变形，理论力量往往会在一定程度上存在流失或减弱。但无论如何，该范式所具有的种种洞见，依然可以为当下及未来的诸多现实话题提供基本的解读框架。也正是这些缺陷，使理论在跨语际实践过程中，为国内的媒介环境学研究发展甚至超越原理论带来契机。

前人关于媒介环境的相关研究，鲜少可以应用于阐释中国媒介实践。陈力丹曾总结道："将媒介环境学思想与现实传播现象紧密联系进行分析，得出有新意的见解或结论"① 是现今媒介环境学研究的趋势所向。因此，本节借鉴媒介环境学的理论框架，从微观、中观及宏观三方面，分别对媒介融合、媒介的演变、"离身"与"具身"传播、媒介记忆等相关话题展开分析，并辅以"学术期刊与公众号的媒介融合"、"从口语日志到 Vlog、Plog 日志的演变"、"离身"传播与社会原子化现象等案例分析，为媒介环境学在数字媒介时代的应用给出适当的思路和方向。

二、微观层面：将研究置于本土实践考察，关注媒介融合主题

媒介环境学关于"媒介本身的具体研究"，对当前中国媒介实践领域的相关探索不乏参考价值。回顾媒介研究历史，"媒介"一直以来都是新闻传播学

---

① 陈力丹，毛湛文. 媒介环境学在中国接受的过程和社会语境 [J]. 现代传播（中国传媒大学学报），2013（10）：35-40.

领域研究的主要对象之一，几乎贯穿新闻传播学研究的不同时期及各个领域。在当下，国内有诸多研究探索了新媒介在传承文化①、关系建构②等层面带来的影响，从实践层面向我们展示了新兴媒介的革命性力量。在理论层面，中国的媒介研究呈现了一种趋势，即受不同媒介研究文本的驱动，产生了具有多层次的媒介文化、历史及生活实践的相关理论。那么超越国家民族文化边界并将之应用于中国的媒介现实，要求中国的媒介研究在关注全球趋势的同时，将理论置于本土媒介实践脉络中，从发现中国本土研究中的真问题出发，提出新概念，作出新阐释，直至建构新理论。

伴随数字技术在传媒领域的应用日益广泛，人工智能、集成数据库、微信公众号、知识付费等形式的出版方式渐成主流。新旧媒介加速融合，国家作出加快推进新旧媒体的重大战略部署后，"两微一端"（即微博、微信、客户端）多态化发展模式成为报业、政务、商业等领域的标配。随着抖音的兴起，"两微一端"又开始向"两微一抖"转变。面对这样的发展大局，新旧媒体如何协同传播成为业界和学界共同面临的问题。换言之，传统媒体之于新传播技术最集中的反映是媒介融合。诚如殷乐所言："媒介融合作为当代政治、文化、媒介环境中的关键概念，引发了媒介及受众的革命性变革。"③ 这种革命性变革带来的最大冲击便是，大众媒体的生存空间被严重挤压，各种媒介在融合过程中呈现出多功能一体化的趋势，达到一种"模糊媒介间界线"的效果。④ 然而，仅仅对媒介文本在形式上进行融合，若不考虑不同媒介反映的文化、体制机制问题，势必会陷入种种融合困境中。目前传统媒体不能机械地步入人工融合的"伪命题"中，而要思考如何结合自身特点和优势，利用数字媒介呈现的符号特征或偏向性，去开发和利用新媒介固有的技术优势。

以国内学术期刊的数字化及网络化趋势为例，当下学术期刊与微信公众号在融合进程中呈现了诸多困境，我们不妨从媒介环境学关于媒介的具体特性上来分析。"学术期刊作为精英文化的传播载体，肩负着承载学术思想和传播学术成果与交流的重任，在叙事姿态上要求严肃性、学理性，表现为内容上的独创性及权威性；微信公众号作为大众文化的典型媒介，在叙事上的特

---

①　殷乐. 新媒体平台的文化传承：问题与对策 [J]. 现代传播，2015（12）：119-123.

②　殷乐. 媒体与新生代的关系建构与引导 [J]. 青年记者，2016（13）：22-24.

③　殷乐. 媒介融合环境下欧美受众研究的范式转换 [J]. 新闻与传播研究，2010（6）：70-78，112.

④　DE SOLA POOL I. Technologies of freedom [M]. Cambridge, Mass. : Harvard University Press, 1983：23.

点则体现为通俗性、随意性、'快餐式'及娱乐性的价值表达。"① 换言之，前者属于文字形式的媒介，其在印刷/文字媒介时代构建的阐释逻辑，是一种线性的、理性的、抽象的、权威的思维逻辑。而在转移至公众号后，这种思维逻辑逐渐被改写，感性、具象、互动、通俗性等想象性思维被重视，一种更加人性化、细腻性、感性、个性化的思维被推崇。因此，从媒介环境学视角，分析学术期刊与公众号两种媒介的具体特性及偏向性，我们可以发现，传统学术期刊与微信公号之间的融合必然产生理性与感性、权威和互动、严肃和通俗等多方面的碰撞。"学术之'理性'偏向深阅读带来思考，新媒体之'感性'偏向浅阅读带来即时的感官刺激，两者之间产生着撕裂与磨合的矛盾张力，这种张力辐射到从内容生产到平台运行的各个环节。"② 如何将二者的传播优势有机结合从而实现学术论文的层次化和数字化传播是未来融合实践中应探索的重点。

学术期刊的数字化案例研究显然不能代表当前不同媒介在融合进程中所面临的诸多问题，考察新旧媒介如何更好地融合也并非什么新鲜话题，业界和学界对之已经做了很多相关研究。如有学者认为媒介融合主要包括"内容的融合、渠道的融合、终端的融合"三个方面，并逐一从这三个方面出发分析融合路径③，并从整个生产流程上进行突破④，探讨实践中的融合困境，但从媒介环境学"媒介本身的具体研究"视阈出发来深入探索融合困境的研究并不是很多。将北美学术传统服务于中国实践，是对媒介环境学本土化应用的需求。因此，北美媒介环境学在数字媒介时代的创新发展应充分基于本土视野，聚焦新媒介的特征、偏向性的分析，这无疑将为解决国内媒介融合等媒介实践中的诸多难题提供了一条可行的思路。

三、中观层面：考察新兴媒介的发展变迁、转化及传播规律

媒介环境学关注"媒介的演变分析"，既可以帮助我们反思旧媒介、改造旧媒介，也可以帮助我们推测新媒介未来的发展面向。

（一）反思旧媒介、优化旧媒介

诚如莱文森所言，每一次媒介变革都是对旧媒介的修正和补充。媒介环

---

① 朱豆豆. 学术期刊与微信公众号融合发展困境及对策研究［J］.现代出版，2019（4）：32-35.
② 朱豆豆. 学术期刊与微信公众号融合发展困境及对策研究［J］.现代出版，2019（4）：32-35.
③ 蔡雯. 媒介融合发展与新闻资源开发［J］.西南民族大学学报（人文社科版），2006（7）：126-129.
④ 李良荣，周宽玮. 媒体融合：老套路和新探索［J］.新闻记者，2014（8）：16-20.

境学揭示社会经济发展和媒介环境协调发展基本规律的研究视域，可以帮助我们更好地理解媒介形式的变革，对切实改变我们自身的生存环境提供了不同的思考空间。每一种媒介进入一个特定文化环境的发展都会根据它对该环境的适应程度而变化。如书面文字淡化了口语的记忆功能，也使口语的鲜活性消失。每种新媒介的产生都会强化或弱化旧媒介的某些功能，这也成为旧媒介改变自身的重要突破口。如在国内，唱衰传统媒体的讨论此起彼伏，其中"报纸消亡论"的声音最大、持续时间最长。从媒介环境学所包含的生态学意义来看，报纸的崛起以对环境的破坏为代价，而当新兴媒体诞生并迅速兴盛，人们无需破坏环境即可达到相同的目的。在生态平衡的诉求下，报纸产业必然会大幅萎缩。所以，纸质报纸作为旧媒介，必须在新媒介强化的功能中审视自身的缺陷。

麦克卢汉认为，旧媒介不会凭空消失，只会以另一种方式存在，就如汽车代替了马车成为主流交通工具，但马车并未完全消失。我们现在常会在景区看到马车的踪影，马车已化身为一种景区的照相背景，是一种"新事物的开始"。因此，从媒介环境学角度来看，学界讨论报纸未来的生死实则意义不大。我们所要考虑的是，发掘新媒介强化了什么，旧媒介的挑战在何处，现有改变是否满足当下的媒介环境，如何对旧媒介进行变革才能使其梅开二度。随着数字化时代的到来，为加快实现数字化与网络化，纸质报纸也逐渐开始迎合网页培养的受众阅读习惯——文章的长度被缩短了，增加了更多的图示，设计变得更加动态和碎片化，所有这些变化都是报纸试图与新媒体技术相融合的表现。

（二）关注新兴社交媒体的升级演化逻辑

媒介环境学关于"媒介的演变分析"也为分析国内当下新兴媒介不断呈现的自我迭代、升级、演化提供了一种研究思路。当下，数字技术的不断更新迭代及人工智能的广泛应用不断推操着人类走向人与技术的融合，赛博空间成为超越日常生活并重构人类现实性的场域。如 Vlog 作为短视频的新形势，可被视为一种数字镜像下技术无机体和人类有机体的融合实践。

从媒介环境学角度来看，作为一种新型的媒介形态，在 Vlog 日志（Video-log 即视频日志）、Plog（Photo-log 即照片日志）出现之前，人们日常记录生活的主要方式是书写日记或网络日记。人们习惯性地接受日记是书写而成的，并非以"表演"或"照片"形式呈现，所以才导致以文字为主要形式的博客存在很多年，但为什么日记只能是文字形式？图片和视频为何不能作为一种日记形式？Vlog、Plog 的出现改变了人们传统的观念。如果以媒介环境学的演变规律观照这些表达日常的新媒介的形态特征，并从历史维度审视这一演变过程，无疑会有诸多新发现。如我们认为最初的日记"是一种只有自己能够看的记下的自言自语"①。换言之，自言自语可被视为日记的雏形，那么最早的日记便可追溯至口语时期。这一时期的人们主要通过自言自语强化认知和记忆，即日记的作用为记忆。到书面文化时期，日记的功能演变为延伸记忆、保存记录或内省。到互联网时代，博客这种网络日记形式突破了文字、空间带来的感官偏向及凸显了日记的社会性功能。到 Vlog 日志时期，其反映个体对自我表达的重视、对自我形象的建构；再到近两年 Plog 对视觉传播的传承等演变，都可以从媒介环境学一脉相承的理论中窥探出这种转向的内涵、动因及未来趋势。仔细观之，从口语日记到文字日记，从网络日记再到视频日志、图片日志，人类的自我意识和思想呈现了一种外化的趋势，日记的功能不再是单纯的保留记忆，而是逐渐从强化记忆、内省向外转化为建构关系和情绪表达，这些新媒介已日益成为社交媒体时代个人建构自我形象的有效途径。

麦克卢汉的四元律无疑可以帮助我们分析日记从"记录"到"秀"、从"文本记录"到"视频"或"简单文字加图片"的转变过程中分别强化、弱化了哪些特性，未来形态会发生何种逆转等诸多问题。对于上述问题，有学者从"身体"角度就日记的演变做了鞭辟入里的分析，认为身体从一种内部感知转变为视觉化呈现，创建了一种全新的自我传播结构，并对这种变化产生的社会影响做了深度解读。② 该话题在未来仍存在可探讨之处，如思考在数字化浪潮中，如何从 Vlog、Plog 的生成逻辑管窥并反思个体的数字化生存现状，或人与技术的数字伦理关系等。

总之，无论是从技术面向思考国内的媒介实践，还是解答新旧媒介融合进程中呈现的种种问题，观照新媒介突显了什么、淘汰了什么、再现了什么、发生何种逆转等。这种关注"媒介的演变分析"的研究视域对分析当下国内新媒介凸起背后的动因，对我国媒介产业甚至其他领域的发展和行业趋势均具有诸多启发。

---

① 陈力丹. 自我传播的渠道与方式［J］. 东南传播，2015（9）：37-41.
② 高慧敏. 从口语日记到 Vlog：身体视域下的一种自我传播形态演变［J］. 中国地质大学学报（社会科学版），2020（1）：105-113.

四、宏观层面：审视技术的延伸对人类及社会产生的影响

数字传播技术的发展催生了可移动、强互动性的新型交流方式，媒介与人的关系也开始突破简单的感官延伸，呈现一种与人机融合的趋势。媒介环境学技术视野下的身体和记忆如何延伸，又将对社会产生何种影响，这些研究轮廓已逐渐显现且有待深耕。因此，本节试图从技术层面析出不同媒介环境学人关注的"身体""记忆"观，并基于"技术作为身体的延伸"及"技术作为记忆的延伸"两个层面探索媒介环境学在宏观层面应关注的话题和研究路径。

（一）技术作为身体的延伸：关注传播中的"离身"与"具身"传播

技术的发展总是在不断突破人类身体客观在场的束缚，使传受两方通过想象存在于彼此的意识中，身体因此摆脱肉体而存在。面对数字传播技术及社交媒体对人类日常生活的渗透，特别是在自 2020 年新型冠状病毒疫情以来的大环境下，人类越来越多地存在于网络所建构的虚拟化、数字化生存活动空间中。这种"虚拟在场"（离身）的"媒介化生存"将对个体和人类产生何种影响的研究迫切需要提上日程。

伊尼斯和凯瑞的媒介环境学理念确认了现代媒介的离身属性。然而，二人都没有提到离身概念及其重要性。在简要阐述他们的主要理念之后，本节将在他们的论点中充实潜在的对离身的研究并提出离身传播对人类和社会的影响，以对未来研究起到抛砖引玉的作用。

伊尼斯认为，传播媒介以其固有的偏向性影响着社会的发展。时间偏向的媒介，如羊皮纸和口头传播形式，强调传播者对媒介的垄断和传播上的权威性、神圣性，具备长久保存的特性，有利于文明在历史长河中延续；图书、广播电视等具有空间偏向的媒介，强调传播的世俗化、现代化和公平化，有利于帝国的控制和集中化管理。因此他提出，保持传播的时空平衡是社会稳定的基础。伊尼斯认为，进入现代社会，西方社会偏爱具有空间偏向性的媒介，强调领土扩张和控制，而忽视时间上的连续性，因此导致了国家的不稳定。

伊尼斯的观点对凯瑞产生了重要影响。凯瑞强调现代社会具有空间偏向的媒介优势是作为"传播的传递观"来建构的，即传递是"在空间中传递和分发信息，是为了控制距离和人"[①]。与伊尼斯的时间偏向性媒介相对应，凯

---

① CAREY J W. Communication as culture ［M］. New York：Routledge，2009：13.

瑞提出了另一种传播观念——仪式观。仪式观与传递观形成了鲜明对比，它"不是为了在空间中传播信息，而是为了在时间中维护社会；不是传授信息的行为，而是共同信仰的表现"①。显然，凯瑞主要关注空间偏向性媒介强大且广泛的控制力量，即空间偏向性媒介的凝聚作用，着重考察空间偏向性媒介在民族国家内部集中部署、连接边缘城市与中心城市的、建构共同信仰的能力。

二者都展现了媒介环境学研究脉络中身体感知作为意向性（intentionality）的重要价值，即传播通过一种意向性与现实建立关系，或主张"意识结构与传播结构平行"②的观点，在整体上勾勒了传播作为一个历史文化过程如何形塑并嵌入物质世界的机制。意向性指的是去引导感知，以专注于当下的情境、环境或世界。③在此处，意向性可以表述为从实践中获得的经验积累形成的可持续的倾向性惯习。那么，怎么理解伊尼斯和凯瑞的观点的意向性价值？一方面，二者通过"帝国""城邦""控制""信仰"等符号表征了传播背后的权力机制，即关注创造媒介背后的意图和偏向性时，都思考了如何将媒介与作为媒介设计者的权力联系在一起，主张权衡媒介的权力属性，因为"权力是媒介的重要偏向，传播系统带来的感知意向性与其使用是分不开的"④。另一方面，这些意向性又再次建构着他们所栖居的现实。因此，与其说是身体直接面对外在物质环境，倒不如说，身体感知被一种权力机制所包围。总之，他们所言的空间偏向性媒介都具有离身属性，且他们关注的皆是离身传播背后的权力机制所具有的更深和更广的影响力。

面对数字传播技术的发展，网络虚拟空间为"离身"传播提供了更多存在条件。"离身"概念也因此成为向现代社会转变的一个重要组成成分："现代社会是以横向时空关系为基础的社会，这种关系使人类既是群体又成为个体。"⑤又如安德森所言，现代社会在空间上极大地扩展了"想象的共同体"，并集中培养了一种新社会身份——个人。⑥在这个由网络建构的新的社会中，

① CAREY J W. Communication as culture [M]. New York：Routledge，2009：15.
② CAREY J W. Communication as culture [M]. New York：Routledge，2009：123.
③ IHDE D. Existential technics [M]. Albany：State University of New York Press，1983：53.
④ KILLMEIER M A. The body medium and Media Ecology：disembodiment in the theory and practice of modern media [J]. Proceedings of the Media Ecology Association，2009，10：35-47.
⑤ KILLMEIER M A. The body medium and Media Ecology：disembodiment in the theory and practice of modern media [J]. Proceedings of the Media Ecology Association，2009，10：35-47.
⑥ ANDERSEN B. Imagined communities [M]. London：Verso，1991.

新媒介打破了旧的社会秩序，开始建构新的现实。那么我们要思考的是，当人们深处离身传播状态时，个人主体如何在虚拟和现实所建构的关系中保持统一，或者说，离身传播会造成何种存在状态？

如前文所述，离身传播的空间偏向性促进了现代社会横向关系的建立，地点作为物质和在场的属性，逐渐被空间关系所取代，出现了凯瑞所说的"空间社区"，产生了"不在现实而是在空间中存在的社区，使移动设备通过适当的符号、形式和兴趣远距离连接"①。因此，现实生活中个人身份在某种程度上通过空间关系和社会的新现实而发生了改变。随之而来的是，离身传播"促进了空间关系的发展和身份认同的建构——人们越来越多地参与到报纸的群众仪式和乡土文学消费中，变为个人、公民或劳动者"②。于是，人摆脱了具有固定的、世俗身份的垂直关系，逐渐被束缚在空间的具有延展性和临时性身份的水平关系中。简言之，人在物质世界转向数字世界的过程中，传统社会的、面对面的现场连接逐渐变成了隔着屏幕、数字化的非现场连接，现实社会的垂直关系被解构，人与人之间的现实关系变得疏远，甚至不再重要，人类被分解成无数孤独的个体。因此，离身传播在网络虚拟世界中又重新完成了群体性连接，形成不同的社会群体，同时又被新的权力所控制——人类变得离不开手机，在不断翻滚的屏幕中消耗着时间，不得不无时无刻通过即时工具收发指令——人类陷入了新的规则体系中。

离身传播成为一种权力方式，在向现代化转换过程中，成为既分权又集权的传播方式：离身传播最初是作为一种解放手段而被创造的，这种传播使权力在现实中解散，并使个体主体性增强，而在现代的媒介化生存状态中，却成为另一种统治手段——人类是现实生活中的自由个体，但却越来越受到抽象的、虚拟世界中的权力支配。正如克里斯托夫所说的，"影响我们生活的将不再是守则规定，而是由观察、监视、预测、评价、引诱和劝告所组成的一个多面的复合体"③。网络媒介造就了离身传播，也促成了时间和空间上的分离，加大了信息间固有的距离："人们依靠信息的生产建构联系，由于信息传递的过程总是涉及记录或复制，因此信息的生产造成了垄断，垄断又加强

---

① CAREY J W. Communication as culture [M]. New York：Routledge，2009：123.
② ANDERSEN B. Imagined communities [M]. London：Verso，1991.
③ 库克里克. 微粒社会 [M]. 黄昆，夏柯，译. 北京：中信出版集团，2017：88.

了控制。"① 正如麦克卢汉在《机器新娘——工业人的民俗》的序言中所言："如今，暴君不是通过棍棒或拳头统治，而是伪装成市场研究者，以实用和舒适的方式来牧养自己的羊群。"②

身体的意向性正逐渐将离身传播作为一种习惯而内化为人类身体实践。如今，人们更多的是将自己的生活、娱乐、工作在网络中进行，媒介化生存已经逐渐代替人类的现实生活，为人类建构着新的生活秩序。也就是说，现实中的个体在转向离身传播过程中，不仅造就了原子化的个人倾向，加剧了现代社会的分裂。与此同时，在现实物理空间中由个体组成的群体在进入离身传播后，又被分化为无数的群体性组织，这种分裂及"媒介化生存"状态是空间偏向性媒介造成的。

传播媒介是具有高度自反性的，研究者追溯过去的传播规律，这又构成未来研究的一部分。一直以来，技术的发展致力于突破人类身体客观在场的束缚。然而，伊尼斯和凯瑞都认为，离身传播对现代社会造成了新的困境，通过离身传播，人类重新进入了新的被权力控制的空间关系。两位媒介环境学人的思考为理解人类在当下及未来的"媒介化生存"状态提供了一种经验性诠释。

近年来，全球范围内的各种社会现象，皆呈现一种较为普遍的分离趋势。国家层面上英国的"脱欧"、社会层面上日本的"无缘社会"、群体和个人层面上中国的"空巢青年"等，都体现了传统社会连接减弱甚至被切断的分离特征，这种社会分离、失联的趋势正是社会学日益关注的社会原子化现象。根据媒介环境学暗含的对离身传播的阐释并结合意向性概念研究社会种种症状，是未来值得开掘的理论面向。与此同时，个人为避免陷入"媒介化生存"带来的原子化状态，或为达至伊尼斯所说的时空平衡状态，应警惕离身传播引发的身体知觉的意向性，避免陷入新的权力关系产生的不平等或垄断的生存状态中。要知道，这种离身传播最初是为了避免现实世界的权力控制而产生的。

然而，随着虚拟现实、大数据、人工智能等各种智能化技术的应用，以人机交互为主的传播形态开始显现，身体实践成为理解人机互动关系的新视

---

① PETERS J D. Helmholtz, Edison, and sound history [M] //RABINOVITZ L, GEIL A. Memory bytes. Durham, NC: Duke University Press, 2004: 177-198.

② 麦克卢汉. 机器新娘：工业人的民俗 [M]. 何道宽, 译. 北京：中国人民大学出版社, 2004: 序言.

角，并使当前传播研究有转向"具身"的趋势。从离身到具身，再到人机趋于耦合，"传播主体从观察者转变为参与者或体验者，这也形成了新的人类生存方式，即后人类生存"①。基于技术的不断驱动，近年来中西方学界对"后人类"图景的讨论一直未曾中断。结合前文所述，媒介环境学因缺乏人与社会的互动视野而难以介入对具体传播实践的解读。因此，将媒介环境学作为一种元视角，结合技术哲学、现象学理念阐释具身传播实践并以此观照后人类图景，无疑会带来更多启发，如结合"可供性"（affordance）理论。该理论由美国生态心理学者詹姆斯·J.吉布森（James J. Gibson）提出，主张关注人与技术之间的关系，并强调"动物（主体）和环境之间的协调性"②。这在一定程度上中和了媒介环境学以媒介为中心的技术观，同时对互动过程的强调为具身传播研究提供了一种相对稳定且具有整合力的视角。基于互联网发展早期对虚拟性的强调使得身体（肉身）被技术所"清除"，"虚拟身体"被视作赛博空间中心灵的离身性本质，由此引发了诸多学者们对人的主体性、物质性可能丧失的担忧。③ 因此，我们尝试对如下问题进行思考以观照后人类时代的文化图景。一是后人类时代的具身传播将趋于何种形态？人机边界消弭后，人的主体性是否会被遗忘？二是在人机交互的后人类时代，身体应如何与机器交互，以实现技术可供性的合理实践？

后人类时代是一个重新思考和概念化人类意义的时代，在起点来临之前，这些问题都值得我们审慎思考。

总之，由于媒介环境学对具体媒介实践的分析缺乏可行的分析框架，因此在阐释"离身""具身"等当下媒介实践时，将分别需要结合"意向性""可供性"等相关哲学、现象学视角以分析当下的媒介化生存现状甚至是后人类图景。换言之，媒介环境学作为一种元学科，亟待与技术哲学、现象学相关联以适应媒介技术快速发展的需求。当然，上述案例分析只是以最新热点话题为例，主要对媒介环境学关于"媒介的影响研究"如何应用于中国实践作出具体分析，以反思该学派在具体应用中的不足并对理论予以及时补缺。

（二）技术作为记忆的延伸：关注记忆形态演变及社会影响

数字媒介的发展改变了记忆模式，如同物理工具成为我们的身体延伸一

---

① 殷乐，高慧敏. 具身互动：智能传播时代人机关系的一种经验性诠释［J］. 新闻与写作，2020（11）：28-36.

② GIBSON J J. The ecological approach to visual perception［M］. Boston：Houghton-Mifflin，1986：127.

③ 冉聃. 赛博空间、离身性与具身性［J］. 哲学动态，2013（6）：89.

样，数字媒介已成为我们生活、思想、记忆的延伸。

思考数字媒介时代记忆与技术的互动关系，首先需要清晰地认识媒介环境学关于"技术与记忆"的相关论点。哈弗洛克分析了口语时代人们所特有的心理结构：口语时期所有传递给后代的经典知识都是以诗歌的形式传播，因为这种语言很容易被记住和重复，而诗人成了人格化的集体记忆的载体。对于哈弗洛克和其承继者翁来说，这种记忆的传递塑造了一种保守的思维方式，也使人们的抽象和分类能力降低，最终导致如翁所说的"过去的知识若与现在无关，则通常会被遗忘在口语时代里"①。随着印刷术的发明，记忆从人脑中逃逸出来，越来越多地被传送到媒介中，最终变成了种种文化记忆。诚如阿斯曼（Assmann）所言，"哈弗洛克的成果证明，通过采用字母表，人类获得了控制自己记忆的能力，记忆不再充斥着需要记忆的事实，而是成为个体反思和体验的一种中介"②。文字将人类的记忆外化，加速了遗忘的产生，而印刷又使这一过程进一步加速：由于"对知识的传播并没有太多限制，因此集体记忆在印刷时代得以稳固和增强"③。在此基础上，翁提出了从口语时代到电子时期，人类获取、处理和传达信息的方式被改变。他认为，人们是通过重复使用或讨论等仪式实践的方式来进行记忆的，正确使用信息并将之转化为长期记忆，再通过实践和批判性思维将其转变为知识和智慧，而没有批判性思维的瞬时信息是毫无意义的。因此，为了获得一定程度的知识和智慧，人类必须学会批判性地思考观念、思想及其他信息的含义。

从哈弗洛克和翁关于记忆的阐释中我们可以得出，媒介、记忆与社会变革之间存在着互动的关系。首先，媒介的变迁直接影响着社会记忆的方式，从而改变了知识储存和检索的物质基础。其次，这些变化又会对整个社会的组织产生一定的影响，如写作和印刷会削弱人类记忆能力，容易造成文化断裂，从而使社会不稳定。④ 二人都通过回避现代交流，从历史角度出发来理解技术对人类思维、社会和文化的影响。

数字媒介时代的到来使知识的获取发生了变化：新媒介在建构新的社交

---

① ONG W J. Orality and literacy：the technologizing of the word ［M］. New York：Routledge, 2002：107.

② ASSMANN A, ASSMANN J. Einleitung ［M］//HAVELOCK E A. Schriftlichkeit das griechische alphabet als kulturelle revolution. Weinheim：VCH, 1990：20.

③ EISENSTEIN E L. Die druckerpresse. kulturrevolutionen im frühen modernen Europa ［M］. Wien：Springer, 1997：234-235.

④ GLADNEY G A. Technologizing of the word：toward a theoretical and ethical understanding ［J］. Journal of mass media ethics, 1991, 6：93-105.

空间和行为方式的同时，也逐步淘汰了人类传统的思维习惯和认知方式。比如我们需要独特的长期记忆来理解我们周围的世界并与之保持互动，但如果仅依靠数字手段来存储我们的知识，那么我们将失去人类身份的重要组成部分，其中之一就是记忆。通过媒介环境学的相关理论观点可以发现数字媒介时代与其前时代的媒介在存储、传播、社会影响层面的演进特征（如表5-1所示）。

表5-1 不同媒介时代记忆的特征

	口语时期	文字时期	印刷时期	数字媒介时期
存储	人类	手稿	书籍	数字媒介
传播	仪式	背诵、集体阅读	独自阅读、公开交流	全球化的媒介网络
社会影响	小的社群	知识的标准化、更大的社群	知识的广泛传播、国家	跨国社群

资料来源：ASSMANN A，ASSMANN J. Medien und soziales geda chtnis ［M］//MERTEN K，SCHMIDT S J，WEISCHENBERG S. Die wirklichkeit der medien. Opladen：Westdeutscher Verlag，1994：131，139.

如表5-1所示，在数字媒介时代记忆的存储、传播形式均发生了改变。这种变化主要表现在两方面，一是记忆不再仅仅只以文字形式存在，而演变为图片、视频、文字等多媒介共存的形式。随着记忆的存储形式发生改变，网络媒介在帮助社会建立多元化的知识体系及观点的同时，也会形成新的文化记忆。二是由于过去社会单一的媒介只发展了少量的知识，并且仅与特定的知识联系起来（如西方古希腊神话历史），而记忆形态的改变必然会对过去发生的历史文化建构更为多元化的知识体系。

此外，口语作为主要的媒介在古希腊的思想传递、社会和政治生活中扮演着重要角色，如今数字媒介将太多的信息抛给了我们，使人类很难获得真正的知识和批判性思维，因为没有适当的思考，单纯的信息是无用的。那么，在新媒介时代塑造的传播环境下，沃尔特·翁笔下的记忆作为一种持续的仪式实践的意义似乎已不复存在，那么，在后现代以技术为中心的社会中，人类有必要恢复口语和记忆之间的联系吗？如果没有必要，新媒介时期的集体智慧和知识将如何形成？

对这些问题的思考路径可以从多个面向出发。基于麦克卢汉的"媒介是我们身体的延伸"观点，新媒介平台则可被视为我们记忆的延伸。人们把自身的记忆需求委托给微信、微博、Vlog 等社交媒介，同时几乎任何问题都可以在互联网上找到答案。那么，人们通过在社交媒体上分享信息，形成共有的集体记忆，在这些海量信息中，人类将如何造就具有时代特征的历史文化？另外，由于社交媒体平台对大数据技术的使用，不得不被嵌入更复杂的编码和解码技术，这为记忆的存储和传递造成了更多的危机，如隐私泄漏、信息噪声等。同时，当下的智能手机和电脑等数字设备正在减弱我们的记忆能力。如一项针对 3 000 位美国人的调查显示，有超过 82% 的父母记不住孩子的电话号码，59% 的人们正在面临数字失忆症（digital amnesia）。[①] 可见，数字失忆症已非常普遍。因此，关于新传播技术利与弊的探讨就可以从新媒介对记忆形态的改变入手。所以，在新媒介环境下，记忆意味着什么？数字存储器可能解决一切吗？"数字失忆症"何以发生，人类应如何与之斗争？是否有必要回归口述传统？安德烈·唐克（André Donk）口中的"数字黑暗时代"（Digital Dark Age）会不会发生？又会产生哪些社会影响？这些都有待于在媒介环境学的视域下进行拓展延伸。

有必要指出的是，作为一种媒介理论，媒介环境学是媒介效应理论，它寻求传播和媒介技术对社会的影响，并倾向于从技术的"先验性"层面出发，即从内容到技术的范式转换——传播的效果主要不是由媒介内容引起的，而是由传播的物质基础引起的。[②] 从这个角度来看，互联网已成为构筑社会记忆的基本物质环境，社会记忆的发展深深嵌入了各类社交媒介的发展之中。媒介一方面是人类整合记忆的物质延伸，另一方面成了整个社会的存储档案馆。随着新媒介环境下记忆生成形态的演变，社会也在发生改变。因此，人类记忆形态变化的历史可以看作是媒介的演变历史，延续媒介环境学对记忆研究的相关分析，依此来审视数字媒介时代记忆存储方式的演变及其反映的社会现状和文化后果，也是关照社会变革的一种路径。

---

① 1/3 of Americans suffer from digital Amnesia［EB/OL］.（2021-03-01）［2020-09-16］. https：//www.pandasecurity.com/en/mediacenter/news/digital-amnesia-survey/.

② DONK A. The digitization of memory：blessing or curse？a communication science perspective［J］. Mi technology，2009（6）：1-17.

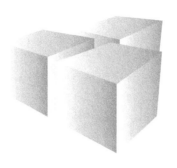

第六章
学术想象力的建构：媒介环境学在中国未来的发展构想

媒介环境学作为一场"范式革命"，为新闻传播学领域的研究带来了新概念、新视角。在当下，我们已经有了较为深厚的积累，比以往任何时候都渴望的是增强对媒介环境学的学术想象力，这就要求我们从不同视野出发创造新的知识，开拓新的研究路径，并做到理论联系实际。本章以知识社会学视角，通过拓展知识视野、探索学科边界、观照实践前沿、明晰未尽的翻译事业等层面对媒介环境学在中国未来的发展加以展望。

第一节　拓展知识视野：多角度还原媒介环境学原貌

在中国语境中审视媒介环境学，应从其思想源头、媒介文本及历史语境出发，从历史、媒介素养教育、语言、宗教、哲学等多角度尽可能还原媒介环境学全貌，以扩展中国媒介环境学学术发展史主流叙事视角，解放媒介环境学研究的知识想象力，唯有此，才有望探索出甚至北美学者都未曾开掘的知识领域。

一、起底宗教基因：体察媒介环境学的宗教阐释

宗教是文化的一部分，已渗透到社会文化生活的方方面面。很多北美媒介环境学学者学术思想的形成或多或少受到西方宗教的浸染，他们眼前是世俗世界，心中却满是宗教图景。诸多媒介环境学者在宗教给予的精神给养和思维语境中，产生出了一系列惊骇世俗的观点。

以麦克卢汉为例，他在 G. K. 切斯特顿（G. K. Chesterton）① 的影响下皈依了天主教，并曾在威斯康星大学教学之余到天主教大学任教，是一个虔诚的罗马天主教信徒。他每天都去教堂、阅读圣经，他的诸多作品如《机器新娘——工业人的民俗》《古腾堡星汉璀璨》等都涉及宗教文献及上帝。他接受《花花公子》采访时明确表示："我曾讨厌机器，我曾憎恶城市，我把工业革命等同于原罪（original sin），把大众媒体等同于堕落（the Fall）。"② 沃尔特·翁对《机器新娘——工业人的民俗》有过如下评论："麦克卢汉在这部书里没有清晰地暗示圣经或礼拜仪式，但是他为步入天主教的人生留下了一百道门。"③ 麦克卢汉

---

① G. K. 切斯特顿（1874—1936），英国作家，诗人，罗马天主教信徒。

② The Playboy interview：Marshall McLuhan［EB/OL］.（1969-03-14）［2020-02-01］. https：//www.cs.ucdavis.edu/~rogaway/classes/188/spring07/mcluhan.pdf.

③ STEARN G E. McLuhan：hot & cool［M］. New York：Signet Books，1967：89.

之子埃里克·麦克卢汉于 1999 年编纂的《媒介与光：宗教的沉思》（The Medium and the Light：Reflections on Religion）鲜明地展现了麦克卢汉的媒介研究与宗教之间的关系。此外，麦克卢汉以"先知"式的旁观者视角，提出了被视为"技术乌托邦"的"地球村"——这与天主教对人类归宿（伊甸园）的看法有相通之处，其"媒介即讯息"这一重要论点也来源于对宗教思想的认同："在耶稣基督这儿，媒介与讯息之间没有距离，没有分隔；在这种情况下的媒介与讯息是同一的。"① "媒介即人的延伸"则更体现了媒介的"神性"：从世俗角度看，媒介的"延伸"是一种功能性扩展，如电话延伸了耳朵、衣服延伸了皮肤、书本延伸了耳朵；但从宗教角度看，媒介的延伸突破了基督教教义中"肉身"所受到的种种羁绊，隐喻着媒介如同信徒的感知能力和想象能力，能突破自身的界限，带来超脱的感知能力，使人类向着自由与永生迈进。对此，凯瑞曾有表达："麦克卢汉的技术观是关于伊甸园、堕落、救赎等基本宗教故事的世俗化版本。"② 麦克卢汉的媒介理论离不开他的宗教基础，他的技术观恢复了与神性的紧密联系，其种种论断都寄托着某种宗教认同，他所描述的绝不仅仅是简单的世俗社会。

凯瑞认为传播如同世俗文化一样，其起源可以追溯到宗教的想象中。③ 凯瑞作为一个虔诚的罗马天主教徒，每天做弥撒。他曾哀叹"宗教可能是传播中最被忽视的话题"④。在 2002 年 11 月美国国家传播协会（NCA）的专题讨论会上，他宣称"宗教是一种即使我尝试过也无法摆脱的东西……天主教占据了我的生命"⑤。字里行间体现着宗教和传播之间难以分割的联系，如："渴望逃离欧洲的边界，创造新的生活，建立新的社区，在马萨诸塞州的森林中开辟一个新的耶路撒冷，这是前所未有的遍及全球的欧洲白人文明运动的主要动机。"⑥ 正如《作为文化的传播》中暗示的那样，他对传播的仪式观的

① MCLUHAN E, SZKLAREK J. The medium and the light [M]. Toronto：Stoddart, 1999：103.

② CAREY J W. Communication as culture：essays on media and society [G]. Londres：Routledge, 1992：16.

③ CAREY J W. Communication as culture：essays on media and society [G]. Londres：Routledge, 1992：16.

④ QUENTIN J S. Communication as religion：in memory of James W. Carey, 1935-2006 [J]. Journal of media and religion, 2007, 6：1-15.

⑤ QUENTIN J S. Communication as religion：in memory of James W. Carey, 1935-2006 [J]. Journal of media and religion, 2007, 6：1-15.

⑥ CAREY J W. Communication as culture：essays on media and society [G]. Londres：Routledge, 1992：16.

类比更倾向于天主教而非新教。凯瑞假定，按照上帝的形象所造的人，本质上是创造性的现实组织者。用伊利诺伊大学的研究生、密歇根加尔文学院教授昆汀·J.舒尔茨（Quentin J. Schultze）的话说，人的天性（或他们的"创造物"）试图在亚当堕落的混乱中构建秩序，人类不得不试图"创造"生命的意义，而生活体现在创造的意义中。① 凯瑞认为，为了完成这种秩序，人类必须能够共同庆祝、交流以实践上帝赋予的"主体间性"般的礼物。因此，传播作为一种宗教体验是社会存在的核心。如果没有相互交流的能力，人类就会像其他生物一样，被本能而不是文化所驱使；就会遭受无意识的孤立，而不是努力实现令人满意的交流。基于此，其媒介理论处处浸染着宗教的气息。在他的"传播的仪式观"这一颇具宗教气质的概念中，传播与"分享""参与""交往"和"持有共同的信仰"等词相互关联，消解了宗教中布道、训诫的意义，取而代之的是日常活动、庆典、节日、晚会及祈祷等活动的宗教意蕴。他同时认为，当追溯这种活动最原始的表现时，可将之视为一种服务人类的意义，即这些传播活动是对有序的文化世界的建设和维护，而不仅仅是传递信息。他试图在宗教教义和传播的愿景之间建立关系，认为传播的目的不是传递信息（传递观），而是一种具有宗教仪式般的"对现实的凝华"。学者们对凯瑞有诸多评价。舒尔茨曾言，凯瑞的著作是他信仰的一种表达，信仰是他存在的核心。②

至于其他媒介环境学人，他们中既有信仰天主教的，也有信仰新教或犹太教的。例如，伊尼斯出生于新教浸信会家庭，他的"传播的偏向论"诠释了时空偏倚，展示了宗教内涵的深层意蕴；沃尔特·翁既是牧师也是多产的学者，他没有把宗教从学术中分离出来。他以博士论文为基础的著作《拉米斯：方法和对话的式微》是探讨天主教的典型代表作。"波兹曼是犹太人，偶尔参加宗教活动，但信奉犹太教"③，其诸多论断颇具犹太教的渊源，特别明显地体现在"对口头和视觉传播区别的强调；对图像文化的批评；对电视和电脑等媒体和技术的否定；对教育和学校的持续关注；对社会公正和道德责任的关注；将自己从现代美国文化中抽离出来的能力；以及在总体上把社会

---

① SCHULTZE Q J. Communication as religion：in memory of James W. Carey，1935-2006［J］. Journal of media and religion，2007，6：1-15.

② STRATE L. The Judaic roots of Neil Postman's cultural commentary［J］. Journal of media and religion，2006，5（3）：189-208.

③ 嵇美云."内部的局外人"：宗教对西方传播学媒介环境学派的影响［J］. 新闻大学，2016（5）：81-92，150.

科学视为一种道德神学，坚持用道德和伦理框架来研究媒介；等等"①。

不同媒介环境学人在西方宗教的浸染下左腾右挪，使宗教在学术领域获得了生命力。同时也在很大程度上为媒介研究做了拓宽拓深，为媒介研究带来新的视角和焦点，增添了新的范围和内容。如麦克卢汉的重新部落化颇具"重回伊甸园"的愿景，反映了他试图追寻人间天堂的理想图景；凯瑞将传播视为一种仪式化的实践，体现了他致力于追寻生命的神圣意义；波兹曼是词语的守卫者，因为在犹太教传统中，词语是上帝的媒介，所以他颂赞口头文化，批判视觉文化。

可见，理解媒介环境学的宗教意蕴，将会从不同路径发现更多继承宗教气质的媒介知识。如果这些北美学者们作出了与信仰相符或至少不矛盾的学术分析，那么也体现了他们身上的某种使命感、责任感。因此，媒介环境学在跨文化旅行过程中，绝不能丢失从宗教角度思考其理论特色的研究面向。事实上，每一位学者的思想实际上仍是各自创造力的结晶，理解他们的宗教隐喻，更能激发我们对媒介环境学的知识想象力。

二、追溯思想起源：细数媒介环境学的古希腊渊源

言说西方文明者必提古希腊。西方人一直受到古希腊文化的影响，媒介环境学的诸多命题、论点乃至许多术语，在很大程度上也是古希腊哲人作品的延续。本书第三章第二节已对媒介环境学的古希腊渊源做了相关论述，此处不再赘述，仅做如下总结。

首先，古希腊的文字批判贯穿于整个媒介环境学派的研究脉络。如前文所述，哈弗洛克开篇即对柏拉图的文字批判提出异议，认为希腊字母表作为一种新媒介是现代思维的文化基础，其研究脉络显然源起于古希腊的文字批判。对伊尼斯而言，其"媒介-文明"观也缘起古希腊哲人的文字观。他通过古希腊历史事例说明传播技术带来的组织偏向性会使少数精英垄断知识，被技术排除在外的大众对此却毫不自知，最终科学技术很可能摧毁自由思想的流通。因此，他得出的结论是，文字等新媒介的出现会使西方文明走向灭亡②，而西方文明唯一的出路在于重新把握古希腊文明中的口头传统③。麦克

---

① SCHUETZ J. Religious communication theories ［M］// LITTLEJOHN S, FOSS K. Encyclopedia of communication theory. Los Angeles：Sage Publications, Inc., 2009：847-851.

② 伊尼斯. 传播的偏向 ［M］.何道宽，译. 北京：中国人民大学出版社，2003：238.

③ 伊尼斯. 传播的偏向 ［M］.何道宽，译. 北京：中国人民大学出版社，2003：238.

卢汉则在探讨古希腊口语和文字的基础上，将视域投射到"未来"的电子时期。他认为新的电子技术威胁了建立在语音字母基础上的古代识字技术，在新的电子世界里，人类会变得如同那些沉浸在机械文化中的人一样麻木①，建立在书面文字基础上的西方价值观也因此受到了严重影响②。麦克卢汉认为西方文明完全是语音读写的产物，文明随着电子革命的来临而消散，此时我们又重新回到部落化状态。也就是说，古希腊文字批判是麦克卢汉"部落化—非部落化—重新部落化"的思想力源。波兹曼延续了塔姆斯法老评判特乌斯发明文字的方式，即文字作为一种新技术既有有损记忆、造成虚幻的智慧等劣势，但也有其优势："每一种技术都既是包袱又是恩赐，不是非此即彼的结果，而是利弊同在的产物。"③ 波兹曼将塔姆斯传说反映的柏拉图对书面文字产生后的古希腊文化的担忧，转化为技术变革对美国文化的哀悼。总之，不同媒介环境学者的文字观，可被视为对古希腊文字批判的种种承继与延续，他们的诸多理论面向皆源于此。

其次，柏拉图"洞穴人"的隐喻在诸多媒介环境学作品中频繁"闪回"。伊尼斯以独特的加拿大视角开启了媒介的重要论述，提出了著名的"传播的偏向"等观点；麦克卢汉则从人的感知角度介入，延伸出"感官的偏向"论；波兹曼基于技术对人的控制的忧思，提出了"技术垄断"的警世预言。他们皆从"技术—人"的视角切入，受到古希腊哲人柏拉图"洞穴人"寓言的影响，透露出一种人类难以逃脱"洞穴人"的浅隐意义。当然，其他传播学流派的学者，如李普曼也深受"洞穴人"启发，并将之引申到政治传播领域，此处存而不论。

再次，古希腊人"理性与非理性"二元框架浸润着媒介环境学的理论命题。西方媒介环境学派的诸多学者，显然未能逃出古希腊人思维框架的影响。如哈弗洛克在《柏拉图导论》的开篇，对柏拉图在《理想国》中阐释的口语产生的持续幻觉、迷惑与非理性状态予以抨击④，得出希腊字母表是现代思维的文化基础的结论⑤。莱文森的媒介理论则始终围绕"人是理性的还是非理性的"这一经典的古希腊问题展开，其关于"理性与非理性"的悖论、"人性

---

① LEARY T. Chaos and cyber culture [M]. Berkeley：Ronin Publishing Inc.，1994：16.

② LEARY T. Chaos and cyber culture [M]. Berkeley：Ronin Publishing Inc.，1994：82.

③ 波兹曼. 技术垄断 [M]. 何道宽，译. 北京：北京大学出版社，2007：89.

④ SIMON C T. Speech as a science [J]. Quarterly journal of speech，1951，37（3）：281-298.

⑤ HAVELOCK E A. The literate revolution in Greece and its cultural consequences [M]. Princeton：Princeton University Press，1982.

化趋势"、"补救性媒介"理念也并非无本之源。仔细观之，莱文森似乎在遵循柏拉图对人类理性与非理性的阐释。柏拉图认为"人既是理性的，同时人的欲望、情感等非理性也能瞬间压倒理性，从而使人作出错误决定或不理智行为"①。也就是说，在柏拉图眼中，人即是理性的，也是非理性的。莱文森的思维框架显然受到柏拉图的影响，其发展的诸多理论皆高扬人类的"理性"，试图复兴"人是理性的动物"这一古希腊经典思想，同时又用"意料之外的进化"试图还原柏拉图思想中人的"非理性"成分。莱文森关于人"理性与非理性"的探讨显然成了柏拉图传统的延伸。

最后，古希腊人谙熟仪式的传播功能是媒介环境学文化面向的思想源流。如前文所述，凯瑞对媒介环境学的贡献在于为其加入了文化研究的洞见，其"传播的仪式观"也颇有古希腊仪式文化脚注的意味。古希腊人善于利用各种带有仪式性的传播活动，比如葬礼、游行、观看戏剧等，他们甚至建造神圣的宫殿供人瞻仰，唤起受众的爱国情感，以增强群众对城邦的认同感和归属感。在凯瑞看来，这些文化仪式是一种象征性的社会行为，而社会的存在预设了传播的过程；每个人生活在彼此密切接近的环境中，通过种种具有象征意义的媒介互动产生了共同的信仰，获得了创造神圣的能力。显然，凯瑞的"传播的仪式观"延伸拓展了古希腊人仪式性的传播活动，尽管凯瑞的表述似乎对此并未明显提及。

纵观之，北美媒介环境学人或基于西方宗教的思维语境，或受到古希腊哲学思想的影响，使该学派具有鲜明的西方文化色彩。换言之，媒介环境学派乃至传播学研究无一不是在古希腊哲人制定的问题和术语的框架下思考，以古希腊思想为参照成为他们的无意识行为。此外，植根于古希腊的精神传统，如爱好思辨和对善的追求、对口语传统的热爱也被媒介环境学有所承继。受宗教隐喻、古希腊哲人经典思维框架的影响，媒介环境学者们，也包括其他传播学流派中受此影响较深的学者们，都有意或无意地使古希腊文化、西方宗教信仰渗透到学术话语中，充当了连接媒介、文化、宗教和社会的桥梁。他们回答了传播环境急剧变革背景下人类的生存环境遭遇的种种困境，这显然是值得肯定，也是值得挖掘的。然而，这些被国内研究所忽视的面向，都从不同层面阻碍了我们对媒介环境学的知识想象。

---

① 单波，侯雨. 思想的阴影：西方传播学古希腊渊源的批评性考察 [J]. 新闻与传播研究，2017（12）：15-35，126.

起底媒介环境学的宗教基因，追溯其思想起源，有助于我们拓宽思考的维度，更好地理解该学派的起源与发展，传播技术与社会、文化的关系，进而有助于我们对许多媒介理论的文本及其"所指"作出不一样的解读。当然，媒介环境学必然有更多不同的研究面向，如哲学视野、艺术面向、语言观、媒介教育观等，这些都是考察媒介与人类社会复杂变迁的种种路径。本节提出的宗教思维、古希腊渊源的考察面向仅仅是诸多角度中的两种不同切入点，未来还要开掘更多媒介环境学的未知面向，以丰富媒介环境学的理论意蕴。

第二节 观照实践前沿：重返媒介作为 "物" 的研究面向

在传播研究还未被建制化时，传播的概念要比今天宽泛许多。追溯其思想史，会发现"传播""交通""交流""扩散"都有相似源头。communication 的原始意义，就包含交通运输与观念传播两个方面。但随着传播学在美国的建制化，传播的概念反而愈加狭窄。当时的传播学是边缘学科，施拉姆为了获取传播学学科的正当性，将社会学、政治学、心理学中关于传播的零散研究与当时风头正劲的"信息论"作为混凝土，建构了传播学的学科大厦。在成功整合不同学科的同时，这一方式将不属于信息交换和共享行为的研究剔除在外，极大窄化了"传播"概念的外延，形成了由施拉姆一手打造的传播学研究帝国。

中国传播学研究往往被以施拉姆为代表的实证主义研究所主导，这使我们过去所有的媒介研究，几乎把内容的传播作为我们关注、研究以及实践的主体，这在一定程度上导致我国媒介环境学研究在物质性与非物质性二元对立的区隔中随着主流趋势变得不伦不类。但回看媒介环境学派的诸多学者，他们对施拉姆仅强调观念、信息却忽视物质的做法，也提出过质疑。比如，麦克卢汉就在 1964 年《理解媒介》一书中批判施拉姆在研究电视的影响时，未关注电视形象的具体性质，忽视了其作为"物"的作用。[①] 洛根更是提出媒介环境学研究不能局限于狭义的"传播媒介"，还应包括技术、语言以及这三个领域的相互作用。[②] 因此，我们需要反思传播研究的物质性与信息之间二

① 麦克卢汉．理解媒介：论人的延伸［M］．何道宽，译．南京：译林出版社，2019：33.
② LOGAN R K. The five ages of communication［J］. Explorations in Media Ecology, 2002, 1：13-20.

元对立的问题，以打破主流学术界长久以来的"以文本为中心的社会建构主义范式的禁锢"①。在物质性转向的思潮下回看媒介环境学，会发现媒介环境学的学者并未有意区隔作为"物"的媒介与传播"信息"的媒介。在60年前正当美国传播学研究唯"内容"至上时，"传播物质性"已出现在伊尼斯、麦克卢汉等媒介环境学人的视野中，成为他们的关注重点。

媒介环境学人讨论了人类历史上出现过的几乎所有的物质性媒介。如伊尼斯意识到媒介的重要性，进而提出媒介偏向性影响知识和权力分配的理论。他分析了石头、莎草纸、羊皮纸、文字、报纸及广播等诸多物质性媒介，这成为其探究"媒介-文明"观的基础，最终得出石头、羊皮纸之类的笨重不易运输的媒介"更加适合知识在时间上的纵向传播，而不适合知识在空间中的横向传播"，而如纸张、报纸一样轻巧易于运输的媒介"更加适合知识在空间中横向传播，而不适合知识在时间上的纵向传播"②。基于此，有学者探讨了伊尼斯将媒介作为"物"的属性大致有三层含义：一是媒介物理属性，分为耐久不易运输以及轻巧的、难以保存等特性；二是使信息转化为文明的外在物质条件，如纸、印刷机、交通运输的诞生；三是时空的物质属性，不同的文明有不同的时空偏向，时间和空间是人类生活的根本物质属性，一种时空决定着一种文明。③ 也就是说，从物质性角度重读伊尼斯，我们会发现其关注的作为"物"的媒介在不同方面的浅隐含义。

凯瑞则认为美国的文化研究是基于一种传播的视角，这种视角既可以是信息的传播，也可以是物质的运输。一方面，在19世纪中期，在"传播"及"运输"二者之间有很多相同之处，这也与当时国家利用传播和交通工具扩大影响、远距离控制大量人口的愿望有关。另一方面，凯瑞仪式化的传递观不关注在空间上扩展信息，而关注在时间上维护社会；不关注传递信息或影响行为，而关注如何创造表现和庆祝共同的信仰。④ 这种将时空作为"物"的观点与伊尼斯的时空观颇为相似。凯瑞以报纸为例，阐明了传递观和文化观之间的差异。他认为，传递观倾向于将报纸作为一种告知公众的手段，在更远的距离上传播新闻和娱乐，并提出新闻对受众的影响、受众的角色以及新

---

① 丁方舟. 论传播的物质性：一种媒介理论演化的视角［J］. 新闻界，2019（1）：71-78.

② 伊尼斯. 传播的偏向［M］. 何道宽，译. 北京：中国人民大学出版社，2003：71.

③ 何晶娇，褚传弘，陈媛媛. 媒介物质性：伊尼斯"媒介-文明"观再思［J］. 新闻界，2020（11）：72-79.

④ CAREY J W. Mass communication research and cultural studies：an American view ［M］//CURRAN J, GUREVICH M, WOOLACOTT J. Mass communication and society. Londres：Edward Arnold，1977：409-425.

闻在社会融合、稳定和适应过程中的作用等问题。也就是说，就仪式的愿景而言，凯瑞关注的报纸不仅仅是描述世界的信息，而是作为一种物质性媒介使集体参与社会仪式变得可行。这种社会仪式使集体对话得以发生，现实得以共享。因此，阅读报纸就代表了一种行为，在这种行为中，读者仿若旁观者加入了一个公开争斗的公共领域。总之，凯瑞不仅关注报纸传递的信息，而且关注报纸作为一种物质性媒介的意义，即读者在浏览报纸的过程中，他们不断变换角色和关注点来表达自己，建构共同信仰或社会意义。

媒介环境学的其他学者也从未吝啬对媒介作为"物"的关注。如麦克卢汉在《理解媒介》一书中探讨了服装、道路、电影、打字机、汽车、报纸、电视、广播等二十六种物质性媒介。在麦克卢汉眼里，一切媒介都成了人的延伸，服装成了"延伸的肌肤"，货币成了"穷人的信用卡"，照片成了"没有围墙的妓院"。[①] 莱文森在《手机：挡不住的呼唤》《软利器》《新新媒介》等著作中，探讨了古老的文字到今天的广播、手机及互联网，也探讨了人类文明史上并非单纯传递信息的媒介。他们并未将作为"物"的媒介与作为信息的媒介对立，而是认为这些作为"物"的媒介与信息媒介一样改变了人类的环境、文化和行为尺度。他们普遍认为，媒介应包括所有的工具、技术或通信系统，人类通过这些工具相互作用，从而调节他们的物理、文化、社会和经济环境（传播政治经济学派也没有接受这种物质与信息的二分法，此处存而不论）。

媒介环境学强调媒介本身决定了媒介自身的物质性，因此在当下我们探索他们早已洞察的媒介物质性思考，以此回应正在发生的物质性研究转向，有助于推动或促逼学界以全新的视角去理解传播和媒介。

媒介环境学带来的范式在于其强调媒介本身带来的变革影响，这就要求打破以施拉姆为代表的仅关注信息效果的传统范式——他们将自己的研究命题及研究对象限制在一种解决信息传播效果范围内，势必不能适应新的技术所带来的问题及挑战。因此，我们未来所要做的，是在互联网建构的物质性基础的媒介环境中，关照新的媒介实践，打破传统的物质与信息的二分法。

从互联网发展的角度思考媒介不难发现，互联网进入我们日常生活的时候，最初被视为一种信息交往实践的工具和渠道。但是经过若干年的发展后，我们的政治、经济、文化、社会生活的方方面面，都建构在这一传播基础之

---

① 麦克卢汉. 理解媒介：论人的延伸［M］. 何道宽，译. 南京：译林出版社，2019：33.

上。换言之，网络媒介已成为架构现代社会生活方方面面的物质性基础。不仅如此，它在整个社会的新的改造当中，逐渐成为日常生活及各行各业的设计者、建构者和引领者。因此，未来新闻传播学的研究，就要求我们以互联网为基础，介入新的媒介实践前沿中，关照新的传播媒介如何重构社会生活，也即在非内容领域当中的传播，研究如何发挥互联网基础上的新媒介在社会发展、社会重构过程当中的作用、机制和相应的发展模式。

刘海龙曾提出过一个概念——"新传播研究"，即重回媒介环境学的研究传统，消除物质和信息之间的差异。① 这一概念要求我们去观照、回应现实，打破对传统传播研究的限制和狭隘理解，而不是仅仅关注符号所传递的信息世界。从这个角度出发，当下在互联网基础上形成的物流快递、电力系统等是一种传播，网络上的信息疫情、现实世界中病毒的传播也是一种传播。在近期刷屏的《"算法逻辑"下的数字劳动：一项对平台经济下外卖送餐员的研究》一文中，中国社会科学院学者孙萍将物流的传输视为一种传播媒介，探讨"电动车"作为一种媒介如何展现物质的传输与交换的过程。② 而刘海龙曾作《病毒的传播学》③ 一文扩展了我们对传播的传统理解。这些研究都试图关照新的媒介现实，突破以往的将研究信息、内容为主导的传播学并转向了更为广阔的研究领域，凸显了网络的基础性特征。

在今天，信息和物质之间的这种传统的二分法其实已经在逐渐消失，当下的研究趋势要求我们务必重新审视媒介环境学所阐释的物质性问题，打破物质与信息的二元对立。这一方面有助于学界发现更多的媒介物质性"遗迹"，另一方面有助于重新打捞起媒介环境学那些被遗落或隐藏的理论面向。

第三节 探索学科边界：发展"根茎状"学科特质

媒介环境学是一个松散的学术共同体，中国学者与北美学者对其概念的理解不同，不同北美学者对其概念的理解也各不相同。媒介环境学的开拓者

---

① 刘海龙. "判断"是人的基本权利，但我们正在把它交给算法 [EB/OL]. （2020-11-18）[2020-11-20].腾讯研究院《再见巴别塔》微信公众号.

② 孙萍. "算法逻辑"下的数字劳动：一项对平台经济下外卖送餐员的研究 [J].思想战线，2019（6）：50-57.

③ 刘海龙. 病毒的传播学 [EB/OL]. （2020-07-07）[2020-11-12]. https：//site. douban. com/303885/widget/notes/194264251/note/769870289/.

波兹曼认为，媒介环境学即媒介作为环境的研究。① 洛根则将这一概念扩展，把语言作为媒介的一种，他认为："媒体和语言就像任何其他形式的技术一样，既是技术也是工具。媒介和技术是表达的语言，它们像语言一样，用自己独特的语义和句法来传递信息。鉴于这些（定义的）重复性，我们认为媒介的生态研究不能局限于狭义的传播媒介，而必须包括技术和语言以及这三个领域的相互作用，共同形成一个媒介生态系统。"② 媒介环境学学会前会长兰斯·斯特拉特则将这一概念泛化，认为"'媒体环境学'是'多伦多学派和纽约学派'；它'是'技术决定论，硬技术论和软技术论，以及技术进化论；它'是'媒介逻辑、媒介理论、媒介学；它是'麦克卢汉研究''口头读写研究''美国文化研究'；它'是'语法和修辞学、符号学和系统理论、技术的历史和哲学；它被称为后工业和后现代，以及前文字时期和史前史"③。美国大峡谷州立大学《媒介环境学探索》编辑科里·安东（Corey Anton）将媒体环境学定义为"广泛的学术传统和社会实践。它既具有历史意义，又具有当代意义，因为它在古代、现代和后现代之间滑动并融合在一起……更准确地说，媒介环境学使我们理解人类正在进行的历史，以及与传播和传播技术错综复杂地交织在一起的文化和人类的动态过程"④。

显然，北美媒介环境学在概念上似乎包罗万象，这些定义呈现了该学派的跨学科特性，当中涉及的学科包括语法学、修辞学、符号学、系统论、历史学、哲学、控制论、传播学、艺术、文学，当然还有技术本身。然而无论定义有何不同，不变的是，它所关注的是在整个西方历史进程中媒介和技术对人类及社会产生的影响。因此，媒介环境学家可以是历史学家、人类学家、文学家，也可以是语义学家或哲学家。正如奥克塔维奥·伊斯拉斯所言，"媒介环境学研究需要语义学、生态学和历史学等复合研究方法"⑤。换言之，媒介环境学不是简单的"媒介研究"或"媒介理论"所能概括的，任何试图理

① POSTMAN N. What is Media Ecology？ ［EB/OL］. （2011－12－14）［2020－10－22］. http：//www. media-ecology. org/media_ ecology/ index. html#WhatisMediaEcology？

② LOGAN R K. Understanding new media：extending Marshall McLuhan ［M］. New York：Peter Lang Publishing，2010：33－34.

③ STRATE L. Understanding MEA ［J］. Medias res，1999，1 （1） .

④ ANTON C. History, orientations, and future directions of Media Ecology ［M］// PASADEOS Y，DIMITRAKOPOULOU D. Mass media research：international approaches. Athens：Athens Institute for Education and Research，2006：299.

⑤ ISLAS O，BERNAL J D. Media Ecology：a complex and systemic metadiscipline ［J］. Philosophies，2016，1：190-198.

解媒介环境学人不同思想的尝试, 如果过分集中在"媒介视角"这样一种单一路径上, 将难以还原媒介环境学的原初样貌, 甚至会在一定程度上扭曲他们的思想。

如前文所述, 克里斯汀在其博士论文中将媒介环境学视为一门复杂而系统的元学科。无独有偶, 科米尔 (Cormier) 对高等教育新兴领域的分析提供了一个适合媒介环境学发展的植物学隐喻: 根茎状 (rhizome)。他认为, "根茎植物, 没有中心, 也没有明确的边界。相反, 它是由一些半独立的节点组成的, 每个节点都能自己生长和扩展, 只受其栖息地的限制……根茎状属于一种必须被制造、构建的地图, 一种总是可分离、可连接、可逆、可修改的线路, 并且有多个入口和自己的飞行线路"①。北美媒介环境学的学科边界用"根茎状"的比喻最能抓住其性质和范围。

媒介环境学在根茎式的学科发展模式中, 其学科体系的建构不是被专家学者的预先设定驱动的, 而是在后继者或治学者实时构建和协商中进行的: 北美媒介环境学人通过自发地塑造、构建不同的研究对象, 就像根茎对不断变化的环境条件作出反应一样——根茎为非谱系的, 通过变异、扩张、征服、捕获而分枝运作。② 这种根茎状的学科模式, 使不同研究者通过当下媒介现实生成情境性的知识地图, 构建适合当今知识发展和变化方式的媒介环境学解读。从某种意义上说, 媒介环境学"根茎状"的学术模式容易使知识概念追溯到其最早的根源, 从而使后继者在用媒介环境学建构或解读新媒介的社会意义时, 容易将其所作的研究合法化, 免去了寻求外部知识认同的需要。如人们借用"媒介即人的延伸""传播的偏向""媒介四元律"等经典的媒介环境学观点来观照媒介现实, 在不断变化的环境中依据"根茎状"式的经典论点来创建、延伸新知识, 并将这些知识扩散至哲学、语言学、教育学等不同学科或领域。其中, 伊尼斯、麦克卢汉、哈弗洛克、翁、波兹曼等学者作为提出这些经典论点的核心人物, 他们之间相互承继, 共同建构着媒介环境学的理论大厦。

在当下互联网环境中, 媒介环境学"根茎状"学科特质愈发明显。布朗和阿德勒 (Brown and Adler) 指出: "互联网最深远的影响——一种尚未完全

① CORMIER D. Rhizomatic education: community as curriculum [J/OL]. Innovate: Journal of Online Education, 2008, 4 (5): 1-6 [2020-08-03] . https://core. ac. uk/reader/51073522.

② DELEUZE G, GUATARRI F. A thousand plateaus: capitalism and schizophrenia [M]. London: University of Minnesota Press, 1987: 21.

实现的影响，是它支持和扩展社会学习在各个层面的潜能。"① 随着传播技术的发展，外部媒介环境的更新迭代，媒介环境学经典的学术论点作为媒介环境学既有的"根茎"，在不同新媒介环境中成为建构社会意义的"动态知识"。它们在网络环境中形成的不同知识映射如"根茎"结构一般可延伸至不同领域，媒介环境学"根茎状"的学科特质无疑在未来数字媒介时代大放异彩。正如何道宽所言："我认为中国学者在借鉴过程中，应坚持'诗和远方'关怀，放眼未来，麦克卢汉可以说是未来学家。另外，媒介环境学的多学科关怀和未来眼光是设想框定不了的。"② 关于媒介环境学在中国未来的学术发展，尚需要中国治学者的共同演绎。

第四节 明晰未竟事业：打捞引介 过程中"遗失的经典"

媒介环境学在新闻传播学中的前沿性要求我们必须第一时间把握其学科前沿动态来提高学术竞争力。对中国治学者而言，寻找媒介环境学在中国"遗失的经典"，是我们当下面临的重要课题。

目前来看，由于一些译著尚未在中国出版，因此我们对媒介环境学的理解欠缺一定的整体观。笔者在完成该研究的过程中，对国外相关著作做了系统性收集与梳理，发现何道宽教授已将麦克卢汉独著的作品"一网打尽"，但与他人合作的一些作品尚未进入中国学者的学术视野，如《从陈词到原型》（*From Cliché to Archetype*，1970）、《把握今天：退出游戏的行政主管》（*Take Today：The Executive as Dropout*，1972）等。此外，还有很多媒介环境学主流作品未进入中国学者视野，除了前文提到的哈弗洛克的《柏拉图导论》、麦克卢汉与其子埃里克·麦克卢汉合著的《媒介与决定原因》、沃特尔·翁1958年的《拉米斯：方法和对话的式微》、麦克卢汉之子埃里克·麦克卢汉于1999年编纂的《媒介与光：宗教的沉思》 （*The Medium and the Light：Reflections on Religion*）外，还有围绕媒介环境学核心人物的著作或论文，如《沃尔特·翁读本》（*An Ong Reader*）（Farrell and Soukup，2002），《媒介、意识和文化》（*Media，Consciousness，and Culture*）（Gronbeck，1991）等。这些

---

① BROWN J S, ADLER R P. Minds on fire：open education，the long tail，and Learning 2.0. ［J］. Educause review，2006，43（1）：16-32.

② 详见附录4采访稿。

著作都表达了对麦克卢汉、翁等作为媒介环境学开创者的认同（具体见附录 2）。这些作品或曾获得媒介环境学奖项，或在北美学术圈影响力较高，皆为媒介环境学提供了不同的思想资源，发展了媒介环境学的理论面向。若忽视这些作品，势必影响媒介环境学在国内研究的整体视域。如前所述，《柏拉图导论》《媒介与形式因》这些在国际上影响力显著的作品，深深地将古希腊哲学思想镶嵌其中，《拉米斯：方法和对话的式微》《媒介与光：宗教的沉思》等作品又透露出浓厚的西方宗教思想。从这些视域出发，有助于拓宽我们思考的维度，更好地批判性地理解这些思想的起源与发展，传播技术与社会、文化的关系，进而有助于我们对许多媒介理论的文本及其"所指"做出不一样的解读。

同时，本书也梳理了在近几年获得媒介环境学学术奖项的最新著作，如美国作家蒂凡尼·施兰（Tiffany Shlain）的《科技安息日：每周断网一天会怎样？》（24/6：*The Power of Unplugging One Day a Week*）一书将视域放置在互联网时代，向我们介绍了一个全天生活在电子世界的策略，即每周有一天关闭所有电脑、手机等电子设备，以恢复每周休息一天的"科技安息日"（Technology Shabbat）仪式。作者将时光倒流到互联网和智能手机时代之前，深入神经科学、哲学、心理学以及不同文化中每周休息一天的历史，说明为什么我们需要恢复这种仪式，呼吁人们重拾"数字时代人类的基本尊严"。该作获得 2020 年"马歇尔·麦克卢汉媒介环境学领域杰出著作奖"。这些新作品将媒介环境学延伸至网络时代，其呈现的积极因素对我们建设一个更加健康美好的社会，也是值得借鉴的。（更多未翻译的媒介环境学作品详见附录 2）

媒介环境学在不同学科领域中的前沿性要求我们一定不能忽视对其的翻译。当前，媒介环境学的主要译者是何道宽教授。何教授在退休后笔耕不辍，凭借一己之力翻译了北美媒介环境学大量的主流作品，他曾说："抢占引进版学术著作制高点是上策，用新版译作抵充、驱逐劣质旧版译作也是着力点。"[①]可见，何教授致力于用高质量的学术翻译作品启迪国内学术翻译环境，其对媒介环境学的引介贡献已成为学界共识，此处不赘述。但需要考虑的是，媒介环境学学者及其学术作品较为庞杂，这些作品往往涉及不同的理论面向，翻译是耗费巨大精力、时间、人力的专业性系统性工程，一个人往往难以覆

---

① 宋小舟，林大津. 学术翻译与中国媒介环境学的发展：何道宽教授访谈录 [J]. 国际新闻界，2016（9）：6–19.

盖所有媒介环境学著作。鉴于媒介环境学翻译人员匮乏，媒介环境学亟待培养更多的翻译人才。

值得注意的是，与其他作品类型（例如文学作品）的翻译不同，媒介环境学包括传播学的学术论著的翻译，对译者不仅有语言能力的要求，还有独特的学术要求。一是译者需要关注关键概念的翻译。媒介环境学诸多关键概念是作者思想的凝聚点。对这些概念的翻译往往决定了该学派在国内的发展走势，因此不容有失。如 the medium is the message、soft edge、speaking to the air 等术语在国内皆有不同译法，每种译法皆表达了不同的意蕴。若不注重细节，很容易产生流于表面的翻译，造成误读甚至会贻笑大方。国内主流译法"媒介即讯息""软利器""对空言说"往往是译者在对学派全面理解的基础上，注入了大量的心血，绝非字面直译而来的。二是译者需要对译入语的文化情境、学术趋势及传播学各流派的对立互动有清晰的认知。如对 media ecology 的翻译是译者充分考虑其与国内"媒介生态学"发展的界限问题而得出的"媒介环境学"的译法。三是译者要善于提炼译本中最具代表性的文本特征，他们既是传播者也是引导者。如何道宽教授在翻译麦克卢汉相关著作时提出的"新四论"，成为国内其他学者理解麦克卢汉理论的主要设定。此外，准确无误地传递原著的内容和原作者的学术思想，是对译者最基本的要求，同时也是意义非同小可的挑战。[1] 因此，译者需要掌握相关学术话语并具有相关学术修养，才能选择恰当的翻译策略，最终实现翻译的传播目的。

何道宽教授在接受笔者采访时说道："学术翻译艰难，我不鼓励年轻人被困死，'独行侠'是正常态，不能搞所谓的'团队'。"[2] 其意在强调学术翻译需要专注性，对学术翻译有持续热情且将翻译视为终生理想的人员才能更好地胜任这一事业。这从侧面反映了学术翻译事业之艰辛，也意在说明靠"团队"而得的速成的翻译作品终究不如个别学者投入热忱所翻译的作品。因此，社会各界应鼓励支持个别学者的这种热忱，政府、出版社、译协、学校等组织需要创造为译者良好的学术环境，给译者应有的承认和尊重。在此有必要提及的是，何道宽作为洞察媒介环境学先进理念的文化中间人，他如麦克卢汉一样，是英语老师，是学者，也是读者，更是一位伟大的译者。他既没有微信，不发微博，甚至不使用手机，十年如一日地沉浸于翻译的世界，解答

---

[1] 文芳，王瀚东. "传播概念"中的概念传播：《传播概念·Public Opinion》的翻译问题［M］//罗以澄，等. 中国媒体发展研究报告. 武汉：武汉大学出版社，2010：381.

[2] 详见附件 4 采访稿。

来自后继学子学术上的邮件咨询，仿佛与媒介环境学"技术理性"思维融为一体，身体力行地告知我们要警惕技术垄断对人类的侵害。

总之，媒介环境学给媒介化生存状态下的我们带来思考，对该学派的翻译也需要及时更新，中国研究者一定不能忽视学术翻译事业，而应保持开放心态迎接新的研究对象与可能。

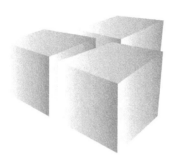

第七章
结语及启示

　　媒介环境学关注的是不同媒介时代中人类不同的存在境遇，研究的是媒介对社会、文化的长远影响。其中，麦克卢汉专注于"面向"未来，哈弗洛克则专注于"回看"历史，二人作为处于同时代却具有不同视野，共同缔造着媒介环境学的学术脉络，使媒介环境学不仅有观测未来的种种洞见，而且具有西方历史和文化中所饱含的强烈的历史厚重感。由于理论的适用语境不同，媒介环境学在融入中国语境时面临着种种困境。为突破媒介环境学在中国的发展瓶颈和避免理论内卷化的应用现状，本研究从媒介环境学在中国的纵深发展、横向移植、旅行中的"驯化"、对话与融合、学术想象力的建构五个维度全面省思了其在中国的学术旅行。此外，结合中西方媒介研究领航人各方观点，笔者将从理论本身的局限性、中西方研究差异等方面作出更多深度思考，也在此基础上为未来研究提出展望。

第一节　启示与思考

　　对于媒介环境学的应用前沿性等问题，笔者请教了刘海龙、胡翼青、何道宽、陈力丹、陈卫星等媒介研究领航人。笔者将结合诸多学者的指导，对如下四个问题展开思考，以对本文阐释未尽的部分作出补充，也希冀借此从不同层面开拓理解媒介环境学的思路。

　　一是基于北美与中国媒介环境学研究现状，提出应反思媒介环境学在中国的研究现状，即就媒介环境学本身而言，将"媒介作为环境"的研究传统是否真的有利于媒介环境学在未来的发展路径。

　　回答这一问题需要我们思考近几年兴起的传播的物质性研究热潮——这一方面得益于技术去弊语境下"身体""技术""基础设施"等大量观照传播物质性研究的涌现，另一方面也得益于知识社会学、媒介考古学、媒介研究的欧洲转向，一种对比分析的路径使研究者"看"问题的角度发生转变，对媒介环境学的理解也发生了改变。如前文所述，传统观念认为，媒介环境学是将"媒介作为环境"的研究。而法国媒介学者雷吉斯·德布雷的"媒介学"则借鉴了研究意义活动过程的符号学，研究媒介作为中介的过程，为阐释媒介与社会的双向互动提供了一种认识论框架。基于此，媒介环境学学会前会长斯特拉特提出将德布雷媒介研究的中介概念应用于理解媒介环境学："若超越'媒介即环境'的观点，我想建议，当我们使用'中介'这个词时，麦克卢汉的观点可以得到最好的理解。"① 随后他沿着麦克卢汉的"媒介即讯息"提出了"媒介即是膜"的隐喻，颇具将媒介视为中介的意味："麦克卢汉认为媒介和技术是人类有机体的延伸，但又坚持认为每一个延伸都是一种截除……当我们与环境打交道时，我们既拒绝又选择。我们将之过滤，又将之媒介化。或者我喜欢说，媒介即是膜（膜就是我们）。我们在混沌与秩序的边缘舞蹈，既拥抱又关闭、既伸展又截断、既接受又逃避。"因此，他得出"麦克卢汉真正关心的是中介过程，而不是媒介作为一种物的研究"②。

同时，也有不少西方学者对此进行过反思，如约克大学的教授朱迪·加兰（Jody Berland）认为，波兹曼 Media Ecology 的"环境学"隐喻虽然助推了麦克卢汉的研究，但实际上是抑制了传播学的生态思维的发展。③ 针对该问题，刘海龙在采访中提到"（中国对媒介环境学的应用）应突破简单的学习、介绍，多学习其思维方法，从中国经验中提升理论，与其对话甚至修正其理论"，并提出了该学派本身的缺陷，即"长于历史回顾，缺乏对短期冲击的回应；长于描述阐释，缺乏哲学理论上的提升；基本还是人文主义的视角，缺乏后人类主义的视角"。

刘海龙提到的缺乏哲学理论上的提升，并非指责媒介环境学没有哲学思维，而是指其哲学意蕴未在媒介实践中被充分开掘。如翁所言："对于微观世界（人类）和宏观世界（宇宙）之间关系的认识，多年来一直是哲学的主要关注对象，至少在西方是这样的。这些关系已经变得紧张，无论有意识的还是潜意识的，对这些问题的讨论不仅出现在科学文献中。而且也存在于大众媒介中，结果是一种比以前所想象的更具普遍意义上的宇宙整体意识已经形成……生态的心理状态最初起源于生物学，但当我们将我们的时代称为'生态时代'时，我们指的是它对互连的关注，这种互连远比简单的生物学连接更为普遍，我们生活在一个有着无数明显互连的时代。"④ 对此，斯特拉特指出，"翁所说的微观世界与宏观世界之间的联系，就是人作为媒介和作为媒介

---

① STRATE L. Korzybski, Luhmann, and McLuhan [J]. Proceedings of the Media Ecology Association, 2010, 11: 31-42.

② STRATE L. Korzybski, Luhmann, and McLuhan [J]. Proceedings of the Media Ecology Association, 2010, 11: 31-42.

③ STEPHENS N. Toward a more substantive Media Ecology: Postman's metaphor versus posthuman futures [J]. International journal of communication, 2014, 8: 19.

④ ONG W J. Ecology and some of its future [J]. Explorations in Media Ecology, 2002, 1 (1): 7.

的宇宙之间的联系，也就是道德本论和宇宙论之间的联系"①，换言之，翁强调的是一种人的哲学，也是一种人的关系哲学，而波兹曼强调的是媒介环境学的人文主义："我理解媒介环境学的全部意义，它的存在是为了进一步深入我们作为人类的立场，以及我们在我们所走的道路上如何在道德上行事。"②可见，媒介环境学本身是人类关系的产物，作为一门元学科，其传统可以追溯到柏拉图、亚里士多德的修辞学，该学派与包括哲学在内的其他很多学科和研究领域都有交叉。

要言之，媒介环境学其实一直以来都未曾放弃追随哲学的思维语境，也有意借鉴欧洲媒介理论的长处，但目前为止其研究前沿性也仅止步于斯特拉特的言说，未能再向前迈进。针对诸多媒介现象，媒介环境学始终未能提供一种针对媒介与社会互动关系的有力的分析框架。对于此，刘海龙在采访中提出该派范式本身存在问题，目前有些式微。胡翼青对该评价表示认同。媒介环境学也确实如胡翼青所批判的，由于"关注作为物种的媒介，关注宏大而空洞的社会文化问题形成了媒介环境学独特的研究气质，导致的结果是该学派离媒介实践的前沿越来越遥远"③。在此次采访中胡翼青指出，媒介研究应打破北美学者划定的框架，勇于冲破旧范式边界。同时他也为未来的媒介环境学研究提出了更为开阔的视野，认为当下应重新吸纳较为成熟的技术生态学观，包括吉布森的技术可供性理论、斯蒂格勒的技术哲学观、芒福德的技术与生态文明观等，才有可能重新建构一种全新的中国"媒介生态学"。

正所谓不破不立。在吸收各方观点的基础上，本书也提倡打破媒介环境学"媒介即环境"的固定单一思维，发展媒介环境学的哲学观、"媒介即是膜"、"媒介即中介"等不同面向的学术脉络，沿着不同路径探索不同媒介环境学人的思想主旨及言说语境，延续其在数字媒介时代的学术脉络，并将之置于媒介实践前沿中，才有可能增强该学派在未来的理论能力。同时，本书借鉴胡翼青的观点，对离身、具身传播的考察加入了哲学、现象学理论视角（第五章第三节），对我们当下的媒介化生存现状、未来的后人类生存状态给出经验学阐释，以当下媒介实践前沿的相关热点话题为例，反思该学派在具体应用中的不足并予以及时补缺。当然，这些都有待于在中国未来的现实语

① STRATE L. A Media Ecology review [J]. Res. trends, 2005, 23：1-48.
② STRATE L. A Media Ecology review [J]. Res. trends, 2005, 23：1-48.
③ 胡翼青，王焕超. 媒介理论范式的兴起：基于不同学派的比较 [J]. 现代传播（中国传媒大学学报），2020，42（4）：24-30.

境中加以修正、补充、拓展。

值得一提的是，如果打破"媒介即环境"的固定思维，积极发展媒介环境学的不同研究面向，我们有必要回头再思考，将 media ecology 翻译为"媒介环境学"是否有些狭隘？毕竟该译法反映着译者对媒介环境学想象中的诠释变异过程，将之译为"媒介环境学"，即确定了将"媒介视为环境"的一种思维倾向。尽管北美的学术传统在之后很长一段时间内一直在这种思维语境中发展延伸，但媒介环境学会长斯特拉特 2010 年提出的"媒介即是膜"的隐喻，主张将媒介视为一种中介，而非环境，意在打破传统的将"媒介视为环境"的思维牢笼，创立一种新的媒介环境学研究脉络。因此，按照梅罗维茨所言的"媒介理论"的叫法，对中国学者而言，我们需要思考，是否以"北美媒介理论"代之更为妥帖。

二是在学术交流日益频繁便捷的当下，为何前文提到的在中国遗漏的经典人物及观点至今仍未进入国人视野？

如前文所述，汉语世界的媒介环境学在经典主流历史叙述之外，存在着许多被疏漏和遗忘的声音。在中国，新闻传播学学科中被提及较多的媒介环境学人物是麦克卢汉、波兹曼、翁、洛根、莱文森、梅罗维茨、埃里克·麦克卢汉、斯特拉特、林文刚等现代派学者。但是，仍有许多伟大的媒介环境学者在中国籍籍无名，如约翰·卡尔金（John Culkin）、爱德蒙·卡彭特、路易斯·福斯戴尔（Louis Forsdele）等。他们主要从事幕后或教育工作，导致这些经典的人物及思想在中国语境下"隐而不发"。正如刘海龙评价传播思想史时所言："仿佛一切事件都是理所当然处在属于自己的位置，但为何会这样分布，却少有人追究。"①

经典人物或作品的"遗失"当然与翻译有着一定的关系，比如我们引进了"麦克卢汉"，却遗忘了未被引介的"哈弗洛克""卡彭特"；我们反复书写对麦克卢汉的"地球村"的理解，却对其在 20 世纪 60 年代就有的媒介教育观、70 年代提出的"全球剧场"概念视而不见；我们仅关注了波兹曼的"恒温观""两个课程"，却因译本的缺失、语境等原因而不知卡尔金、福斯戴尔的媒介教育观；我们都了解梅罗维茨的"媒介场景论"，却不知其提出的"三种媒介素养"。如果说早期的治学者只能依靠数量和质量从有限的中译本进行想象，那么，在学术资源获取日渐便捷的当下，为何一些重要学者和作

---

① 刘海龙.重访灰色地带：传播研究史的书写与记忆［M］.北京：北京大学出版社，2016：导言.

品至今仍在中国新闻传播学领域乏人问津。

针对该问题，笔者采访了何道宽教授。何老说道："对于麦克卢汉的合著，我尚未进行翻译，因我不同意麦克卢汉的一些做派，他'剥削'亲友和来访学者的作风很成问题。"何老主要列举了如下三点"劣迹"：

（1）20世纪60年代以后，他的书信全由他口授，夫人或秘书打字，他签名。

（2）1963年，麦克卢汉研究所成立以后，先后驻所的几位外来学者与他"对话"、帮他整理书稿，交由秘书打字，然后由他牵头发表，这些书有：《从陈词到原型》（与威尔弗雷德·沃森合著）、《把握今天：退出游戏的行政主管》（与巴林顿·内维特合著）、《作为课堂的城市：理解语言和媒介》（与哈钦、埃里克·麦克卢汉合著）、《地球村》（与布鲁斯·鲍尔斯合著）。

（3）《媒介与文明：麦克卢汉的地球村》和《媒介即按摩：麦克卢汉媒介效应一览》这两本书是麦克卢汉在世时由两个超级"麦粉"集纳麦克卢汉语录出版，麦克卢汉没有动一根手指头。

由于上述三种原因，麦克卢汉与他人的合著被有意回避。何老看重作品背后作者本人投入的精力、情绪、态度，认为若不能认同作者的写作方式，便不能很好地与之共情，进而更好地投入翻译，这体现了译者自身的职业素养。

麦克卢汉的"全球剧场""全球膜"的概念及媒介教育观念恰恰广泛存在于其合著中，而何道宽教授对此有意回避。因此，少了文化中间人的"中介"作用，这些观点自然难以及时投射到中国新闻与传播学的理论版图中，且由于我们往往会将注意力过度集中于其经典作品，在译者及学术氛围的带动下多半会忽略其他未被引进的观点。当下，我想中国学者依旧尚未触及这些"隐藏"观点的很大原因在于，我们已身处于这些概念所描述的现状中，这些观点所具有的神谕特性早已被我们在新媒介环境的频繁经验性体察中所覆盖，即使有学者能发现这些遗漏的"经典"，也很难像50年前一样激起涟漪。如同《理解媒介》一样，若该作不是在50多年前诞生，而是产于今日，它还会像当初一样"倍显神谕特质"吗？也就是说，理论应用的语境和场景在当下都发生了改变，其理论力量自然会发生改变。

汉语世界消失的哈弗洛克，堪称道格拉斯所说的"社会唆使下的结构性遗忘症"[①]的典型，其消失的原因与中国将媒介环境学收编于新闻传播学领域

---

① DOUGLAS M. How institutions think [M]. London：Routledge & Kegan Paul，1986：22.

不无关系。正如刘海龙教授在此次采访中所说："中国研究者以新闻学者为主，缺乏扎实的历史研究和哲学研究，视野比较有限。"一是因为哈弗洛克的观点更多与西方哲学与历史相接洽，因此很难在新闻传播学内部得到重视与大规模传播。二是因为社会语境的问题。在西方社会，媒介环境学学术传统在后现代主义思潮中酝酿，强调学科边界模糊、松散特性。因此，哈弗洛克关注西方历史、古希腊文明、媒介、哲学等多种学科的模糊体验在 20 世纪 60 年代的西方必然有着很强的文化适应力，但旅行至中国时，其面对的是一个信息时代，是读写能力祛魅、人类陷入文化困境的时代，哈弗洛克的口语—文字观自然无法引起共鸣。哈弗洛克和翁两位古典学者都回避现代交流，而从历史角度出发来理解技术对人类思维、社会和文化的影响。数字传播技术的飞速发展更加彰显作为未来预言家麦克卢汉的伟大，也必然忽视专注于回看西方古希腊文化变迁的哈弗洛克。所谓不同时代造就不同的人物，不同人开拓着不同的时代。由于理论旅行的能力各有不同，哈弗洛克在中国成为被时代、语境过滤掉的经典人物。

追踪媒介环境学者"失踪"的问题是我们面临的重要问题。重新追溯这些"失踪"的经典，绝不是苛责或批评媒介环境学早期的引介者和研究者，而是通过寻根溯源，去反思和清理中国语境下的媒介环境学研究所面临的思想遗产。媒介环境学派在中国的"失踪"现象不仅与早期的诠释者有关，而且与中国的社会语境、文化及学科规训密切相关。如媒介环境学宗教意蕴的消失、古典学者哈弗洛克的消失、媒介环境学关于媒介的"物质性"研究的盲点、学科层面的驯化等都指向了媒介环境学在不同语境中的适应性问题。对于这些"失踪"的作品和学者，正如刘海龙及何道宽教授所言，这并非说明这些学者或其理论不重要，也不是中国学者没有读到过这些思想，只不过在新闻传播学领域的框架下，国内学者不得不对他们"视而不见"。[①] 也就是说，在传播学理论的跨文化传播过程中，往往需要置于新闻与传播学的理论框架去解读、想象他们。因此，很多学者的理论被裁减、被降格或消失。这便印证了萨义德所说的，理论的旅行总是对变化的社会环境与历史环境的一种回应。[②] 因此，汉语世界的媒介环境学研究不能摆脱自己的社会语境和历

---

① 详见附件采访稿，又见刘海龙. 重访灰色地带：传播研究史的书写与记忆 [M].北京：北京大学出版社，2016：128.

② Traveling theory reconsidered [M] //SAID E W. Reflections on exile and other literary and cultural essays. Cambridge, Mass. : Harvard University Press, 2002：451-452.

史，必须在此基础上前进。

三是反思是突破理论发展瓶颈和避免理论内卷化的关键路径。那么基于本书的反思，在研究和实践层面能得到哪些值得关注的信息？

本书实则是对媒介环境学学术旅行的一种反思。通过反思我们应看到，在研究层面，中国学者更多地关注媒介环境学的现代派学者，却忽略了如哈弗洛克一般的古典学者，这在一定程度上反映了中国新闻与传播学者对媒介环境学在哲学、历史维度研究层面视野的缺失或局限性。因此，为还原理论的原初样貌，应时常考察是否存在"遗失的经典"，其哲学意蕴、宗教起源、语言观、教育观是否被遮蔽。只有如此，才能完善我们对未来媒介环境学的理解，对现状进行反思，以发现媒介环境学在中国的应用困境，对整体观的理解、研究合理性等问题。重新重视这些缺失的经典人物及理论有助于我们更好地对这些问题进行思考，也有助于探索媒介环境学在哲学、语言、教育等不同领域的研究面向。

在实践层面，我们应时常跳出应用场景以检验理论应用是否沦为温吞的学术产物。对于在应用过程中人文关怀与批判性的消失、原理论关注的宏观和长远效果变为对微观现象的解读等变化，正如胡翼青认为，"批判学派在中国并没有消失，而是处于一种潜在状态。当需要批判西方（主要是美国）的传播制度或价值时，批判理论的资源便会被激活并被娴熟运用（如若干年前的'妖魔化中国'的观点），但是当面对中国传播的现实问题时，批判学派的理论锋芒便会藏入剑鞘。这反映了中国学者对待批判理论的双重标准"[①]。媒介环境学人在我国的研究及应用过程中也处于这样一种状态。当只谈理论时，媒介环境学带有的强烈的批判性和人文关怀很难被我们忽视，但当应用于中国媒介实践前沿时，我们有时会将其变为一种中性的理论框架，致使其最终沦为种种温吞的学术产物。这也体现了媒介环境学在直接应用于解读中国微观实践时的困境。如何摆脱传统新闻传播学研究中的那种重实用、缺乏人文关怀或反思性批判的思维，从而避免理论的僵化，是未来媒介环境学发展中值得反思的问题。因此我们有必要时时跳出理论的应用现状，批判性地省思、查验理论是否陷入应用困境中。

四是通过重返经典，将缺失的关键人物置于媒介环境学研究脉络中，会

---

① 胡翼青. 双重学术标准的形成：对批判学派"夭折"的反思 [J]. 国际新闻界，2008（7）：11-14，87.

对我们产生何种启发？

重返经典，有助于发现另类新知，但本书并未打算探究媒介环境学在汉语世界所有"遗失的经典"，而是致力于补缺主流叙事中的关键脉络，或是从被忽视和遮蔽的历史细节中挖掘出观照当下的有益视角。目前，中国治学者根据自己的需求和社会语境对媒介环境学的著作及观点作出了"理性的"选择，使媒介环境学呈现了如上文所述的研究镜像。但若重返经典，并将这些缺失的经典置于整体学派脉络中思考，可以发掘何种新知？

本书主要对哈弗洛克、麦克卢汉遗失的部分观点进行了考察。如何道宽在此次访谈中所言，麦克卢汉被定义为洞见未来交流的远见者，他虽分析了包括口语、拼音文字及印刷术为社会带来的变革力量，但其更加关注未来媒介的影响力量；而哈弗洛克则专注于审视过去，主要通过口语与书面文化来反思西方文明。若使这些"失落的遗迹"在更广阔的历史语境中再脉络化，即将他们代表的不同纬度完整地置于中国媒介环境学学术传统当中，不仅能帮助我们观测未来，也可以植根于文化和历史，带给我们理解文化及历史变迁的新视野。换言之，媒介环境学不仅可以帮助我们分析互联网时代的种种媒介现象及媒介的未来趋势，也可以帮助我们回看中华文明史，而对后者的研究是我们当下所缺乏的。

众所周知，中华文明是四大文明中绵延五千年唯一没有断流的古老文明。那么，从结绳记事、象形壁画、甲骨文，到竹简、帛书，再到纸书，这些媒介如何传承中华文明？从伏生护尚书、秦始皇焚书坑儒、乾隆修编《四库全书》，媒介在中国的政治文化变迁中又是如何反映中国文明的演进的？除了将之应用于当下对新媒介实践的解读中，我们不妨追随哈弗洛克等古典媒介环境学者的研究旨趣，对媒介环境学进行重构，并基于本土语境进行媒介环境学研究。或许唯有如此，我们才有可能发掘新的思想之源、促进理论的超越以至于"回传"对原理论产生影响。

如数字技术变革带来的所谓"革命性断裂"，不仅打开了将大运河文化作为一种新媒介的思考空间，同时也让蕴含"中华民族共同体意识"的大运河文化价值在"回溯期望"中再次被挖掘。为探索我国大运河文化的创新传播机制，发掘大运河文化的数字化保护路径，以更好地开展运河文化的传承与保护工作，我们可以从媒介环境学的视野来审视中国大运河文化。因此，我们不妨将中国大运河视为一种媒介，由传统的作为"交通的核心地位"到作为社会文化变迁表征的"想象的共同体"，即由物资传递功能到仪式功能的转变，大运河承载的早已不是单一传统的运输功能，其千年"人文运河"的文化底蕴日渐显现，已成为中华文化及民族精神的象征。于此，对大运河文化的国际表达与创新传播研究亟待介入媒介环境学的"仪式观"视野，即注重中国大运河在文化层面的叙事表达、传播与媒介技术及由之缔造的共同的民间信仰之间的关系。媒介环境学的诸多视野都可以为解开我们当下的诸多现实困境带来启发。

此外，本研究主张重提麦克卢汉的媒介教育观，重新梳理媒介环境学关于媒介教育的学术传统。北美媒介环境学专注于技术理性的批判和人文主义的反思，认为人们在享受传播技术带来便利的同时，也被技术控制和形塑着，所以将希望寄托于媒介教育。因此，面对社交媒体碎片化的信息汇聚对人造成的冲击，面对人类媒介化的生存状态及其正在发生的原子化社会现状等因技术带来的种种副作用，面对疫情期间人们生活工作愈来愈频繁地转向"线上"，我们有必要回顾和回归媒介环境学的教育观，其贯穿始终的人文关怀是我们在数字传播技术飞速发展、人类对社交媒体依附性愈发增强的媒介环境下应对信息爆炸、信息焦虑、隐私泄露等问题的主要解决路径。其"全球剧场"的概念也足以让我们反思当下抖音、快手、Vlog等媒介兴起的"表演文化"及处处被监视的网络环境。这些缺失的视野都应引起我们的足够重视。

简言之，媒介环境学的诞生与发展，透露着西方的宗教意蕴，反映着古希腊的文明史，同时也暗含着传播学不同范式之间的竞争关系，显示着物质与信息同等重要的观念。本书只是对诸多媒介环境学者共性的探讨，这仅仅是全面理解媒介环境学的冰山一角。当然无论是对该学派的诞生、发展及其价值的研究，还是对其在不同理论面向的探讨，不同学者从不同角度肯定会作出不一样的解读。如在此次交流中谈到该学派的价值时，陈卫星称："这个学派之所以能从北美发育，显然是新教国家的技术乐观主义，（该学派）和美国本土的媒介社会学传统有一定距离。"而对于未来的发展，陈卫星教授继续说道："欧洲的传媒研究偏重更多的社会学因素，本土（媒介环境学的）研究的未来走向完全取决于立场和态度选项。"可见，对不同北美学者思想面向的挖掘及对该理论范式的应用，还有待于在未来更为开放的视野中进一步探讨、研究。

第二节　研究局限

本研究专注于探讨媒介环境学在中国的学术旅行。由于媒介环境学体系庞杂，学者众多，研究中难免挂一漏万，还存在很多局限，主要体现在如下几个方面。

第一，该作主要对媒介环境学在中国呈现了何种及为何呈现这种形态的原因、如何避免理论困境等方面做了详细论证，也对媒介环境学在新媒介时代下凸显的理论缺陷进行了分析，但对媒介环境学理论本身，特别是与欧洲媒介理论的对比中凸显的理论缺陷涉猎较少。换言之，相比其他媒介研究，媒介环境学还存在诸多理论局限，因此，对理论本身缺陷的反思还有待于在未来研究中进行更为细致的探讨。

第二，由于媒介环境学带给我们的并非种种理论框架，而是理解媒介变迁的一种思维。正如刘海龙在评价该理论的未来面向时所言："（媒介环境学）应该突破简单的学习、介绍，多学习其思维方法，从中国经验中丰富理论，与其对话甚至修正其理论。"因此，本研究更多的是从媒介环境学的整体出发，研究过程中的案例分析往往聚焦于典型人物，尚缺乏对诸多北美学者及其理论细节的探讨。未来对媒介环境学的研究还需要在更为开放的研究视野中进行深耕细作。

第三，本书主要将研究内容局限在新闻传播学领域，对旅行至其他学科领域的相关研究关注较少，因此研究的广度也需要进一步拓宽。

总之，本研究是对媒介环境学在中国学术旅行的省思，也是对该学派在未来发展的一种展望，未来的媒介环境学研究应更加关注上述提到的理论局限性，将之置于本土实践脉络以挖掘该学派在不同层面的理论意蕴，这为笔者今后的研究指出了更为明确的道路和方向。

参考文献

［1］彼得斯．对空言说：传播的观念史［M］．邓建国，译．上海：上海译文出版社，2017：12.

［2］彼得斯．交流的无奈［M］．何道宽，译．北京：华夏出版社，2003.

［3］波斯曼．娱乐至死［M］．章艳，译．北京：中信出版集团，2015.

［4］波兹曼．技术垄断［M］．何道宽，译．北京：北京大学出版社，2007：89.

［5］卜卫．传播学思辨研究论［J］．国际新闻界，1996（5）：31-35.

［6］蔡雯．媒介融合发展与新闻资源开发［J］．西南民族大学学报（人文社科版），2006（7）：126-129.

［7］陈浩文．中西方媒介生态学的研究状况和理论反思［D］．广州：暨南大学，2008：32.

［8］陈力丹，毛湛文．媒介环境学在中国接受的过程和社会语境［J］．现代传播（中国传媒大学学报），2013（10）：35-40.

［9］陈力丹．传播学的三大学派［J］．东南传播，2015（6）：36-41.

［10］陈力丹．试论传播学方法论的三个学派［J］．新闻与传播研究，2005（2）：40-47，96.

［11］陈力丹．自我传播的渠道与方式［J］．东南传播，2015（9）：37-41.

［12］陈卫星．传播的观念［M］．北京：人民出版社，2004.

［13］陈卫星．麦克卢汉的传播思想［J］．新闻与传播研究，1997（4）：31-37.

［14］陈员．胡塞尔知觉现象学中的身体理论［J］．南京大学学报（哲学·人文科学·社会科学），2020（2）：140-147.

［15］谌知翼，宗益祥．"传播仪式观"的学术旅行：基于社交媒体时代的回望［J］．新闻春秋，2019（5）：21-26，80.

［16］崔保国．理解媒介生态：媒介生态学教学与研究的展开［C］//2003中国传播学论坛暨CAC/CCA中华传播学术研讨会论文集：上册．上海：复旦大学，2004：257-266.

［17］崔保国．媒介是条鱼：关于媒介生态学的若干思考［J］．媒介观察，2003（10）：6.

［18］戴杨，卡茨．媒介事件：历史的现场直播［M］．麻争旗，译．北京：北京广播学院出版社，2000：165-166.

［19］戴宇辰．"在媒介之世存有"：麦克卢汉与技术现象学［J］．新闻与传播研究，2018（10）：82-128.

［20］戴元光，邵培仁，龚炜．传播学原理与应用［M］．兰州：兰州大学出版社，1988：240.

［21］戴元光．影响传播学发展的西方学人［M］．北京：中国大百科全书出版社，2012.

［22］单波，侯雨．思想的阴影：西方传播学古希腊渊源的批评性考察［J］．新闻与传播研究，2017（12）：15-35，126.

［23］单波，王冰．西方媒介生态理论的发展及其理论价值与问题［J］．新闻与传播研究，2006（3）：2-13，93.

［24］党明辉，郭欣荣．"传播的偏向"理论视域下中国网络传播学术研究：基于媒介形态知识图谱的对比分析［J］．当代传播，2020（4）：35-39，63.

［25］德克曼夫（亦译为德克霍夫）．文化肌肤：真实社会的电子克隆［M］．汪冰，译．保定：河北大学出版社，1998：262.

［26］丁方舟．论传播的物质性：一种媒介理论演化的视角［J］．新闻界，2019（1）：71-78.

［27］董浩．技术现象学视域下人与媒介的关系省思及认识方法补阙［J］．新闻与传播评论，2020（1）：19-31.

［28］杜方伟．论麦克卢汉"地球村"的理论与现实［J］．高教学刊，2015（17）：250-251.

［29］樊水科．从"传播的仪式观"到"仪式传播"：詹姆斯·凯瑞如何被误读［J］．国际新闻界，2011（11）：32-36，48.

［30］范龙．媒介的直观：麦克卢汉传播学研究的现象学方法［D］．武汉：华中科技大学，2007.

［31］范龙．媒介现象学：麦克卢汉传播思想研究［M］．北京：中国大百科全书出版社，2012.

［32］高慧芳．"地球村"的理论嬗变：从部落化现象到媒介生态［J］．

文艺理论研究，2018（5）：208-216.

［33］高慧敏．从口语日记到 Vlog：身体视域下的一种自我传播形态演变［J］．中国地质大学学报（社会科学版），2020（1）：105-113.

［34］高翊凯，邱慧．媒介及隐喻：尼尔·波兹曼媒介哲学探究［J］．自然辩证法研究，2018（7）：48-54.

［35］高竹梅．传奇式的传播学家：关于麦克卢汉［J］．现代传播（北京广播学院学报），1998（2）：40-42.

［36］郭恩强．理论的旅行：重思职业社会学脉络中的中国新闻专业主义研究［J］．国际新闻界，2011（9）：59-64.

［37］郭建斌．如何理解"媒介事件"和"传播的仪式观"：兼评《媒介事件》和《作为文化的传播》［J］．国际新闻界，2014（4）：6-19.

［38］郭庆光．传播学教程［M］．北京：中国人民大学出版社，2011：120.

［39］郭镇之．关于麦克卢汉的思想：与埃里克麦克卢汉博士的一次访谈［J］．现代传播（中国传媒大学学报），1999（4）：3-5.

［40］何冰洁．媒介环境学视域下微博的传播偏向研究［D］．郑州：郑州大学，2019.

［41］何道宽．"天书"能读：麦克卢汉的当代诠释［J］．四川外国语学院学报，2003（1）：123-128.

［42］何道宽．加拿大传播学派的双星：伊尼斯与麦克卢汉［J］．深圳大学学报（人文社科版），2002（5）：93-99.

［43］何道宽．麦克卢汉的遗产：超越现代思维定势的后现代思维［J］．深圳大学学报（人文社会科学版），1999（4）：3-5.

［44］何道宽．麦克卢汉的昨天、今天和明天：纪念麦克卢汉百年诞辰［J］．国际新闻界：2011（7）：6-12.

［45］何道宽．媒介环境学：从边缘到庙堂［J］．新闻与传播研究，2015（3）：117-125.

［46］何道宽．媒介环境学辨析［J］．国际新闻界，2007（1）：46-49.

［47］何道宽．什么是媒介环境学？［EB/OL］．（2008-09-26）［2020-12-18］．https：//www.douban.com/group/topic/4257819/.

［48］何道宽．夙兴集［M］．上海：复旦大学出版社，2013：321.

［49］何道宽．像永动机一样把学问做下去，直至永远［EB/OL］．

（2017-08-15）［2020-12-18］. http：//www. chinawriter. com. cn/n1/2017/0815/c405057-29472031. html.

［50］何道宽. 异军突起的第三学派：媒介环境学评论之一［J］. 深圳大学学报（人文社会科学版），2006（6）：104-108.

［51］何晶娇，褚传弘，陈媛媛. 媒介物质性：伊尼斯"媒介-文明"观再思［J］. 新闻界，2020（11）：72-79.

［52］贺红英. 电视带领我们进入"地球村"时代：兼评中央电视台的引进节目［J］. 中国电视，2002（2）：3.

［53］胡翼青，李璟. 媒介生态学的进路：概念辨析、价值重估与范式重构［J］. 新闻大学，2022（9）：1-13，117.

［54］胡翼青，王焕超. 媒介理论范式的兴起：基于不同学派的比较［J］. 现代传播（中国传媒大学学报），2020，42（4）：24-30.

［55］胡翼青. 传播学：学科危机与范式革命［M］. 北京：首都师范大学出版社，2004.

［56］胡翼青. 双重学术标准的形成：对批判学派"夭折"的反思［J］. 国际新闻界，2008（7）：11-14，87.

［57］胡翼青. 为媒介技术决定论正名：兼论传播思想史的新视角［J］. 现代传播（中国传媒大学学报），2017（1）：51-56.

［58］黄星民. 礼乐传播初探［J］. 新闻与传播研究，2000（1）：27-35，95.

［59］黄雅兰. communication 的汉译看传播研究在中文世界的知识旅行［J］. 新闻与传播研究，2019（9）：57-74，127.

［60］黄志斌. 冷热媒介传统划分标准误区及概念探析［J］. 北京印刷学院学报，2006（2）：46-48.

［61］嵇美云. "内部的局外人"：宗教对西方传播学媒介环境学派的影响［J］. 新闻大学，2016（5）：81-92，150.

［62］蒋原伦. 媒体文化与消费时代［M］. 北京：中央编译出版社，2004：98.

［63］靳松. "热"媒介与"凉"媒介［J］. 新闻大学，1995（3）：32.

［64］居延安. 信息·沟通·传播［M］. 上海：上海人民出版社，1986.

［65］凯瑞. 作为文化的传播："媒介与社会"论文集［M］. 丁未，译. 北京：华夏出版社，2005：7.

［66］库恩．科学革命的结构［M］．金吾伦，胡新和，译．北京：北京大学出版社，2003：83.

［67］库克里克．微粒社会［M］．黄昆，夏柯，译．北京：中信出版集团，2017：88.

［68］莱文森．莱文森精粹［M］．何道宽，译．北京：中国人民大学出版社，2007：128.

［69］莱文森．软利器［M］．何道宽，译．上海：复旦大学出版社，2011.

［70］莱文森．数字麦克卢汉［M］．何道宽，译．北京：社会科学文献出版社，2001：21，35，268.

［71］莱文森．数字麦克卢汉：信息化新千纪指南［M］．2版．何道宽，译．北京：北京师范大学出版社，2014：第二版序2.

［72］莱文森．新新媒介［M］．何道宽，译．上海：复旦大学出版社，2011：3.

［73］赖晓航．信息即逆熵：解读麦克卢汉的媒介讯息论［J］．当代传播，2004（1）：41-48.

［74］李彬，刘海龙．20世纪以来中国传播学发展历程回顾［J］．现代传播，2016（1）：32-43.

［75］李彬．传播学引论［M］．北京：新华出版社，1993：155-168.

［76］李彬．奇文共欣赏疑义相与析：麦克卢汉媒介观之新探［J］．郑州大学学报（哲社版），1991（4）：89-96.

［77］李畅．媒介环境学视域下微信的传播偏向研究［J］．西南民族大学学报（人文社科版），2018（6）：161-165.

［78］李红涛，黄顺铭．"驯化"媒介社会学：理论旅行、文化中间人与在地学术实践［J］．国际新闻界，2020（3）：129-154.

［79］李泓江，杨保军．"液态"理论的旅行及其对新闻学研究的启示［J］．社会科学战线，2019（9）：254-261.

［80］李家蒲．论传播仪式观中的社会认同现象：以"西兰花之战"为例［J］．新闻文化建设，2020（6）：100-101.

［81］李良荣，周宽玮．媒体融合：老套路和新探索［J］．新闻记者，2014（8）：16-20.

［82］李凌凌．"地球村"还是"全球化"？解读今天的传播环境［J］．

当代传播，2003（3）：16-19.

［83］李明伟．媒介环境学派与"技术决定论"［J］．国际新闻界，2006（11）：40-43，48.

［84］李明伟．媒介形态理论研究［D］．北京：中国社会科学院研究生院，2005.

［85］李明伟．知媒者生存：媒介环境学纵论［M］．北京：北京大学出版社，2007：165-178，203，228.

［86］李明伟．作为一个研究范式的媒介环境学派［J］．国际新闻界，2008（1）：52-56.

［87］李思乐．传播学在中国的"理论旅行"（1978—2008）：基于传播学学术翻译出版史的考察［J］．出版广角，2017（22）：80-82.

［88］李曦珍，王晓刚．媒介环境学对技术认识论的争论［J］．云南社会科学，2011（5）：44-48.

［89］李曦珍．麦克卢汉"媒介即讯息"的认识论原理［J］．国外社会科学，2013（3）：54-63.

［90］利文森（又作莱文森）．软边缘：信息革命的历史与未来［M］．熊澄宇，等译．北京：清华大学出版社，2002：4，7-10.

［91］梁颐．北美Media Ecology和我国"媒介生态学"、"媒介环境学"关系辨析：基于一种传播学研究乱象的反思［J］．东南传播，2013（12）：7-11.

［92］梁颐．贡献于媒介环境学基本问题成形的古典学家：多伦多学派［J］．新闻界，2013（19）：203-204.

［93］梁颐．媒介环境学者与"技术决定论"关系辨析［J］．新闻界，2013（9）：1-8.

［94］廖卫民．全球媒介之城与融合传播之道：人类命运共同体思想的价值启示［J］．浙江大学学报（人文社会科学版），2020（1）：152-165.

［95］林文刚．媒介环境学：思想沿革与多维视野［M］．2版．何道宽，译．北京：中国大百科全书出版社，2019：第一版编者序30-33，第二版编者序21，绪论10，56，281.

［96］林文刚．媒介环境学思想沿革与多维视野［M］．何道宽，译．北京：北京大学出版社，2019：中文版序10.

［97］刘海龙．"判断"是人的基本权利，但我们正在把它交给算法［EB/OL］．（2020-11-18）［2020-11-20］．腾讯研究院《再见巴别塔》微

信公众号．

［98］刘海龙．病毒的传播学［EB/OL］．（2020-07-07）［2020-11-12］．
https：//site. douban. com/303885/widget/notes/194264251/note/769870289/.

［99］刘海龙．传播中的身体问题与传播研究的未来［J］．国际新闻界，
2018（2）：37-46.

［100］刘海龙．重访灰色地带：传播研究史的书写与记忆［M］．北京：
北京大学出版社，2016：序言，导言，58，128.

［101］刘禾．跨语际实践［M］．宋伟杰，等译．北京：生活·读书·新
知三联书店，2020：111.

［102］刘建明．"仪式"视角下传播研究几个关键概念被误读现象研究：
与郭建斌教授商榷［J］．国际新闻界，2015（11）：64-74.

［103］刘建明．媒介环境学理论范式：局限与突破［J］．武汉大学学报
（人文科学版），2009（3）：376-380.

［104］刘力群．论我国传播学研究之得失及新的突破［M］//中国社会
科学院新闻研究所．新闻学研究十年：1978-1988．北京：人民出版社，1990：
46-61.

［105］刘娜，梁潇．媒介环境学视阈下 Vlog 的行为呈现与社会互动新思
考［J］．现代传播（中国传媒大学学报），2019（11）：47-54.

［106］刘婷，张卓．身体-媒介/技术：麦克卢汉思想被忽视的维度［J］．
新闻与传播学研究，2018（5）：46-127.

［107］陆道夫．多伦多传播学派媒介文化理论初探［J］．学术论坛，
2004（2）：163-167.

［108］洛根．理解新媒介：延伸麦克卢汉［M］．何道宽，译．上海：复
旦大学出版社，2012：24.

［109］马尔尚．麦克卢汉：媒介即信使［M］．何道宽，译．北京：中国
人民大学出版社，2003：253.

［110］麦克卢汉，秦格龙．麦克卢汉精粹［M］．何道宽，译．南京：南
京大学出版社，2000：9，278，405-445，567-568.

［111］麦克卢汉．机器新娘：工业人的民俗［M］．何道宽，译．北京：
中国人民大学出版社，2004：序言．

［112］麦克卢汉．理解媒介：论人的延伸［M］．何道宽，译．南京：译
林出版社，2019：19-22，33，66-67.

［113］麦克卢汉．理解媒介［M］．何道宽，译．北京：商务印书馆，2000：第一版序，85.

［114］梅罗维茨．消失的地域：电子媒介对社会行为的影响［M］．肖志军，译．北京：清华大学出版社，2002：原著前言．

［115］梅琼林．传播技术理论的现代历程及其文化反思［J］．东南大学学报（哲学社会科学版），2006（4）：76-80，127.

［116］米尔斯．社会学的想象力［M］．李康，译．北京：北京师范大学出版社，2017：20.

［117］米勒．修正主义、反讽与感伤的面具［M］//王宁．新文学史．北京：清华大学出版社，2001：27.

［118］潘忠党．反思、思维的独立和研究真问题［J］．新闻大学，2008（2）：30-33.

［119］彭建，周钰哲，孙美玉，等．5G 十大细分应用场景研究［N］．中国计算机报，2019-07-15.

［120］冉聃．赛博空间、离身性与具身性［J］．哲学动态，2013（6）：89.

［121］商娜红，刘婷．北美媒介环境学派：范式、理论及反思［J］．新闻大学，2013（1）：69-76.

［122］邵培仁．华夏传播理论［J］．现代传播（中国传媒大学学报），2017（10）：70-74.

［123］邵培仁．华夏传播理论［M］．杭州：浙江大学出版社，2020.

［124］邵培仁．媒介生态学研究的新视野：媒介作为绿色生态的研究［J］．徐州师范大学学报（哲学社会科学版），2008（1）：135-144.

［125］邵培仁．思想·理论·趋势：对北美媒介生态学研究的一种历史考察［J］．浙江大学学报（人文社会科学版），2008（3）：180-190.

［126］社科院新闻所世界新闻研究室．传播学简介［M］．北京：人民日报出版社，1983：14-16.

［127］施拉姆．传播学概论［M］．陈亮，周立方，李启，译．北京：新华出版社，1984：136-137，140.

［128］施瓦布．理论的旅行和全球化的力量［J］．国荣，译．文学评论，2000（2）：143.

［129］史蒂文森．认识媒介文化：社会理论与大众传播［M］．王文斌，

译．北京：商务印书馆，2001：前言，197.

［130］束开荣，杨石华．现象学视角下《理解媒介》学术阅读史［J］．编辑之友，2019（12）：11-19.

［131］斯宾塞．社会学研究［M］．张红晖，胡红波，译．北京：华夏出版社，2001：92.

［132］宋小舟，林大津．学术翻译与中国媒介环境学的发展：何道宽教授访谈录［J］．国际新闻界，2016（9）：6-19.

［133］宋晓舟．中国传播学发展的译者贡献：以"何道宽现象"为例［D］．福州：福建师范大学，2017：117.

［134］孙萍．"算法逻辑"下的数字劳动：一项对平台经济下外卖送餐员的研究［J］．思想战线，2019（6）：50-57.

［135］孙玮．交流者的身体：传播与在场：意识主体、身体-主体、智能主体的演变［J］．国际新闻界，2018（12）：83-103.

［136］汤文辉．略论英尼斯与麦克卢汉学术思想的差异［J］．广西师范大学学报（哲学社会科学版），2012（2）：60-63.

［137］唐佳．萨义德"旅行理论"探析［D］．西安：西北大学，2012：8.

［138］唐绪军．新中国新闻与传播学研究70年［M］．北京：中国社会科学出版社，2019：338.

［139］陶冠红，丁振，白雪．保罗・莱文森与麦克卢汉传播学思想比较［J］．无限互联科技，2013（9）：190-192.

［140］王冰．北美媒介环境学的理论想象［M］．北京：光明日报出版社，2010：116.

［141］王润．论麦克卢汉与芒福德"媒介"延伸观［J］．国际新闻界，2012（11）：40-45.

［142］王怡红，胡翼青．中国传播学30年［M］．北京：中国大百科全书出版社，2010：5.

［143］王怡红．"忧虑的时代"与不忧虑的麦克卢汉［J］．国际新闻界，1997（1）：50-53.

［144］文芳，王瀚东．"传播概念"中的概念传播：《传播概念・Public Opinion》的翻译问题［M］//罗以澄，等．中国媒体发展研究报告．武汉：武汉大学出版社，2010：381.

［145］翁．口语文化与书面文化：词语的技术化［M］．何道宽，译．北京：北京大学出版社，2008：自序，61-64.

［146］吴璟薇，曾国华，吴余劲．人类、技术与媒介主体性：麦克卢汉、基特勒与克莱默尔媒介理论评析［J］．全球传媒学刊，2019（1）：3-16.

［147］吴宁宁．身体主体与技术的双重内涵［J］．湖南师范大学社会科学学报，2016（6）：73-79.

［148］夏春祥．言诠与我群：评价《话语的摸索与寻绎：传播观念史》［J］．传播研究与实践（台湾），2012（3）：201-222.

［149］谢天振．比较文学与翻译研究［M］．上海：复旦大学出版社，2011：112.

［150］谢天振．译介学［M］．增订本．北京：北京大学出版社，2013：1.

［151］徐国源．论民间传播及其民族习性［J］．苏州大学学报，2005（3）：89-93.

［152］闫伊默，刘玉．仪式传播：传播研究的文化视角［J］．湖北经济学院学报，2009（2）：116-119.

［153］颜建军．关于建立中国沟通学的设想［J］．新闻学刊，1987（1）：50.

［154］杨汉云，杨祎．国内麦克卢汉媒介理论研究述评［J］．当代传播，2011（6）：126-127.

［155］杨颖．新媒介时代多伦多传播学派的传承和发展：兼评德克霍夫的媒介思想［J］．国际新闻界，2011（2）：19-24.

［156］姚峥．仪式观的传播：传播学视角下上海地区的伊斯兰教：以杨浦区为例［D］．上海：复旦大学，2012.

［157］伊尼斯．传播的偏向［M］．何道宽，译．北京：中国人民大学出版社，2003：前言，71，238.

［158］殷乐，高慧敏．具身互动：智能传播时代人机关系的一种经验性诠释［J］．新闻与写作，2020（11）：28-36.

［159］殷乐．媒介融合环境下欧美受众研究的范式转换［J］．新闻与传播研究，2010（6）：70-78，112.

［160］殷乐．媒体与新生代的关系建构与引导［J］．青年记者，2016（13）：22-24.

［161］殷乐．新媒体平台的文化传承：问题与对策［J］．现代传播，

2015（12）：119-123.

［162］殷晓蓉．战后美国传播学的理论发展：经验主义和批判学派的视域及其比较［M］．上海：复旦大学出版社，2000：79.

［163］袁滨烨，石宽宽．传播仪式观视域下的文化类慢综艺研究：以《见字如面》为例［J］．西部广播电视，2020（12）：84-85.

［164］张骋．是"媒介即讯息"，不是"媒介即信息"：从符号学视角重新理解麦克卢汉的经典理论［J］．新闻界，2017（10）：45-50.

［165］张鑫，任鹏．理解新媒介：网络时代重读麦克卢［J］．长沙理工大学学报（社会科学版），2004（1）：110-112.

［166］张咏华．新形势下对麦克卢汉媒介理论的再认识［J］．现代传播（中国传媒大学学报），2000（1）：33-39.

［167］张咏华．媒介分析：传播技术神话的解读［M］．上海：复旦大学出版社，2002.

［168］张昱辰．媒介与文明的辩证法："话语网络"与基特勒的媒介物质主义理论［J］．国际新闻界，2016（1）：76-87.

［169］赵月枝．否定之否定？从中外传播学术交流史上的3S说起［J］．国际新闻界，2019（8）：6-37.

［170］郑素侠．技术创造环境：对麦克卢汉传播思想的一种考察［J］．当代传播，2006（2）：30-32.

［171］朱豆豆．从宣传到战略传播：美国宣传观念分野、影响及新宣传话语研究［J］．新闻界，2020（7）：78-95.

［172］朱豆豆．学术期刊与微信公众号融合发展困境及对策研究［J］．现代出版，2019（4）：32-35.

［173］朱艳．全球化背景下的信息传播不平衡现象［J］．当代传播，2005（5）：75-77.

［174］祝帅．"学术前沿"还是"理论旅行"关于"传播政治经济学"介入设计研究的思考［J］．新美术，2017（4）：57-63.

［175］1/3 of Americans suffer from digital Amnesia［EB/OL］．（2021-03-01）［2020-09-16］．https：//www.pandasecurity.com/en/mediacenter/news/digital-amnesia-survey/.

［176］ABEL R. Marshall McLuhan："a master of academic grandstanding"［J］．Logos，2001，12（3）：138-142.

［177］ANDERSEN B. Imagined communities［M］. London：Verso，1991.

［178］ANDREW C. After the global village［EB/OL］.（2012-03-12）
［2020-11-22］. https：//mcluhangalaxy. wordpress. com/2016/06/03/after-the-
global-village-an-essay-by-david-crystall/.

［179］ANTON C. History, orientations, and future directions of media
ecology［M］// PASADEOS Y, DIMITRAKOPOULOU D. Mass media research：
international approaches. Athens：Athens Institute for Education and Research，
2006：299.

［180］ASSMANN A, ASSMANN J. Einleitung［M］//HAVELOCK E
A. Schriftlichkeit das griechische alphabet als kulturelle revolution. Weinheim：
VCH，1990：20.

［181］BECHER T, TROWLER P. Academic tribes and territories：
intellectual enquiry and the culture of disciplines［M］. 2nd ed. Philadelphia：The
Society for Research into Higher Education & Open University Press，2001：184.

［182］BLOLAND H G. Postmodernism and higher education［J］. The journal
of higher education，1995，66（5）：521-559.

［183］BLOOM H. A map of misreading［M］. New York：Oxford University
Press，1980.

［184］BLOOM H. Kabbalah and criticism［M］. New York：Seabury Press，
1975：103.

［185］BOLTER J D. Writing space：the computer, hypertext, and the history
of writing［M］. Hillsdale, NJ：Lawrence Erlbaum Associates, Inc. ，1991.

［186］BROWN J S, ADLER R P. Minds on fire：open education, the long
tail, and Learning 2. 0.［J］. Educause review，2006，43（1）：16-32.

［187］CALI D D. On disciplining mediaecology［J］. Explorations in Media
Ecology，2012，10：335-346.

［188］CAREY J W. Communication as culture［M］. New York：Routledge，
2009：13，15，123.

［189］CAREY J W. Communication as culture：essays on media and society
［G］. Londres：Routledge，1992：16.

［190］CAREY J W. Mass communication research and cultural studies：an
Americanview［M］//CURRAN J, GUREVICH M, WOOLACOTT J. Mass com-

munication and society. Londres: Edward Arnold, 1977: 409-425.

［191］ CATAWBA. Religion & philosophy: the academic meta - disciplines ［EB/OL］. (2020-12-22)［2021-01-10］. https: //catawba. edu/academics/ programs/undergraduate/religion-philosophy/why-major/disciplines/.

［192］ CATHERINE F. How Prometheus is bound: applying the Innis method of communication analysis to the Internet ［J］. Canadian journal of communication, 2003, 28 (1): 9.

［193］ CHEN C M. CiteSpace II: detecting and visualizing emerging trends and transient patterns in scientific literature ［J］. Journal of the association for Information Science & Technology, 2006, 57 (3): 359-377.

［194］ COULDRY N. Media rituals: a critical approach ［M］. London: Routledge, 2003.

［195］ CORMIER D. Rhizomatic education: community as curriculum ［J/OL］. Innovate: Journal of Online Education, 2008, 4 (5): 1-6［2020-08-03］. https: //core. ac. uk/reader/51073522.

［196］ DAYAN D, KATZ E. Media events: the live broadcasting of history ［M］. Cambridge, Mass.: Harvard University Press, 1992: 60, 221.

［197］ DE SOLA POOL I. Technologies of freedom ［M］. Cambridge, Mass.: Harvard University Press, 1983: 23.

［198］ DEBRAY R. Media manifestos: on the technological transmission of cultural forms ［M］. RAUTH E, Trans. New York: Verso, 1996.

［199］ DEBRAY R. Introduction à la médiologie ［M］. Paris: Presses Universitaires de France, 2000: 314.

［200］ DELEUZE G, GUATARRI F. A thousand plateaus: capitalism and schizophrenia ［M］. London: University of Minnesota Press, 1987: 21.

［201］ DONK A. The digitization of memory: blessing or curse? a communication science perspective ［J］. Mi technology, 2009 (6): 1-17.

［202］ DOUGLAS M. How institutions think ［M］. London: Routledge & Kegan Paul, 1986: 22.

［203］ DRIEDGER L, REDEKOP P. Testing the Innis and McLuhan theses: mennonite media access and TV use ［J］. The Canadian review of Sociology and Anthropology , 1998, 35: 43-64.

［204］EASTHAN S. The media matrix： deepening the context of communication studies ［M］. Lanham， MD： University Press of America， 1990.

［205］EISENSTEIN E L. Die druckerpresse. kulturrevolutionen im frühen modernen Europa ［M］. Wien： Springer， 1997： 234-235.

［206］FRIESEN N. McLuhan's 1960 report on project in understanding new media ［EB/OL］. （2014-11-18） ［2020-10-12］. http： //blogs. ubc. ca/nfriesen/2014/11/18/mcluhans-1960-report-on- project-in-understanding-new-media/.

［207］GIBSONJ J. The ecological approach to visual perception ［M］. Boston： Houghton-Mifflin， 1986： 127.

［208］GLADNEY G A. Technologizing of the word： toward a theoretical and ethical understanding ［J］. Journal of Mass Media Ethics， 1991， 6： 93-105.

［209］GOODY J. Literacy in traditional societies ［M］. Cambridge， Eng. ： Cambridge University Press， 1968.

［210］GOODY J， WATT I. The consequences of literacy ［J］. Comparative Studies in Society and History， 1963， 5： 304-345.

［211］GOWDY J M. Discussion papers： progress and environmental sustainability ［J］. Environ Ethics， 1994， 16： 41-55.

［212］HALL E T. Beyond culture ［M］. Garden City， N. Y. ： Anchor Press， 1976.

［213］HALVERSON J. Havelock on greek orality and literacy ［J］. Journal of the history of ideas， 1992， 53： 148-163.

［214］HAVELOCK E A. The muse learns to write： reflections on orality and literacy from antiquity to the present ［M］. New Haven， CT： Yale University Press， 1986： 39， 101-110.

［215］HAVELOCK E A. Preface to Plato ［M］. Cambridge： Belknap Press of Harvard University Press， 1963： 42-43， 56.

［216］HAVELOCK E A. The Greek concept of justice： from its shadow in Homer to its substance in Plato ［M］. Cambridge， Mass. ： Harvard University Press， 1978： 25.

［217］HAVELOCK E A. The literate revolution in Greece and its cultural consequences ［M］. Princeton： Princeton University Press， 1982： 72-74， 82.

［218］HEIM M. Electric language：a philosophical study of wordprocessing ［J］. Philosophy and rhetoric，1989，22（3）：219－221.

［219］HEIM M. The metaphysics of virtual reality ［M］. New York：Oxford University Press，1993.

［220］HOFSTEDE G. Motivation，leadership and organization：do American theories apply abroad? ［J］. Organizational dynamics，1980，9（1）：42－63.

［221］IHDE D. Existential technics ［M］. Albany：State University of New York Press，1983：53.

［222］INNIS H A. The bias of communication ［M］. Toronto：University of Toronto Press，1951.

［223］ISLAS O，BERNAL J D. Media ecology：a complex and systemic metadiscipline ［J］. Philosophies，2016，1：190－198.

［224］JONES P. The technology is not the cultural form?：Raymond Williams's sociological critique of Marshall McLuhan ［J］. Canadian journal of communication，1998，23：431.

［225］KATE M. Media ecology ［EB/OL］.（2012－05－23）［2021－03－12］. https：//www. oxfordbibliographies. com/view/document/obo－9780199756841/obo－9780199756841-0054. xml.

［226］KILLMEIER M A. The body medium and media ecology：disembodiment in the theory and practice of modern media ［J］. Proceedings of the Media Ecology Association，2009，10：35－47.

［227］KITTLER F. Literature，media，information systems ［M］. Amsterdam：G+B Arts，1997：126.

［228］KNAPP G A. Race，class，gender：reclaiming baggage in fast travelling theories ［J］. European journal of Women's Studies，2005，12（3）：249－265.

［229］KOSNIKA D. The metaphor morphs：from global village to global theatre ［EB/OL］.（2015－08－17）［2020－11－02］. https：//mcluhangalaxy. wordpress. com/2015/08/17/the－metaphor－morphs－from－global－village－to－global－theatre/.

［230］KUHNS W. The post－industrial prophets：interpretation of technology ［M］. New York：Weybright & Talley，1971：257.

［231］LEARY T. Chaos and cyber culture ［M］. Berkeley：Ronin Publishing

Inc., 1994: 16, 82.

[232] LEVINSON P. Digital McLuhan: a guide to the information millennium [M]. London: Routledge, 1999.

[233] LEVINSON P. The soft edge: a natural history and future of the information revolution [M]. New York: Routledge, 1997: 4.

[234] LEVINSON P. McLuhan and media ecology [J]. Proceedings of the Media Ecology Association, 2000, 1: 17-22.

[235] LINCOLN Y S, GUBA E G. Naturalistic inquiry [M]. Thousand Oaks: Sage, 1985.

[236] LOGAN R K. The five ages of communication [J]. Explorations in Media Ecology, 2002, 1: 13-20.

[237] LOGAN R K. Understanding new media: extending Marshall McLuhan [M]. New York: Peter Lang Publishing, 2010: 33-34.

[238] LOGAN R K. Understanding humans: the extensions of digital media [J]. Information, 2019, 10: 304.

[239] LORIMER R. Marshall McLuhan: media genius [J]. Logos, 2001, 12 (2): 79.

[240] MATTELART A, MATTELART M. Theories of communication [M]. Biddies Ltd, 1998: 3.

[241] MCLUHAN M. At the moment of sputnik the planet became a global theater in which there are no spectators but only actors [J]. Journal of communication, 1974, 24 (1): 48-58.

[242] MCLUHAN E, SZKLAREK J. The medium and the light [M]. Toronto: Stoddart, 1999: 103.

[243] MCLUHAN E, ZHANG P. Pivotal terms in media ecology: a dialogue [J]. ETC: A review of general Semantics, 2012, 69: 246-276.

[244] MCLUHAN M, FIOR Q. The medium is the massage: an inventory of effects [M]. Corte Madera, CA: Gingko Press, 1967: 50, 63, 138.

[245] MCLUHAN M, HUTCHON K, MCLUHAN E. City as classroom: understanding language and media [M]. Agincourt: Book Society of Canada, 1977: 220-221.

[246] MCLUHAN M, MCLUHAN E. Laws of media: the new science [M].

Toronto: University of Toronto Press, 1988.

[247] MCLUHAN M, NEVITT B. Take today: the executive as dropout [M]. New York: Harcourt Brace Jovanovich, 1972: 145.

[248] MCLUHAN M, WATSON W. From cliché to archetype [M]. New York: Viking Press, 1970: 10-12.

[240] MCLUHAN M. Counterblast [M]. Toronto: McClelland and Stewart Limited, 1969: 40.

[250] MCLUHAN M. Culture is our business [M]. New York: McGraw-Hill, 1970: 191.

[251] MCLUHAN M. Electronics & the psychic drop-out [J]. This magazine is about schools, 1966, 1 (1): 37-42.

[252] MCLUHAN M. Five sovereign fingers taxed the breath [M]//CARPENTER E, MCLUHAN M. Explorations in communication: an anthology. Boston: Beacon Press, 1960: 207-208.

[253] MCLUHAN M. The brain and the media: the "western hemisphere" [J]. Journal of communication, 1978, 28 (4): 54-69.

[254] MCLUHAN M. The Gutenberg galaxy: the making of typographic man [M]. Toronto: University of Toronto Press, 1962: 199.

[255] MCLUHAN S, STAINES D. The end of the work ethic [M]// MCLUHAN M. Understanding me. Toronto: McClelland & Stewart Ltd, 1972: 197.

[256] MCLUHAN S, STAINES D. Understanding me: lectures and interviews [M]. Cambridge, Mass.: MIT Press, 2003: 271.

[257] MCQUAIL D. McQuail's mass communication theory [M]. 6th ed. London: Sage Publications Ltd, 2010: 163.

[258] MERLEAU-PONTY M. Phenomenology of perception [M]. SMITH C, Trans. London: Routledge, 2002: 106.

[259] MEYROWITZ J. Multiple medialiteracies [J]. Journal of communication, 1998, 48 (1): 96-108.

[260] MEYROWITZ J. No sense of place: the impact of electronic media on social behavior [M]. paperback edition. New York: Oxford University Press, 1986: 20-21.

[261] MEYROWITZ J. Medium theory [M]// CROWLEY D, MITCH-

ELLD. Communication theory today. Cambridge: Polity Press, 1994: 70.

[262] MORRISON J C. Marshall McLuhan: no prophet without honor [J]. AmeriQuests, 2006, 3 (2).

[263] MORRISON J C. Marshall McLuhan: the modern janus [M] //LUM C M K. Perspectives on culture, technology and communication: the media ecology tradition. Cresskill: Hampton Press, 2006.

[264] MUMFORD L. The city in history: its origins, its transformations, and its prospects [M]. New York: Harcourt Brace&World, 1961: 5-6, 16, 563-567.

[265] MUNSON E S, WARREN C A. James Carey: a critical reader [M]. Minneapolis: University of Minnesota Press, 1997: 328-329.

[266] NYSTROM C. Towards a science of media ecology: the formulation of integrated conceptual paradigms for the study of human communication systems [D]. New York: New York University, 1973.

[267] OLSON D. From utterance to text: the bias of language in speech and writing [J]. Harvard educational review, 1977, 47: 262.

[268] ONG W J. Ecology and some of its future [J]. Explorations in Media Ecology, 2002, 1 (1): 7.

[269] ONG W J. Orality and literacy: the technologizing of the word [M]. London: Routledge, 1982.

[270] ONG W J. An ong reader: challenges for further inquiry [M]. Cresskill, NJ: Hampton Press, 2002.

[271] ONG W J. Faith and contexts [M]. Atlanta: Scholars Press, 1992.

[272] ONG W J. Orality and literacy: the technologizing of the word [M]. New York: Routledge, 2002: 107.

[273] PETERS J D. Helmholtz, Edison, and sound history [M] //RABINOVITZ L, GEIL A. Memory bytes. Durham, NC: Duke University Press, 2004: 177-198.

[274] POSTMAN N. The reformed English curriculum [M] //EURICH A C. High school 1980: the shape of the future in American secondary education. New York: Pitman, 1970: 161.

[275] POSTMAN N. Conscientious objections: stirring up trouble about language, technology and education [M]. New York: Alfred A. Knopf, 1992: 5.

[276] POSTMAN N. Teaching as a conserving activity [M]. New York:

Delta, 1979: 24.

[277] POSTMAN N. The first curriculum: comparing school and television [J]. The Phi Delta Kappan, 1979, 61 (3).

[278] POSTMAN N. The reformed English curriculum [M] //EURICH A C. High school 1980: the shape of the future in American secondary education. New York: Pitman, 1970: 161.

[279] POSTMAN N. What is media ecology? [EB/OL]. (2011-12-14) [2020-10-22]. http://www.media-ecology.org/media_ecology/index.html# WhatisMediaEcology?

[280] POWE B W. The charge in the global membrane [M]. Seattle: NeoPoesis Press, 2019.

[281] QUENTIN J S. Communication as religion: in memory of James W. Carey, 1935-2006 [J]. Journal of media and religion, 2007, 6: 1-15.

[282] RALÓN L. From global village to global theater: the late McLuhan as a philosopher of difference, sense, and multiplicities [J]. Review of communication, 2017 (4): 303-319.

[283] READINGS B. The university in ruins [M]. Cambridge, Mass.: Harvard University Press, 1996: 20.

[284] ROTHENBUHLERE W. Ritual communication: from everyday conversation to mediated ceremony [M]. London: Sage Publications Inc, 1988.

[285] RUOTSALAINEN J, HEINONEN S. Media ecology and the future ecosystemicsociety [J]. European journal of futures research, 2015, 3: 9.

[286] SAID E W. Reflections on exile and other literary and cultural essays [M]. London: Granta Books, 2000.

[287] SCHUETZ J. Religious communication theories [M] //LITTLEJOHN S, FOSS K. Encyclopedia of communication theory. Los Angeles: Sage Publications, Inc. , 2009: 847-851.

[288] SEVERIN W J, TANKARD J W, Jr. Communication theories: origins, methods, and uses in the mass media [M]. London: Longman, 1992: 272.

[289] SIMON C T. Speech as a science [J]. Quarterly journal of speech, 1951, 37 (3): 281-298.

[290] SMALL H. Co-citation in the scientific literature: a new measure of the

relationship between two documents [J] . Journal of the American society for Information Science, 1973, 24: 265-269.

[291] SOUKUP P A, ONG W J. A retrospective [J] . Communication research trends, 2004, 23 (1): 3-23.

[292] SPIEGEL L. Introduction [M] //WILLIAMS R. Television: technology and cultural form. Hanover: Wesleyan University Press, 1992: xv-xvi.

[293] STEARN G E. McLuhan: hot & cool [M] . New York: Signet Books, 1967: 89.

[294] STEPHENS N. Towarda more substantive media ecology: Postman's metaphor versus posthuman futures [J] . International journal of communication, 2014, 8: 19.

[295] STEVENSON N. Understanding media cultures: social theory and mass communication [M] . London: Sage Publications, 1995: 117.

[296] STRATE L. The Judaic roots of Neil Postman's cultural commentary [J] . Journal of media and religion, 2006, 5 (3): 189-208.

[297] STRATE L. A media ecology review [J] . Res. trends, 2005, 23: 1 -48.

[298] STRATE L. Korzybski, Luhmann, and McLuhan [J] . Proceedings of the Media Ecology Association, 2010, 11: 31-42.

[299] STRAUSS L. The savage mind [M] . Chicago: University of Chicago Press, 1966.

[300] The Playboy interview: Marshall McLuhan [EB/OL] . (1969 - 03 - 14) [2020 - 02 - 01] . https: //www. cs. ucdavis. edu/~ rogaway/classes/188/ spring07/mcluhan. pdf.

[301] TINNELL J. All the world's a link: the global theater of mobile world browsers [EB/OL] . (2011 - 12 - 14) [2020 - 11 - 02] . http: // www. enculturation. net/all-the-worlds-a-link.

[302] Traveling theory reconsidered [M] //SAID E W. Reflections on exile and other literary and cultural essays. Cambridge, Mass. : Harvard University Press, 2002: 436-452.

[303] Traveling theory [M] //SAID E W. The world, the text, and the critic. Cambridge, Mass. : Harvard University Press, 1983: 226-227, 234-236,

239-242.

［304］YOUSSEF M. Editor's introduction ［J］. Journal of communication inquiry, 2007, 31 (4): 299.

附录 1
北美媒介环境学汉译汇总

序号	书名	著者（编者）	译者	译著出版社	译著/原著出版时间
1	《人的延伸：媒介通论》（第一版） *Understanding Media：The Extensions of Man*	［加］马歇尔·麦克卢汉 Marshall McLuhan	何道宽	四川人民出版社	1992/1964
2	《文化肌肤：真实社会的电子 克隆》 *The Skin of Culture：Investigating the New Electronic Reality*	［加］德里克·德克霍夫 Derrick De Kerckhove	汪冰	河北大学出版社	1998/1989
3	《理解媒介：论人的延伸》（第二版） *Understanding Media：The Extensions of Man*	［加］马歇尔·麦克卢汉 Marshall McLuhan	何道宽	商 务 印书馆	2000/1964
4	《麦克卢汉精粹》 *The Essential McLuhan*	［加］埃里克·麦克卢汉 Eric McLuhan	何道宽	南京大学出版社	2000/1995
5	《数字麦克卢汉：信息化新纪元指南》 *Digital McLuhan：A Guide to the Information Millennium*	［美］保罗·莱文森 Paul Levinson	何道宽	社会科学文 献出版社	2001/1999
6	《消失的地域》 *No Sense of Place*	［美］约书亚·梅罗维茨 Joshua Meyrowitz	肖志军	清华大学出版社	2002/1985
7	《软边缘：信息革命的自然历史与未来》（似应译"软利器"） *The Soft Edge：A Natural History and Future of the Information Revolution*	［美］保罗·莱文森 Paul Levinson	熊澄宇	清华大学出版社	2002/1997
8	《帝国与传播》（双语版）/（中文修订版） *Empire and Communications*	［加］哈罗德·伊尼斯 Harold Adams Innis	何道宽	中国人民大学出版社	2003/1950
9	《思想无羁：技术时代的认识论》 *Mind at Large：Knowing in the Technological Age*	［美］保罗·莱文森 Paul Levinson	何道宽	南京大学出版社	2003/1988

续表

序号	书名	著者（编者）	译者	译著出版社	译著/原著出版时间
10	《传播的偏向》 *The Bias of Communication*	［加］哈罗德·伊尼斯 Harold Adams Innis	何道宽	中国人民大学出版社	2003/1951
11	《交流的无奈：传播思想史》 *Speaking into the Air：A History of the Idea of Communication*	［美］约翰·杜伦·彼得斯 John Durham Peters	何道宽	华夏出版社	2003/1999
12	《麦克卢汉：媒介及信使》（第一版） *Marshall McLuhan：The Medium and the Messenger*	［加］菲利普·马尔尚 Philip Marchand	何道宽	中国人民大学出版社	2003/1989
13	《娱乐至死》 *Amusing Ourselves to Death*	［美］尼尔·波兹曼 Neil Postman	章艳	广西师范大学出版社	2004/1985
14	《童年的消逝》 *The Disappearance of Childhood*	［美］尼尔·波兹曼 Neil Postman	吴燕莛	广西师范大学出版社	2004/1982
15	《手机：挡不住的呼唤》 *Cellphone：The Story of the World's Most Mobile Medium and How It Has Transformed Everything*！	［美］保罗·莱文森 Paul Levinson	何道宽	中国人民大学出版社	2004/2004
16	《机器新娘——工业人的民俗》 *The Mechanical Bride：Folkore of Industrial Man*	［加］马歇尔·麦克卢汉 Marshall McLuhan	何道宽	中国人民大学出版社	2004/1951
17	《麦克卢汉书简》 *Letters of Marshall McLuhan*	［加］马歇尔·麦克卢汉著； Marshall McLuhan ［加］梅蒂·莫利纳罗；［加］科琳·麦克卢汉；［加］威廉·托伊编 Selected by Matie Molinaro, Corinne McLuhan & William Toye	何道宽；仲冬	中国人民大学出版社	2005/1987

续表

序号	书名	著者（编者）	译者	译著出版社	译著/原著出版时间
18	《作为文化的传播》 Communication as Culture：Essays on Media and Society	［美］詹姆斯·凯瑞 James Carey	丁未	华夏出版社	2005/1989
19	《麦克卢汉如是说》 Understanding Me：Lectures and Interviews	［加］马歇尔·麦克卢汉 Marshall McLuhan	何道宽	中国人民大学出版社	2006/2003
20	《真实空间：飞天梦解析》 Real Space：The Fate of Physical Presence in the Digital Age，on and off Planet	［美］保罗·莱文森 Paul Levinson	何道宽	中国人民大学出版社	2006/2003
21	《莱文森精粹》 The Essential Levinson	［美］保罗·莱文森 Paul Levinson 编者：何道宽	何道宽	中国人民大学出版社	2007/-
22	《技术垄断：文化向技术投降》 Technopoly：The Surrender of Culture to Technology	［美］尼尔·波兹曼 Neil Postman	何道宽	北京大学出版社	2007/1993
23	《媒介环境学：思想沿革和多维视野》（第一版） Perspectives on Culture，Technology and Communication：The Media Ecology Tradition	［美］林文刚 Casey Man Kong Lum	何道宽	北京大学出版社	2007/2006
24	《口语文化与书面文化》 Orality and Literacy：The Technologizing of the Word	［美］沃尔特·翁 Walter J. Ong	何道宽	北京大学出版社	2008/1982
25	《新新媒介》 New New Media	［美］保罗·莱文森 Paul Levinson	何道宽	复旦大学出版社	2011/2010
26	《理解媒介：论人的延伸》（增订评注本）（第三版） Understanding Media：The Extensions of Man	［加］马歇尔·麦克卢汉 Marshall McLuhan	何道宽	译林出版社	2011/1964

序号	书名	著者（编者）	译者	译著出版社	译著/原著出版时间
27	《软利器：信息革命的自然历史与未来》 *The Soft Edge：A Natural History and Future of the Information Revolution*	［美］保罗·莱文森 Paul Levinson	何道宽	复旦大学出版社	2011/2010
28	《理解新媒介：延伸麦克卢汉》 *Understanding Media：The Extensions of Man（Critical Edition）*	［加］罗伯特·洛根 Robert K. Logan	何道宽	复旦大学出版社	2012/2010
29	《字母表效应：拼音文字与西方文明》 *The Alphabet Effect：The Impact of the Phonetic Alphabet on the Development of Western Civilization*	［加］罗伯特·洛根 Robert K. Logan	何道宽	复旦大学出版社	2012/2004
30	《被误读的麦克卢汉》 *McLuhan misunderstood：Setting the Record Straight*	［加］罗伯特·洛根 Robert K. Logan	何道宽	复旦大学出版社	2013/2011
31	《变化中的时间观念》（双语版）/（中文修订版） *Changing Concepts of Time*	［加］哈罗德·伊尼斯 Harold Adams Innis	何道宽	中国传媒大学出版社	2013/1953
32	《帝国与传播》（双语版）/（中文修订版） *Empire and Communications*	［加］哈罗德·伊尼斯 Harold Adams Innis	何道宽	中国传媒大学出版社	2013/2015/1950
33	《传播的偏向》（双语版）/（中文修订版） *The Bias of Communication*	［加］哈罗德·伊尼斯 Harold Adams Innis	何道宽	中国传媒大学出版社	2013/2015/1951
34	《变化中的时间观念》（双语版）（中文修订版） *Changing Concepts of Time*	［加］哈罗德·伊尼斯 Harold Adams Innis	何道宽	中国传媒大学出版社	2013/2015/1952
35	《社会传播的结构与功能》（双语版）（中文修订版） *The Structure and Function of Communication in Society*	［加］哈罗德·伊尼斯 Harold Adams Innis	何道宽	中国传媒大学出版社	2013/2015/1948

续表

序号	书名	著者（编者）	译者	译著出版社	译著/原著出版时间
36	《数字麦克卢汉：信息化新千纪指南》（第二版） *Digital McLuhan：A Guide to the information Millennium*	［美］保罗·莱文森 Paul Levinson	何道宽	北京师范大学出版社	2014/1999
37	《麦克卢汉传：媒介与信使》（第二版） *Marshall McLuhan：The Medium and the Messenger*	［加］菲利普·马尔尚 Philip Marchand	何道宽	中国人民大学出版社	2015/1989
38	《媒介即是按摩：麦克卢汉媒介效应一览》 *Medium is the Massage*	［加］马歇尔·麦克卢汉 Marshall McLuhan	何道宽	机械工业出版社	2016/1967
39	《媒介与文明》 *War and Peace in the Global Village*	［加］马歇尔·麦克卢汉 Marshall McLuhan	何道宽	机械工业出版社	2016/1968
40	《余韵无穷的麦克卢汉》 *Marshall McLuhan Unbound*	［加］马歇尔·麦克卢汉 Marshall McLuhan	何道宽	机械工业出版社	2016/2005
41	《指向未来的麦克卢汉：媒介论文集》 *McLuhan Bound Essays in Understanding Media*	［加］马歇尔·麦克卢汉 Marshall McLuhan	何道宽	机械工业出版社	2016/2016
42	《人类历程回放：媒介进化论》 *Human Replay：A Theory of the Evolution of Media*	［加］保罗·莱文森 Paul Levinson	邬建中	西南师范大学出版社	1980/2016
43	《对空言说：传播思想史》 *Speaking into the Air：A History of the Idea of Communication*	［美］约翰·杜伦·彼得斯 John Durham Peters	邓建国	上海译文出版社	2016/1999
44	《麦克卢汉与媒介生态学》（无英文版本）	［美］兰斯·斯特拉特 Lance Strate	胡菊兰	河南大学出版社	2016/—

序号	书名	著者（编者）	译者	译著出版社	译著/原著出版时间
45	《心灵的延伸：语言、心灵和文化的滥觞》 *The Extended Mind：The Emergence of Language，the Human Mind，and Culture*	［加］罗伯特·洛根 Robert K. Logan	何道宽	中国大百科全书出版社	2019/2007
46	《什么是信息：生物域、符号域、技术域和经济域里的组织繁衍》 *What is Information?：Propagating Organization in the Biosphere，Symbolosphere，Technosphere and Econosphere*	［加］罗伯特·洛根 Robert K. Logan	何道宽	中国大百科全书出版社	2019/2014
47	《文化的肌肤：半个世纪的技术文化变迁》 *The Skin of Culture：Investigating the New Electronic Reality*	［加］德里克·德克霍夫 Derrick De Kerckhove	何道宽	中国大百科全书出版社	2019/1989
48	《媒介环境学：思想沿革和多维视野》（第二版） *Perspectives on Culture，Technology and Communication：The Media Ecology Tradition*	［美］林文刚 Casey Man Kong Lum	何道宽	中国大百科全书出版社	2019/2006
49	《震惊至死：重温尼尔·波斯曼笔下的美丽新世界》 *Amazing Ourselves to Death：Neil Postman's Brave New World Revisited*	［美］兰斯·斯特拉特 Lance Strate	何道宽	中国大百科全书出版社	2019/2014

注：—代表在国外没有对应的相关专著。

附录 2
尚未翻译的部分媒介
环境学专著

序号	书名	著者（编者）	主要观点/概念	出版时间
1	*Ramus: Method, and the Decay of Dialogue*《拉米斯：方法和对话的式微》	Walter Ong［美］沃尔特·翁	彼得·拉米斯（Peter Ramus，1515—1572）以抨击亚里士多德的逻辑学、激进的教学理论和对修辞学准则的新解释而闻名。该作被认为是翁职业生涯中最重要的作品，它回顾了拉米斯与亚里士多德争论的历史，是迄今为止发表的对拉米斯方法最详细的描述。他对麦克卢汉思想也有着关键影响	1958
2	*Preface to Plato*《柏拉图导论》	Eric Havelock［加］埃里克·哈弗洛克	哈弗洛克主要针对柏拉图在《理想国》中对诗歌的反对而展开，第一部分是对口头文化的探索（包括哈弗洛克认为的口头思想），第二部分是哈弗洛克所谓的"柏拉图主义的必要性"的论证	1963
3	*The Presence of the Word*《语词的在场》	Walter Ong［美］沃尔特·翁	通过对词语的本质和历史的探索，宗教哲学家认为，词语最初总是声学的，声音本质上是一种显示力量和个人存在的事件。翁分析了语言表达从口头来源到视觉世界再到当代电子传播手段的发展过程，表明人类语言的困境就是人类自身的困境	1967
4	*Counterblast*《逆风》	Marshall McLuhan［加］马歇尔·麦克卢汉	提出了"书籍文化的终结"的观点，但该评论并不受欢迎，麦克卢汉也因为这本书中的评论受到批评	1969

续表

序号	书名	著者（编者）	主要观点/概念	出版时间
5	*From Cliché to Archetype* 《从陈词到原型》	Marshall McLuhan [加] 马歇尔·麦克卢汉	"陈腔滥调"是一个源自印刷术的法语单词，指的是用来印刷的木块。同样地，"原型"这个词源于希腊语，最初指的是用来制作复制品的原始图案或模型。该作中，麦克卢汉将这两个术语扩展到了它们通常的语言或文学意义之外。此外，该作还提出了"全球剧场"的关键概念	1970
6	*Take Today: The Executive as Dropout* 《把握今天：退出游戏的行政主管》	Marshall McLuhan [加] 马歇尔·麦克卢汉 Barrington Nevitt [加] 巴林顿·内维特	深化了"全球剧场"的关键概念，由此引入了新媒体和戏剧之间的联系，预测未来的电信平台将向 所有人开放	1972
7	*City as Classroom: Understanding Language and Media* 《城市如教室：理解语言和媒介》	Marshall McLuhan [加] 马歇尔·麦克卢汉 Kathryn Hutehon [加] 凯瑟琳·哈钦 Eric McLuhan [加] 埃里克·麦克卢汉	由马歇尔·麦克卢汉与他人合作撰写的最后一本书，也是唯一一本完全关注教育的书，受到伊万·伊里奇（Ivan Illich）的《去学校化社会》（Deschooling Society, 1970）的最初灵感。作者认为，城市是"没有墙的教室（课堂）"，面对电子信息的爆炸，导致"大多数学习发生在教室之 外"。该作打破了书本作为教学辅助的霸权，挑战了官方学习机构对教育的垄断	1977

续表

序号	书名	著者（编者）	主要观点/概念	出版时间
8	*The Greek Concept of Justice*《希腊的正义观念》	Eric Havelock ［加］埃里克·哈弗洛克	该作探讨了早期希腊正义思想的发展。特别是当希腊口头传统逐渐让位给文字社会时正义的变化。他首先考察了未出现文字的希腊诗人的教育功能，展示了他们如何保存和传播社会传统。随着哈弗洛克继续他的研究，口头的希腊世界逐渐变成了文字的希腊世界。词语失去某种意义，获得另一种意义，并且逐渐变得更适合柏拉图所追求和实现的概念化。哈弗洛克指出，语言本身的进化是希腊世界的主要成就之一	1978
9	*The Literate Revolution in Greece and Its Cultural Consequences*《希腊文化革命及其文化后果》	Eric Havelock ［加］埃里克·哈弗洛克	探讨古希腊在识字发展中的问题，主要论述了希腊从识字前的技术和知识文化向识字文化的转变，展示了在希腊和欧洲文学中，随着书面单词取代口头单词，字母表的引入所产生的影响	1982
10	*Media，Consciousness，and Culture*《媒介、意识和文化》	Bruce E. Gronbeck ［美］布鲁斯·格荣贝克 Thomas J. Farrell ［美］托马斯·法雷尔 Paul A. Soukup ［美］保罗·苏卡普	这本书探索意识、口头（和识字）和文化之间的关系，是围绕着翁所阐述和论证的观点而构建的，与翁的研究是不可分割的。主要关注作为主要传播媒介的声音、写作、印刷和电视对意识和文化的影响	1991

续表

序号	书名	著者（编者）	主要观点/概念	出版时间
11	*The Global Village*《地球村》	Marshall McLuhan[加] 马歇尔·麦克卢汉 Bruce R. Powers[加] 布鲁斯·鲍尔斯	"地球村"概念的核心是：今天的用户被夹在两种截然不同的感知世界的方式之间。一方面是视觉空间，即西方世界特有的线性、定量和感知模式；另一方面是声音空间——东方的整体、定性推理。作者认为，印刷媒介培养并保留了我们对视觉空间的感知，但像电视一样，数据库、通信卫星和媒介技术正在把用户推向声音空间。然而，作者警告说，这种声学空间的发展可能不会一帆风顺。作者认为，随着全球交流的结果——地球村的出现，这两种世界观"正以光速相互碰撞"，并断言"和谐的关键是同时理解这两个系统"	1992
12	*The Medium and the Light：Reflections on Religion*《媒介与光：宗教的沉思》	Marshall McLuhan[加] 马歇尔·麦克卢汉	麦克卢汉在该作中对皈依的本质、教会对媒体的理解、未来教会的形态、宗教和青年，以及现代世界的造神机器等问题进行了精彩的探讨，从不同方面改变了我们看待世界的方式	
13	*An Ong Reader*《沃尔特·翁读本》	Walter J. Ong[美] 沃特尔·翁 Thomas J. Farrell[美] 托马斯·法雷尔 Paul A. Soucup[美] 保罗·苏卡普	这本文集汇集了学者沃尔特·翁的著作，作者对声音、口头、演讲、读写能力、交流和文化提出了自己的见解。对于那些学习翁的新读者来说，该书可补充和丰富他们的理解并指导他们的未来阅读	

序号	书名	著者（编者）	主要观点/概念	出版时间
14	*North of Empire：Essays on the Cultural Techno-logies of Space*《帝国之北：空间的文化技术论文集》	Berland Jody［美］伯兰·乔迪	作者一直是文化研究和传播学领域的领军人物。在《帝国之北》一书中，她汇集并反思了自己的十篇主要文章的观点，论证了空间对于理解文化的重要性，调查了技术如何塑造地点、地域、景观、边界自然、音乐和时间	
15	*Valuation and Media Ecology：Ethics，Morals，and Laws*《价值评估与媒介环境：伦理、道德与法律》	Anton Corey［美］安东·科里	该作讨论了伦理、道德和法律如何与传播和传播技术产生关联，即交流技术以何种方式——在何种程度上——塑造、维持和/或改变关于正义和善的道德实践和情感？	
16	*Media and Formal Cause*《媒介与形式因》	Marshall McLuhan［加］马歇尔·麦克卢汉Eric McLuhan［加］埃里克·麦克卢汉	埃里克·麦克卢汉更新了他父亲著作中一个经常被忽视的重要部分，即因果关系在理解新媒体如何改变我们构建环境和沟通方式方面所起的作用。该作试图使我们明白，我们生活在一个矛盾的世界，并让读者从"纸面逻辑"中解脱出来，认识到我们所处的整体情境	
17	*On the Binding Biases of Time*《时间的盲目偏差》	Lance Strate［美］兰斯·斯特拉特	该作主要探索我们对符号、语言和媒介的使用与我们的环境之间的关系，以及我们不同的感知和传播模式如何影响人类意识、文化和社会组织。该作借鉴并整合了一般语文学、系统理论和媒体环境学的观点，使它们承载了多种主题，包括意识的未来、身份和意义、十诚、媒体素养及我们与时间的关系等	

序号	书名	著者（编者）	主要观点/概念	出版时间
18	*McLuhan's Mosaic：Probing the Literary Origins of Media Studies*《麦克卢汉的"马赛克"：探索媒介研究的文学起源》	Elena Lamberti[美] 艾琳娜·兰贝蒂	探讨麦克卢汉最初"马赛克"写作形式的人文根源。探索麦克卢汉如何开始将文学不仅视为一种主题，而且视为一种"与公共存在不可分割的功能"。该作将麦克卢汉与他的文学历史重新联系起来，展示了他最伟大的思想之一：文学不仅重要，而且可以帮助我们理解支配我们环境的隐藏模式	
19	*Remediating McLuhan*《纠正麦克卢汉》	Richard Cavell[加] 理查德·卡维尔	尽管当前的学术兴趣已经确保了麦克卢汉作为媒介理论家的基础地位，但他的作品仍有很多进一步探索的空间。本书涵盖了艺术史、生物技术等不同领域，在许多新的背景下探讨了麦克卢汉开拓性的方法，并探索了他的媒体理论的显著特征	
20	*Media Ecology：An Approach to Understanding the Human Condition*《媒介环境学：理解人类境遇的一种新方法》	Lance Strate[美] 兰斯·斯特拉特	作者从语言、媒体和哲学层面解析我们人类生活在一个怎样的动态环境中，展示了媒介环境学如何和传播学研究的所有主要方法产生关联。该作被视为非常适合研究生和本科生学习传播理论与哲学的教材读物	

续表

序号	书名	著者（编者）	主要观点/概念	出版时间
21	*The Medium is the Monster: Canadian Adaptations of Frankenstein and the Discourse of Technology*《媒介即怪物：科学怪人的加拿大改编与科技话语》	Mark A. McCutcheon ［加］马克·麦克卡森	作者将技术比作"人类制造的怪物"，提出了一种研究"弗兰肯因素"的跨文化适应、流行文化和技术的新方法	
22	*24/6: The Power of Unplugging One Day a Week*《科技安息日：每周休息一天的力量》	Tiffany Shlain ［美］蒂凡尼·施兰	倡导恢复每周休息一天的"科技安息日"（Technology Shabbat）仪式，呼吁人们重拾"数字时代人类的基本尊严"	

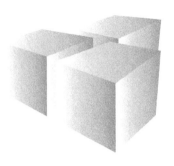

附录 3
国内媒介环境学研究相关专著

序号	书名	作者	出版社	出版时间
1	《媒介分析：传播技术神话的解读》	张咏华	复旦大学出版社	2002
2	《传播学：学科危机与范式革命》	胡翼青	首都师范大学出版社	2004
3	《传播学在世界》	段鹏；韩运荣	中国传媒大学出版社	2005
4	《知媒者生存：媒介环境学纵论》	李明伟	北京大学出版社	2009
5	《大众媒介与文化变迁》	赵勇	北京大学出版社	2009
6	《电视媒介文化与后现代主义思潮》	朱晓军	中国广播电视出版社	2009
7	《媒体的直观》	范龙	暨南大学出版社	2009
8	《传播历史》	何道宽等	北京大学出版社	2010
9	《北美媒介环境学的理论想象》	王冰	光明日报出版社	2010
10	《多重视域下的第五媒体文化研究》	孙慧英	北京邮电大学出版社	2010
11	《媒介现象学：麦克卢汉传播思想研究》	范龙	中国大百科全书出版社	2011
12	《电子媒介人的崛起》	范龙	中国大百科全书出版社	2012
13	《媒介现象学》	胡易容	广西师范大学出版社	2012
14	《传媒符号学》	汤文辉	广西师范大学出版社	2013
15	《美国传播研究和文化研究的分野与融合》	李曦珍	人民出版社	2014
16	《理解麦克卢汉》	王颖吉	北京大学出版社	2014
17	《媒介的暗面》	张冠文	中国广播影视出版社	2015
18	《人与互联网的同构——媒介环境学阈下互联网交往形态的演化》	吴晓恩	北京大学出版社	2015
19	《逃离电子文化的陷阱：尼尔·波兹曼媒介学思想研究》	李西建；金惠敏	商务印书馆	2017

续表

序号	书名	作者	出版社	出版时间
20	《美学麦克卢汉》	付晓光	中国传媒大学出版社	2017
21	《互联网思维下的媒体融合》	申启武；吴侠	云南人民出版社	2017
22	《广播生态学》	陈柏霖	中国广播影视出版社	2018
23	《身体与心灵的延伸》	杨美丽	中原工学院	2018
24	《洛根的媒介技术史研究述评》	李畅；陈华明	科学出版社	2019
25	《媒介史强纲领》	胡翌霖	商务印书馆	2019

附录 4
何道宽、刘海龙、
胡翼青教授采访稿

译介·变异·想象：媒介环境学在中国的学科边界再议

——基于对何道宽、刘海龙、胡翼青教授的访谈

【摘　要】何道宽教授是媒介环境学派的主要译介人，刘海龙、胡翼青教授是国内传播学研究的学科领航人。本研究基于对三位学者的访谈，从媒介环境学的译介、学科流变及对未来的学科想象三方面考察该学派在中国的学科边界问题。该访谈实质上是对媒介环境学在后现代思潮下的边界"内爆"到传播学学科"规训"的一种回望及省思。正所谓不破不立，文章在借鉴诸多媒介研究领航人各方观点的基础上，提出未来汉语世界的媒介环境学研究应打破传统的将"媒介作为环境"的单一研究视野，发展媒介环境学的哲学观、"媒介即是膜"、"媒介即中介"等多种面向的学术脉络，最终使该学派从"走进传播学"迈向"走出传播学"的新视野，从而进入更加广阔的跨学科领域。

【关键词】媒介环境学；学科之困；传播学；跨学科

何道宽为深圳大学传媒与文化发展研究中心教授。他在媒介环境学领域的译著多达 60 余本，引领着北美媒介环境学在中国的学术旅行。如麦克卢汉一样，何道宽是英语老师，是学者，也是读者，更是一位伟大的译者。他没有微信，不发微博，甚至不使用手机，几十年如一日地沉浸于翻译的世界，通过邮件解答来自后继学子学术上的问题，仿佛与媒介环境学"技术理性"思维融为一体，身体力行地告知我们要警惕技术垄断对人类的侵害。近耄耋之年的他，依然活跃于媒介环境学派的译界及研究场域。

刘海龙为中国人民大学新闻学院教授，博士生导师，中国人民大学新闻传播研究所副主任，《国际新闻界》杂志主编。刘海龙在传播学领域的诸多研究如《重访灰色地带：传播研究史的书写与记忆》《宣传：观念、话语及其正当化》等著作在传播学、宣传研究等领域启发了无数后继者；在疫情期间发表的"病毒传播学"研究、对"身体"问题的理解及在各种学术会议中提到的传播学的想象力问题，为我们提供了大量有启发性的见解，不断给我们提

供一些观察问题的新视角。本文对媒介环境学学科归属的思考，亦源于刘海龙教授对思想史灰色地带的相关论述。

胡翼青为南京大学人文社会科学高级研究院副院长、新闻传播学院教授、博士生导师，南京大学文科学术委员会委员。主要研究方向为传播理论、传播思想史。著有《美国传播思想史》《美国传播学科的奠定：1922—1949》《再度发言：论芝加哥学派传播思想》《传播学：学科危机与范式革命》等学术专著。胡翼青教授对媒介研究有着相当独到的见解，其言辞犀利且一针见血，诸多研究论文及专著皆有很高的引用率，始终引领着国内传播学领域的研究方向。

以上三位学者既是洞察媒介环境学先进理念的领航人，也是代表中国传播学研究领域的重要先行者和开拓者。本文将基于对三位学者的访谈，探讨媒介环境学在中国的"灰色地带"、学科归属及学术想象力等问题。由于访谈期间新冠疫情局势仍不稳定，本次访谈采用邮件、微信及电话形式进行，这也为后期回访提供了便利。

一、译介：媒介环境学的选择性译介出版及其现实语境

朱豆豆：何教授，您好！十分感谢您在百忙之中参加此次访谈。我们知道，是您开启了将媒介环境学引入中国的历程。由您翻译的该学派在国内的系列译著，相较于其他学派而言，已相当丰富且具有一定的系统性。此次采访主要想了解您作为媒介环境学的文化中间人，是如何根据国内实际进行通盘考虑和选择，来促进媒介环境学在中国的理论旅行的。首先，您能否简单谈谈，是什么契机或者说是否有一种学科想象力，让您开始了对麦克卢汉、波兹曼等诸多媒介环境学派学者作品的引介工作？

何道宽：我开始媒介环境学翻译引进工作的原因主要源于如下几个层面：一是国家正式承认传播学与新闻学；二是麦克卢汉的"复活"，即麦克卢汉研究第一次飞跃（标志是莱文森的《数字麦克卢汉》）；三是相较于其他两个学派（行政学派和批判学派），我非常欣赏媒介环境学的学科优势；四是我呼应该学派跨学科、多学科的追求；五是台湾政治大学陈世敏教授和美国威廉·帕特森大学林文刚教授来访，希望我加强对该学派的引进和研究。

其中，国内良好的新闻学与传播学学科环境是我开启麦克卢汉引介工作的重要外部力量。1997年，教育部正式承认传播学的学科地位，将其与新闻学并列，新闻传播学一级学科得以确立。受此鼓舞，我有意识完成人生重大

的学术转向：从英语语言文学转向传播学，策划传播学译丛，加紧译介麦克卢汉及其"思想圈子"的经典和名著。

朱豆豆：也就是说，您开启媒介环境学的引进工作有多方面原因，既有我国社会语境的推动力量和您对该学派学科想象力的自我建构，也有中西方学者的推动力量。但我们知道，"中国的传播学研究与西方不同，主要在新闻学术场域中进行"①，它本身关注文化、哲学、美学、教育、历史、社会等不同学科，是人文领域的一部分，但该学派为何会进入中国新闻传播学学科领域？

何道宽：国外媒介环境学学术体系较为松散，跨学科特性显著，这通过梳理媒介环境学人的学术背景便可得知。如麦克卢汉虽被称为媒介教师爷，但他的研究方法实际上是由批评学派派生而来的，尼尔·波兹曼则自称英语教育研究者。早期参与这个学科建设的先驱者们学术背景各异，这就决定了北美媒介环境学的发展将很难受学科的束缚。在北美，该学派并没有被统一划分为某个学科领域，而是呈现了一定的学科模糊性。

西方学界的"麦克卢汉热"形成于 20 世纪 60 年代，其在国内规模化的引入发生在 2000 年后。之所以被收编于新闻传播学领域，一方面，由于中国的新闻传播学作为舶来品，长久以来一直被困于理论匮乏及学术焦虑中，这促使新闻传播学界的一些研究者持续将目光投射到外来学科中，以寻求更为丰富的理论资源。这种焦虑贯穿于 20 世纪 80 年代对麦克卢汉相关学说的引介，也持续影响着后来的治学者。另一方面，由于传播学的学科地位在 1997 年被确立，与新闻学并列成为一级学科，这促使国内学术环境大为转好，译者对译本的选择和翻译工作渐具主动性。也就是说，这一研究现状受到了外部学术环境和内部主体意识的双重驱动。

朱豆豆：媒介环境学品鉴历史长卷的宏观视野使这一学术传统成为传播学研究不可缺失的一个重要维度，但在汉语世界的学科滤镜下，难免会集中于"媒介研究"这一单一面向。您对译著的选择是否受此影响？能否谈谈您的译介工作？

何道宽：我特别关注传播学的传承创新、文理融合、未来眼光，为学科发展提供数据和资料，旨在开创新闻传播学和新文科建设的新天地，因此对译著的选择并没有受困于学科束缚。我往往会选择一些经典著作进行翻译，

---

① 刘海龙. 重访灰色地带：传播研究史的书写与记忆 [M]. 北京：北京大学出版社，2016：128.

但也会针对学科建设和当下研究趋势做出选择。目前我正在译介一套比较大型的"媒介环境学译丛"，2019 年已出第一辑五种，2021 年已出第二辑五种，第三辑已在规划之中，预计 2022 年底付梓出版。这是深圳大学传播学院和中国大百科全书出版社的战略合作项目。

朱豆豆：您对该学派跨学科学术传统、人文关怀和批判精神的推崇，在您的很多作品中都可以看到。我想这也是您翻译的作品广受好评的原因。如 2001 年莱文森出版的《数字麦克卢汉》在国外的引用量为 814（数据采集日期为 2022 年 3 月 15 日，下同），而在中国的引用量高达 1468，这与您翻译的高质量以及大力推介密不可分。回顾您以往的译著，在付梓出版时您都会发文对该书进行推荐，您在学术场域的威信力在很大程度上带动一批追随者。对此，想请教您是如何使译著得到高关注度的？

何道宽：谢谢朱博士细致的观察。首先追求高关注度不是我的目标。我也有些译作的市场关注度不高，如我曾于 2014 年翻译的尼克·库尔德利（Nick Couldry）的专著《媒介、社会与世界：社会理论与数字媒介实践》。2021 年底，原著引用量在国外高达 6000，但译本在中国的总引用量却仅为个位数。尽管这本书所在的译丛的确不是我来主导的，我出力不多，但这本书的内容还是可以的。出版社购得版权后希望我翻译，但该书似乎不太出彩，无亮点。我的这本译作影响不大，还有一个原因是复旦大学出版社的"新媒介译丛"名声没有打响。

有些著作在国内外受欢迎程度会有差别，这当中受很多因素的影响，如社会文化、语境、翻译水平、学科影响等。我们知道，西方传播学始终以施拉姆为代表的实证主义研究为主流，这多少会使得媒介环境学的学术作品在国内外关注度有很大不同，中国土壤置于北美之外，受到的来自其他学派的压力显然没有国外显著。另外，译者的影响力和出版社的推广工作都会影响译著的受欢迎程度。此外，还有一点原因在于作品的"新"。《手机：挡不住的呼唤》的中英文版几乎同步发行，如果我联系的第一家出版社不动摇，中文版可能比英文版还要早。我渴望抢占学术译作的制高点，《数字麦克卢汉》即为一例（英文版 1999，中译本 2001）。我抢先引进，出了两版，意义重大，且已进入北师大出版社"西学经典书系"。该"书系"共 8 种书，我有两本译作入选，另一本是《文化树》。

朱豆豆：似乎许多出版社都支持您的翻译工作，这是否在一定程度上增强了您对作品选择的自由度？此外，您曾经是否因为版权问题，未能翻译一些关键性的媒介环境学研究论著，或导致译著未能及时面世呢？

何道宽：我与十余家出版社建立了长期的工作联系，他们也在作品的选择上给予支持。中国人民大学出版社、北京大学出版社、复旦大学出版社、中国大百科全书出版社、花城出版社等都出版了我的很多译作。他们都希望与我合作。

对于著作的选择，往往受多方影响，首先必然受制于版权，也需要看出版社的意向。其中，版权确实是个大问题，我推进中国人民大学出版社和北京大学出版社洽购《谷登堡星汉》，都因对方要价太高而放弃。2020 年洽购《机器新娘》版权，也因为对方漫天要价而不得不放弃。哈弗洛克的《柏拉图导论》也因为版权问题迟迟不得翻译，庆幸的是，几经周折，该译作将在2022 年年底付梓出版。

朱豆豆：通过对您译著的梳理后发现，哈弗洛克是一位学术地位堪比麦克卢汉的学者，您并未首先着手翻译其作品（如《柏拉图导论》）。您未率先引介哈弗洛克的原因是什么？

何道宽：我不回避《柏拉图导论》。由于这本和我已经翻译的《口语文化与书面文化》相通，不便重复引进类似选目，所以将其推后引介了。目前本书洽购版权顺利，会纳入上述译丛的第三辑。之所以没有率先翻译，一方面是因为版权原因；另一方面，在学科滤镜作用下，这种以古代希腊文化、历史为考察对象的倾向，未必适应中国学者言说的语境。但后一因素我并不十分关注。

朱豆豆：是的。中国研究者以新闻学者为主，可能会缺乏扎实的历史研究和哲学研究基础，视野难免会受限，而哈弗洛克的问题意识更多与西方哲学与历史相接洽，因此很难从新闻传播学内部得到重视与大规模传播。除了哈弗洛克外，我也发现您几乎翻译了麦克卢汉独著的所有作品，但对于麦克卢汉与他人合作的某些作品，如《从陈词到原型》（*From Cliché to Archetype*）、《把握今天：退出游戏的行政主管》（*Take Today：The Executive as Dropout*）等，您目前尚未着手翻译。当中提出的如"全球剧场"（global theater）等概念在汉语世界被遮蔽，导致我们在本土场域全面探索其思想受到了一定的影响。您未着手翻译其合著的原因是什么？

何道宽：是的，麦克卢汉的作品几乎被我"一网打尽"，但他与他人合作的著作因为存在"剥削"之嫌，我认为理应回避。我不同意麦克卢汉的一些做派。他"剥削"亲友和来访学者的作风很成问题，这方面他劣迹不少，主要有：

（1）20世纪60年代以后，他的书信全由他口授，由他夫人或秘书录入，他签名。

（2）1963年，麦克卢汉研究所成立以后，先后驻所的几位访问学者与他的"对话"交由秘书整理成书稿，然后由他牵头发表，这些书有《从陈词到原型》（与威尔弗雷德·沃森合著）、《把握今天：退出游戏的行政主管》（与巴林顿·内维特合著）、《作为课堂的城市：理解语言和媒介》（与哈钦、埃里克·麦克卢汉合著）、《地球村》（与布鲁斯·鲍尔斯合著）。

（3）《媒介与文明：麦克卢汉的地球村》和《媒介即按摩：麦克卢汉媒介效应一览》这两本书的诞生过程很奇怪，两个超级"麦粉"集纳麦克卢汉语录出版，麦克卢汉没有动一根手指头。①

朱豆豆：何老您看重作品背后作者投入的个人精力、情绪、态度，若不能认同作者的写作方式，便不能很好地与之共情，进而更好地投入翻译，这体现了您对自身职业素养的高要求。那对于一些概念如"全球剧场"（global theatre）、"全球膜"（global membrane）及媒介教育观，哈弗洛克的记忆理论等视野也都尚未投射于中国理论版图中，导致我们对媒介环境学的理解欠缺一定的整体观，那么您认为应如何改变这种现状呢？

何道宽：事实上，类似的"失踪"现象比比皆是。除上文提到的被我有意回避的作品外，麦克卢汉的《媒介定律：新科学》（*Laws of Media：The New Science*，与其子埃里克·麦克卢汉合著）因无汉译版本，国内学者对它的引用率很低。② 此外，麦克卢汉之子埃里克·麦克卢汉编纂的《媒介与光：宗教的沉思》（1999）、沃特尔·翁的《拉米斯：方法和对话的式微》（1958）、詹姆斯·凯瑞的《电视上的宗教仪式》等富有西方宗教色彩的著作或作品尚未有中文译本，这也在很大程度上导致媒介环境学的宗教意蕴、文化面向等诸多研究视野在很长一段时间内未得到国内传播学的关注。

由于一些著作尚未被引进出版，我们对媒介环境学的理解欠缺一定的整体观，这种情况在所难免。每年都有很多新的媒介环境学著作诞生，尚未引

---

① 何道宽教授在此次采访中说道，机械工业出版社"先斩后奏"，抢得了麦克卢汉四本书的版权。其中两本是他去世二十余年后由两位学者整理出版的麦克卢汉论文集，这两本论文集的撰写和出版很正常，他乐意推荐；但对于《媒介与文明：麦克卢汉的地球村》和《媒介即按摩：麦克卢汉媒介效应一览》，这两本书"不正常"，他非常被动地承接了这两本书的翻译任务。

② 笔者2022年3月20日检索，该书的引用率仅为38。对比其在中国有译本的《理解媒介》，仅2000年版本的引用率就高达9682频次，由此可见译著的中介作用。

进的学术作品在国内的传播肯定会受到影响。从翻译层面来看，我所能做的就是加快翻译的脚步，尽可能呈现媒介环境学在中国的整体视野。从研究层面来看，我们在中国语境中审视媒介环境学，不应受困于学科规训，而应广泛地从其思想源头、媒介文本及历史语境出发，多角度还原媒介环境学原貌。

朱豆豆：是的。《柏拉图导论》《媒介与形式因》这些在国际上影响力显著的作品，深深地将古希腊哲学思想镶嵌其中，《拉米斯：方法和对话的式微》《媒介与光：宗教的沉思》等作品又透露出浓厚的西方宗教思想。从这些作品所展现的视域出发，有助于我们拓宽思考的维度，更好地批判性地理解这些思想的起源与发展，传播技术与社会、文化的关系，进而有助于我们对媒介理论的文本及其"所指"做出不一样的解读。这些作品都值得我们学习，但却在国内语境中被遮蔽。归根结底，您认为这其中的原因有哪些呢？

何道宽：这些经典人物或作品的"遗失"当然与翻译有着一定的关系，比如我们引进了"麦克卢汉"，却"遗忘了"目前尚未被引介的"哈弗洛克""卡彭特"；我们反复书写对麦克卢汉的"地球村"的理解，却对他在20世纪60年代就有的媒介教育观视而不见；我们仅关注了波兹曼的"恒温观""两个课程"等概念，却因译本的缺失、语境不同等原因而不知卡尔金、福斯戴尔的媒介教育观。如果说早期的治学者只能依靠数量和质量从有限的中译本进行想象，那么，在获取学术资源日渐便捷的当下，为何一些重要学者和作品至今仍在中国新闻传播学领域乏人问津。

朱豆豆：何教授提出的问题也是我所思考的。在西方社会，媒介环境学学术传统在后现代主义思潮中酝酿。对于后现代语境的学科边界，布鲁兰（Bloland）在1995年的《后现代主义及高等教育》一文中借用了鲍德里亚的说法，认为后现代主义下的"学科边界，正在内爆"。布鲁兰认为，后现代主义鞭笞集权化和"封闭"的寻求内聚性的学科体系，推崇"一种破坏性的、富有张力的和保持开放的状态"；在这种时代下，学科往往被设想为进行权力竞争的场所、系统或网络，而不是学者的学术共同体。① 换言之，该语境强调学科边界的模糊、松散特性。因此，哈弗洛克关注西方历史、古希腊文明、媒介、哲学等多种学科的模糊体验在20世纪60年代的西方必然有着很强的文化适应力，但旅行至中国后，其面对的不是一个思想的时代，而是一个信

① BLOLAND H G. Postmodernism and higher education ［J］. The journal of higher education，1995，66（5）：521-559.

息时代，是读写能力祛魅、人类陷入文化困境的时代，哈弗洛克的口语—文字观自然激不起时代的涟漪。

何道宽：这是其中一部分原因。如若不考虑译介的缺失，我想中国学者依旧尚未触及这些"隐藏"观点的很大原因在于，我们已身处于这些概念所描述的现状中，如麦克卢汉的一些观点所具有的神谕特性早已被我们在新媒介环境的频繁经验性体察中所覆盖，即使这些遗漏的"经典"被发现，也很难像观点诞生的50年前一样激起涟漪。如同《理解媒介》一样，若该书不是在50多年前诞生，而是产于今日，它很难会像当初一样"倍显神谕特质"。也就是说，理论应用的语境和场景在当下都发生了改变，其理论力量自然会发生改变。

在学科滤镜作用下，经由中译本构建起来的知识图谱显然不是英文原版的直接投射，必然受制于社会环境、学科及文化语境等其他各种因素，导致本土媒介环境学的学术焦点对某些理论的放大和对其他观点的遮蔽。哈弗洛克和翁两位古典学者都通过回避现代交流，从历史角度出发来理解技术对人类思维、社会和文化的影响。而数字传播技术的飞速发展在更加彰显作为未来预言家麦克卢汉伟大的同时，也必然忽视专注于回看西方古希腊文化变迁的哈弗洛克。所谓不同时代造就不同的人物，不同人开拓着不同的时代。"媒介环境学译丛"第三辑囊括了哈弗洛克的《柏拉图导论》译本，将在年底与大家见面，也算弥补了长久以来的缺憾。

朱豆豆：非常期待"媒介环境学译丛"第三辑的面世。那么，就学科层面而言，您认为北美媒介环境学者是如何看待中国这片学术土壤的？

何道宽：我和该学派几代代表人物有深交，心心相印，彼此鼓劲。我们大力提倡该学派的两个传统：①由跨学科到多学科的激流猛进；②人文关怀和批判精神。

一些北美学者积极关注该学派在中国的发展，并始终活跃在世界学术舞台上。如该学派第三派代表人物、媒介环境学会创会会长兰斯·斯特拉特（Lance Strate），在国内发表多篇论文，试图填补国内的学术空白。媒介环境学会创会副会长林文刚所作的《媒介环境学：思想沿革与多维视野》一书，也于2007年由我翻译出版。媒介环境学的这些北美倡导者也似乎认识到，随着学术的发展和学科的细分，要想重现20世纪六七十年代麦克卢汉时代的辉煌——从技术视角审视媒介变迁对社会的影响，或作为一种生态学的研究思潮对整个人文学科都产生影响，已经是不可能的事情了。事实也确是如此。

诚如林文刚所言：“北美传播研究的谱系中，媒介环境研究这个思想传统总体上处于失声的状态。”① 但他同时认为，汉语世界的媒介环境学在越来越多志趣相投的学者的关注下逐渐走向成熟，已在传播学领域得到广泛的认可。②

朱豆豆：该派在不同学科领域中的前沿性要求我们一定不能忽视媒介环境学著作的翻译。当前，主要译者是您。您在退休后笔耕未辍，凭借一己之力翻译了北美媒介环境学大量的主流作品。那么，您认为还有哪些“遗失的经典”需要我们加以关注？

何道宽：由于一些译著尚未在中国出版，我们对媒介环境学的理解欠缺一定的整体观。除了哈弗洛克的《柏拉图导论》、麦克卢汉与其子埃里克·麦克卢汉合著的《媒介与决定原因》、沃特尔·翁1958年的《拉米斯：方法和对话的式微》、埃里克·麦克卢汉于1999年编纂的《媒介与光：宗教的沉思》（*The Medium and the Light：Reflections on Religion*）外，还有很多围绕媒介环境学核心人物的著作或论文，如《沃尔特·翁读本》（*An Ong Reader*）（Farrell& Soukup，2002），《媒介、意识和文化》（*Media，Consciousness，and Culture*）（Gronbeck，1991）等。这些作品或曾获得媒介环境学奖项，或在北美学术圈影响力较高，皆为媒介环境学提供了不同的思想资源，发展了媒介环境学的理论面向。若忽视这些被遗漏的作品，势必影响媒介环境学在国内研究的整体视域。

朱豆豆：您曾说：“抢占引进学术著作制高点是上策，用新版译作抵抗、驱逐劣质旧版译作也是着力点。”③ 可见，您一直致力于用高质量的学术翻译作品改变国内学术翻译环境。您的作品饱含的译者情怀、散发的学术韵味都是“团队”作品不能同日而语的。何教授，中国译界有您何其幸运，您源源不断的动力来源于何处呢？对于翻译梯队的建设，您认为应该如何培养翻译新人？

何道宽：主观来说，我信奉奋斗与奉献。我喜欢这份工作，停不下来，就好像永动机一样。我曾在《夙兴集》（自选文集）的自序里说：“把学问做下去，直至永远。”另一方面，人文社科有很多思想是相通的，学术翻译能拓宽我的眼界，提升我的修养。

---

① 林文刚. 媒介环境学：思想沿革与多维视野［M］.2版. 何道宽，译. 北京：中国大百科全书出版社，2019：绪论10.

② 林文刚. 媒介环境学：思想沿革与多维视野［M］.2版. 何道宽，译. 北京：中国大百科全书出版社，2019：第二版编者序21.

③ 宋小舟，林大津. 学术翻译与中国媒介环境学的发展：何道宽教授访谈录［J］.国际新闻界，2016（9）：6-19.

对于翻译梯队建设，我认为学术翻译艰难，我不鼓励年轻人被困死，"独行侠"是正常态，不能搞所谓"流水作业"的"团队"。学术翻译需要专注，只有对学术翻译有持续热情且将翻译视为终生理想的人员才能更好地胜任这一事业。这从侧面反映了学术翻译事业之艰辛，需要坐得住冷板凳，靠"团队"而得的速成翻译作品必然短命，精雕细刻的学术译作才能常青。

朱豆豆：您对媒介环境学未来的发展有何期许？

何道宽：法国传播学者阿芒·马特拉特（Armand Matterlart）认为："没有任何一个学术领域像传播学这样被很多人认为这里只有广泛的想象，一切有待建设。"① 这对国内媒介环境学的研究也同样适用。中西方语境下的媒介环境学未来如何发展，一切皆基于不同研究旨趣及视野下的学术想象力。

如果宏观一点说，我强调媒介环境学派是想要"纠偏"和"平衡"。有人太喜爱以施拉姆为代表的行政学派，但这个学派有热战和冷战的背景，是直接为体制服务的，咄咄逼人，排斥异己，很符合"美国例外"的意识形态偏见。也有少数人很欣赏批判学派，但该学派批判多，建设少。而媒介环境学派拥有深厚的历史积累、社会关怀、人文精神、未来眼光，长于跨学科和多学科研究，在未来的人机融合时代，媒介环境学将有大发展，会作出大贡献。

二、学科"变异"：从后现代思潮下的边界"内爆"到传播学的学科"规训"

朱豆豆：十分感谢何教授从译介层面作出的解读。接下来能否请刘教授、胡教授两位教授从研究层面，谈谈中国语境下的媒介环境学研究有哪些不足，或缺失了哪些研究视野。

胡翼青：其实任何理论"旅行"至中国后，在看似经典的历史叙述之外，都存在着许多被遗漏的面向。通过何道宽老师的辛苦耕耘，媒介环境学的情况略好，但也或多或少存在遗漏的问题。这不仅仅是因为相关著作并没有完全被翻译进来，也因为中国新闻传播学者自身的研究视野过于狭窄，更多集中于该学派是不是技术决定论，这显然会遮蔽该学派的其他洞见，也导致很多经典人物或其观点的不同面向在汉语世界被遗漏。更辩证地说，是无视这

---

① MATTELART A, MATTELART M. Theories of communication：a short introduction ［M］. London：SAGE Publications，1998：3.

个学派的真正缺陷。媒介环境学派不是简单的"技术决定论"所能概括的，如果过分集中在"技术至上视角"这样一种单一路径上，一定会扭曲他们的思想。如果说早期的治学者只能从有限的中译本进行想象，那么，在学术资源获取日渐便捷的当下，为什么中国新闻传播学界的许多人和施拉姆一样只会用技术决定论来理解媒介研究，让他们以更复杂的方式了解技术与人的关系真的那么难吗？也许这就是在表达，我们永远无法叫醒装睡的人。可以用海龙的《重访灰色地带》这本书中的"灰色地带"来回应你的问题。

刘海龙：我所说的"灰色地带"，并非指"陌生地带"，而是介于"黑"与"白"二者之间"黑""白"界限模糊的学术空间。从中寻唤被忽略的断裂之处，从而打破传统叙事方式的霸权，找到新的话语表达方式，进而彻底地否定单维度的主流叙事。中国媒介环境学研究者以新闻学者为主，可能会缺乏扎实的历史研究和哲学研究基础，视野难免会受限。很多媒介环境学或者媒介研究相关作品的问题意识更多与西方哲学与历史相接洽，因此可能会很难从新闻传播学内部得到重视与大规模传播。

朱豆豆：两位教授都提到了学科语境问题，这一问题也是我一直在思考的。在西方社会，媒介环境学学派的学术传统在后现代主义思潮中酝酿，布鲁兰在1995年的《后现代主义及高等教育》一文中借用了鲍德里亚的说法，认为后现代主义下的"学科边界，正在内爆"。换言之，该语境强调学科边界的模糊、松散特性。从北美到中国，该学派原本在国外松散模糊的学科属性被规训在较为狭窄的新闻传播学领域内，在这一过程中，个别概念或作品得以从原初语境中分离出来，重新融入新的理论和学科环境中。那么从学科层面来说，两位教授认为这种收编是否利于学科的发展，两种模式孰优孰劣？

刘海龙：媒介环境学学术传统在后现代主义思潮中酝酿，后现代主义推崇的是一种破坏性的、富有张力的和保持开放的学科边界。在学科滤镜作用下，经由中译本构建起来的知识图谱显然不是英文原版的直接投射，而必然受制于社会环境、学科及文化语境等其他各种因素，导致本土媒介环境学的学术焦点对某些理论的放大和对其他观点的遮蔽。对于这种收编，我认为不存在孰优孰劣的说法，我们可以将这种学科"规训"视为对外部学术环境变化的一种反映。

胡翼青：就传播学整体而言，不论西方还是中国，传播学学科建制问题一直被很多学者质疑，认为如此狭隘和封闭的学术视野令人难以接受。如邓建国曾在彼得斯的《对空言说》的译作导读中写道："他（彼得斯）的全部传播哲学源于他本科时代就开始对这两个概念的思考，一个是学科（discipline），即相对单一和独立的知识体系，如政治学、经济学、社会学和我们现在的传播学等；另一个概念是'领域'（field），它大致指研究对象，如互联网、中国农村、中国经济、中国政治、儒家文化圈、美国、非洲和中东等。"① 学科分工和专业化也许是不可避免的，但与其他社会科学相比，传播学的学理建设实在是太薄弱，主观随意、见机而作的行政研究和应用性研究戏份太足，而学理性研究往往欠缺。这是一个非常罕见的，从不考虑自己的"第一哲学"的学科，甚至还以此为荣。

因此，传播学应该打开自己封闭的学科边界，把自己的志业理解为一种方法、一种看待世界的角度。媒介环境学在学科化的进程中已经开始受到传播学学科气质的规训，近年来更是在学科边界的建构上故步自封。媒介环境学的主流学者还把自己当成静态媒介环境的环保主义者，显示出十足的保守主义，不承认媒介的行动性，甚至达不到麦克卢汉媒介思想曾经达到的高度。

朱豆豆：如胡教授所言，该学派应当如何走出传播学的学科之困？还有哪些未知的层面尚待开掘？中国语境下的媒介环境学研究存在哪些不足，或缺失了哪些视野？

刘海龙：相对于传播学的其他学派，目前媒介环境学的引介在何道宽教授这样的翻译大家的大力引介下，已经超出了在西方传播学术研究领域的可见性。目前哲学领域的一些研究尚待进一步挖掘，比如埃里克·哈弗洛克的《柏拉图导论》、法国哲学家艾吕尔的技术社会理论；还有人类学领域对于口语文化的一些研究，比如杰克·古迪关于口语文化的研究。这些成果可能打破了学科界线，成为各个学科的三不管地带。

换言之，一些"经典"之所以在汉语世界被遮蔽，并非说明它们不重要，也不是中国学者没有读到过这些思想，只不过在新闻传播学领域的框架下，国内学者不得不对它们"视而不见"。未来我们应该着力于从翻译、传播、应用等层面来开掘该派本土化的创新之路，从历史及哲学等不同层面深度理解媒介环境学，才有可能拓展更多的研究视野，甚至为国际传播研究提供更多中国方案。

胡翼青：我觉得应当建设更为开放的媒介环境学。在麦克卢汉时代，媒介研究孕育了无限的可能，但今天的媒介环境学，似乎严重缺乏想象力。彼

---

① 彼得斯. 对空言说：传播的观念史 [M].邓建国，译. 上海：上海译文出版社，2017：12.

得斯在这个方面给媒介环境做了很好的榜样，彼得斯在《奇云》中调侃说："麦克卢汉的很多观点今天也站不住脚了，但这不是因为它们在今天已经过时了，而是因为从 20 世纪 60 年代这些观点第一次被提出时就是站不住脚的。但是，一直以来，我们阅读麦克卢汉是为了从他身上获得灵感，而不是严格地推敲他的学术水平。"[①] 彼得斯在书里谈了很多令人费解甚至不必理解的观点，但他关于什么是媒介以及什么是基础设施媒介的观点确实给我们看待传播世界提供了重要的视角。媒介环境学必须向当下的媒介体系开放，大众传播的时代已经结束，媒介环境学需要像德国学派那样在存在论的高度重新理解媒介。

朱豆豆：斯特拉特沿着麦克卢汉的"媒介即讯息"提出了"媒介即是膜"的隐喻："麦克卢汉认为媒介和技术是人类有机体的延伸，但又坚持认为每一个延伸都是一种截除……当我们与环境打交道时，我们既拒绝又选择。我们将之过滤，又将之媒介化。或者我喜欢说，媒介即是膜（膜就是我们）。我们在混沌与秩序的边缘舞蹈，既拥抱又关闭，既伸展又截断，既接受又逃避。""媒介即是膜"的概念颇具将媒介视为中介的意味。因此，他得出"麦克卢汉真正关心的是中介过程，而不是媒介作为一种物的研究"[②] 的结论。各位教授如何看待"媒介即环境"的视角，您认为是否有更好的研究视角取而代之？

刘海龙：媒介即环境是麦克卢汉提出的经典判断，经过波兹曼改造之后，成为媒介环境（生态）学派的核心前提。但是媒介环境学派过于强烈的人本主义立场，以人为中心来考虑问题，媒介总是潜在地被视为一种改造人的工具。这个视角会限制我们对媒介的理解，比如错失了从后人类的、物的角度对媒介加以观照。其实也有不少其他西方学者对此进行过反思，如约克大学的乔迪·伯兰（Jody Berland）教授认为波兹曼 Media Ecology 这一术语的"环境学"隐喻虽然助推了麦克卢汉的研究，但实际上抑制了传播学生态思维的发展。[③]

胡翼青："媒介即环境"在 20 世纪 60 年代被提出来的时候是很有革命性

① 彼得斯. 奇云［M］. 上海：复旦大学出版社，2020：19.

② STRATE L. Korzybski, Luhmann, and McLuhan［J］. Proceedings of the Media Ecology Association, 2010，11：31-42.

③ STEPHENS N. Toward a more substantive Media Ecology：Postman's metaphor versus posthuman futures［J］. International journal of communication，2014，8：19.

的，但它现在是反动的。我在最近发表的《媒介生态学的进路：概念辨析、价值重估与范式重构》一文中指出，"'生态'一词被当作'环境'的同源术语，其结果是，不仅与原生语境切断了联系，失去了原有知识体系的支撑，同时也无法在新的语境中获得发展，丧失了作为一个分析性概念的功能"①。换言之，媒介环境学最大的问题就在于它讨论的是环境而不是生态，波兹曼将媒介理解为静态的环境，梦想将自己变成媒介环保主义者，这就使其不得不与结构功能主义的那帮人共享同一种世界观，而这显然就是对麦克卢汉的背叛。麦克卢汉一生只讲了一次媒介环境学，可见他对这个隐喻背后的意识形态极度不满。然而，当下动态的、不确定性和生成性的媒介怎么可能被理解为一个静态的结构呢，所以如果媒介环境学学者个个都想成为媒介环保主义者，那么他们就会生活在另一个世界中。

三、想象：媒介环境学在中国未来的发展构想

朱豆豆：对于该学派在汉语世界未来的发展，科米尔（Cormier）提出了一个适合媒介环境学发展的植物学隐喻：根状茎（rhizome）。他认为："根茎植物，没有中心，也没有明确的边界，相反，它是由一些半独立的节点组成的，每个节点都能自己生长和扩展，只受其栖息地的限制……根茎状属于一种必须被制造、构建的地图，一种总是可分离、可连接、可逆、可修改的线路，并且有多个入口和自己的飞行线路。"② 两位教授认为这种比喻是否恰当？能否谈谈媒介环境学未来将何去何从？

刘海龙：这一比喻颇为恰当。从某种意义上说，媒介环境学的学术模式容易使知识概念追溯到其最早的根源，从而使后继者在用媒介环境学建构或解读新媒介的社会意义时，容易将其所作的研究合法化，免去了寻求外部知识认同的需要。如人们借用"媒介即人的延伸""传播的偏向""媒介四定律"等媒介环境学经典的观点来观照媒介现实，在不断变化的环境中依据根状茎式的经典论点来创建、延伸新知识，并将这些知识扩散至哲学、语言学、教育学等不同学科或领域。从这一层面来看，该学派在汉语世界的未来发展也必将经历一个从走进传播学到走出传播学的过程。

---

① 胡翼青，李璟. 媒介生态学的进路：概念辨析、价值重估与范式重构 [J]. 新闻大学，2022（9）：1-13，117.

② CORMIER D. Rhizomatic education：community as curriculum [J/OL]. Innovate：Journal of Online Education，2008，4（5）：1-6 [2020-08-03]. https：//core. ac. uk/reader/51073522.

胡翼青：媒介环境学若想具有生命力，必须得发展出一种研究视角，这种视角必须具有媒介性，且可用于透视整个知识界的对象。本来媒介环境学有这个潜力，北美媒介环境学曾经包罗万象，研究者涉及的领域包括语法学、修辞学、符号学、系统论、历史学、哲学、控制论、传播学、艺术、文学，当然还有技术本身。它通过媒介技术的视角反思人和社会在整个西方历史进程中的存在方式。因此，媒介环境学家可以是历史学家、人类学家、文学家，也可以是语义学学家或哲学家。如奥克塔维奥·伊斯拉斯（Octavio Islas）所言，"媒介环境学研究需要语义学、生态学和历史学等复合研究方法"①。这说明，他们曾经有一种独特的看世界的认识论。但近些年来他们在新媒介面前退缩了。他们不想成为技术决定论者，所以不敢直面强大的媒介技术所带来的变革。我一直认为，一切对于技术的反思，其实都是一种真正崇高的人文主义。我不明白是不是在功能主义的浸润下，媒介环境学已经高度常识化和市侩气了。所以，媒介环境学需要直面基础设施媒介，重新让自己从作为学科的媒介环境学，回到作为方法的媒介环境学。

朱豆豆：当下对媒介环境学的研究仍旧只停留在理论描摹和释义阶段，其对宏大及抽象命题的关注皆基于西方的社会历史变迁，研究视角一直与当下微观层面的媒介实践前沿保持着距离。胡教授您也曾批判道，由于"关注作为物种的媒介，关注宏大而空洞的社会文化问题形成了媒介环境学独特的研究气质，导致的结果是该学派离媒介实践的前沿越来越遥远"②。那么想请问各位教授，您认为媒介环境学如何在中国媒介实践中展开应用？或者说，您认为媒介环境学批判性地、具有人文关怀的宏大叙事，在解读中国微观媒介实践的时候应注意什么？

胡翼青：媒介环境学如何在中国本土实践中应用，一直以来都是困扰中国学子的问题。当下媒介环境学一直处于一种引介状态，中国学者多集中于为该学派的合法性进行辩护，似乎媒介环境学矮人一等，不能与实证研究或文化研究处在同一层面，因此必须给它确立第三范式的地位。也许20年前这么做还有点道理，今天就不必多此一举了。媒介环境学的革命意义在于发现了无形无相的媒介，这是一种世界观的颠覆，这意味着我们以往对内容开展

①　ISLAS O, BERNAL J D. Media Ecology: a complex and systemic metadiscipline [J]. Philosophies, 2016, 1: 190-198.

②　胡翼青，王焕超. 媒介理论范式的兴起：基于不同学派的比较 [J]. 现代传播（中国传媒大学学报），2020, 42 (4): 24-30.

的传播研究是一种虚无，是一场游戏一场梦。须知，传播是经由媒介生成的，媒介之外本无传播，对内容的生产和对内容的解读本就不是传播研究分内的工作。发现了媒介的居间性以及各种代理这种居间性的媒介物，我们需要从两个方向去思考问题：一是寻找居间，因为需要从存在论的角度分析媒介的居间具有什么意义和处于什么范畴上；二是寻找代理物，因为不同的代理物会有不同的扩展向的关系组织方式。这就是媒介本体论和媒介认识论。然而媒介环境学日渐严重的结构功能主义视角根本无法胜任这个重任，这就是当代中国媒介学者的使命。当中国学者想从媒介环境学的起点进入传播研究，那么超越和否定当下媒介环境学的保守主义观点和静态的世界观就是开展媒介研究中国化的必然。

刘海龙：是的，目前该学派有点式微，可能范式本身存在着比较大的问题。主要表现在四个方面：①只注重人工技术，忽略身体技艺和非人工物（如彼得斯说的自然）。②环境论本身有一定局限，类似功能主义，预设了和谐稳定等前提，而缺乏冲突论的、存有论的等视角。③长于历史回顾，缺乏对短期冲击的回应；长于描述阐释，缺乏哲学理论上的提升。④基本还是人文主义的视角，缺乏后人类主义的视角。

当下，或许我们应该对这个范式本身进行反思，融入媒介哲学的视角，同时要注意这个理论背后的北美实用主义色彩和美国特定文化、政治、经济制度的关系，增强对媒介环境学的学术想象力，突破简单的学习、介绍，多学习其思维方法，从中国经验中提升理论，与其对话甚至修正其理论。

朱豆豆：感谢各位教授贡献的真知灼见。媒介环境学作为一场"范式革命"，为我们中国新闻传播学领域的研究带来了新概念、新视角。最后想请各位教授谈谈，媒介环境学在社交媒体时代的可能性突破在何处，或者说，在社交媒体时代，我们如何丰富对媒介环境学在未来发展的想象力？

胡翼青：对于朱博士提到的未来发展方向，正如我在《媒介生态学的进路：概念辨析、价值重估与范式重构》一文中所提到的，一是应该从关系的视角去思考问题，重视生态的隐喻在传播研究中的重要性；二是在互联网基础设施时代，互联网基础设施建构时间和空间的逻辑正在变得越来越清晰，捕捉这种媒介逻辑的研究将成为一个热闹非凡的学术领域；三是从生态哲学的角度思考媒介的内涵。因此，媒介研究应打破北美学者划定的框架，勇于冲破旧范式边界，重新吸纳较为成熟的技术生态学观，包括吉布森的技术可供性理论，斯蒂格勒、基特勒和克莱默尔的媒介技术哲学观，马休·富勒的媒介生态学以及北欧学者的媒介化与深度媒介化理论等，为媒介环境学建立新的认识论视角，才有可能激活媒介环境学，才有可能重新建构一种全新的中国"生成性媒介生态学"①。

刘海龙：媒介环境学更多的是给予我们一种研究思维，其思辨性的、具有批判性的、基于历史的长效视野是我们应该借鉴的。如胡教授所言，未来或许应尝试突破媒介环境学"媒介即环境"的固定单一思维，发展媒介环境学的哲学观、"媒介即是膜""媒介即中介"等不同面向的学术脉络，沿着不同路径探索不同媒介环境学人的思想主旨及言说语境，延续其在数字媒介时代的学术脉络，并将之置于媒介实践前沿中，反思该学派在具体应用中的不足并予以及时补缺，并对之在中国的现实语境中加以修正、补充和拓展。

结语

通过此次访谈可以发现，汉语世界的媒介环境学在经典主流历史叙述之外，仍存在着许多被疏漏和遗忘的声音。如在 20 世纪 70 年代以前，麦克卢汉的"地球村"已经成为人们描述万维网最常用的概念之一。然而，在他一系列后期的作品②中，麦克卢汉开始放弃这个术语，转而使用一个看起来只是稍微修改过的词：全球剧场（global theater）。该概念很好地将媒介与"表演""剧场""监视"等概念相结合，是阐释当下社交媒体"表演文化"兴起的有力概念。除了"全球剧场"外，麦克卢汉还提出了"全球膜"（global membrane）这一概念。斯特拉特在此基础上发展了"媒介即是膜"（the medium is the membrane）的说法。③约克大学教授布鲁斯·鲍威（Bruce Powe）甚至用一本书对"全球膜"这一术语做了全新解读。④在他的笔下，该术语道出了当前形势中一些更新的特征。他认为，"全球膜"是从"地球

①　该概念源自《媒介生态学的进路：概念辨析、价值重估与范式重构》一文，作者为胡翼青、李璟。

②　MCLUHAN M，WATSON W. From cliché to archetype ［M］. New York：Viking Press，1970；MCLUHAN M，NEVITT B. Take today：the executive as dropout ［M］. New York：Harcourt Brace Jovanovich，1972；MCLUHAN M. At the moment of sputnik the planet became a global theater in which there are no spectators but only actors ［J］. Journal of communication，1974，24（1）：48-58.

③　STRATE L. Korzybski，Luhmann，and McLuhan ［J］. Proceedings of the Media Ecology Association，2010，11：31-42.

④　POWE B W. The charge in the global membrane ［M］. Seattle：NeoPoesis Press，2019.

村"和"全球剧场"概念向感官、心理转变的一种进化跃迁式的表达：在这个开放的时代，由于数据的极速涌入，世界将我们所知道的连根拔起，带给人类精神困境，造成人类身份危机。从"地球村"到"全球剧场"再到"全球膜"术语的转变，反映着新媒介时期人类不同的生存状态：人类从感官平衡的地球村到人人可参与、被监控的公共剧场，再到数字传播技术之"膜"对人类生活日益加深的吞噬感，这一过程映照着媒介环境学对人类陷入岌岌可危的生存环境的担忧。然而，由于译著的缺失、语境的不适或学术前沿性的不足，我们对麦克卢汉这些概念及其浅隐含义的探索显然受到了影响。此外，哈弗洛克可谓媒介环境学口语与书面理论、记忆理论的开创者，但其口语—文字观、技术与记忆观在中国语境中呈现了某种缺失。

在中国，媒介环境学研究受译者影响较大，新闻传播学中被提及较多的媒介环境学人物是麦克卢汉、波兹曼、翁、洛根、莱文森、梅罗维茨、埃里克·麦克卢汉、斯特拉特、林文刚等现代派学者。但是，其中有太多缺失的人物，许多伟大的媒介环境学者在中国籍籍无名，如约翰·卡尔金（John Culkin）、爱德蒙·卡彭特、路易斯·福斯戴尔（Louis Forsdele）等。他们主要从事幕后或教育工作，导致这些经典的人物及思想在中国语境下被遗漏。正如刘海龙评价传播思想史时所言，"仿佛一切事件都是理所当然处在属于自己的位置，但为何会这样分布，却少有人追究"①。

追踪媒介环境学学者"失踪"的问题是我们面临的重要问题。重新追溯这些"失踪"的经典，绝不是苛求或批评媒介环境学早期的引介者和研究者，而是通过寻根溯源，去反思和清理中国语境下的媒介环境学研究所带来的思想遗产。媒介环境学派在中国的"失踪"现象不仅与早期的诠释者有关，而且与中国的社会语境、文化及学科规训密切相关。如媒介环境学宗教意蕴的消失、古典学者哈弗洛克的消失、媒介环境学关于媒介的"物质性"研究的盲点、学科层面的驯化等都指向了媒介环境学在不同语境中的适应性问题。对于这些"失踪"的作品和学者，正如何道宽教授所言，这并非说明这些学者或其理论不重要，也不是中国学者没有读到过这些思想，只不过在新闻传播学领域的框架下，国内学者不得不对他们"视而不见"。也就是说，在传播学理论的跨文化传播过程中，往往需要置于新闻与传播学的理论框架中去解读、想象他们。因此，会经常看到很多学者或理论被裁减、被降格或消失。

---

① 刘海龙.重访灰色地带：传播研究史的书写与记忆［M］.北京：北京大学出版社，2016：导言.

这便印证了萨义德所说的，理论的旅行总是对变化的社会环境与历史环境的一种回应。① 因此，汉语世界的媒介环境学研究不能摆脱自己的社会语境和历史，必须在此基础上进行。

---

① Traveling theory reconsidered［M］//SAID E W. Reflections on exile and other literary and cultural essays. Cambridge，Mass. ：Harvard University Press，2002：436-452.

后　记

　　媒介是现代世界的镜像，我们需要理解媒介，因为每个人都置身其中。从古希腊到西方现代，媒介环境学关涉的问题很多，围绕这个主题的研究似乎深不见底，它仿佛有种魔力促使人类不断探究，为我们打开了一幅从古到今千姿百态的历史画卷。

　　学术或许意味着克服孤独、抵抗荒芜，该主题的研究工作复杂且困难，足以让任何聪明人望而却步，大约也唯有愚钝如我者，才会选取这一宏大论题进行研究。本书是由我的博士论文修改而来的，经过两年多断断续续的修改后，对部分篇幅进行了扩展，论述的思路和重点也发生了变化。尽管和原稿相比，已经有部分改善，但到现在为止，仍有很多地方不尽如人意，我也迟迟不愿把它交给出版社。但正如一些师友鼓励的那样，任何研究若要追求完美，可能永远无法面世，不如在批评中继续完善。

　　本书能顺利得以出版，首先要深深感谢我的导师殷乐教授支持了我的选题。殷老师是研究社交媒体及建设性新闻、智能技术等方面的领军人物，她的超前思维总能给我诸多启发，引领我在中西新闻传播学边界游走，教给我研究中须有坚定的情感和直接的行动力。我其实更喜欢的是导师的处事态度，她的心态既年轻又平和，从善如流。每每联系她的时候，她多是在路上、交流学术或享受生活。"在路上"是一种学术态度，我虽不能至，但心向往之。

　　这本书的完成离不开殷老师的悉心指导，她提出的问题总是一针见血。回想博士论文开题伊始，殷老师对我做该选题研究有些许担忧，认为论题过大，怕我把握不好，但殷老师考虑到我的研究兴趣，依旧给予了足够的学术支持，并告诉我兴趣会激发热情，这也是对待学术最好的方式。提笔良久，热情冷却，还未开始即明白了殷老师的担忧，我陷入选题过于宏大的困境之中：北美媒介环境学的学术传统，怎是一二十万字的博士论文所能穷尽的？殷老师告诉我应聚焦具体，小问题见真功夫，切记泛泛而谈。这要求我思考问题的方式不能浮于表面，但又不能执拗于每个细节，必须做到有的放矢，且应对媒介环境学有一个整体把握，开创学理性方法，才能做到理论层面的突破。论文最终顺利完成答辩，得到了评阅和答辩小组的认可，但同时也给了我很多启发。针对他们的意见，我一直在修改书稿，很遗憾自身的能力还是有限，没有办法完全达到各位老师的要求。

此刻，坐在家里的书桌前，想想自己之所以能在学术这条道路上前行，多亏了殷老师当年的不嫌弃，把我从跨专业的"门外汉"带进了传播学的殿堂，为我打开了学术的另一扇窗。殷老师对我学业上给予支持，学术上给予指导，她包容着我的无妄，时时刻刻为我着想；她教会我敬畏学术，引领我探索真理，给予我学理上的启迪，打开我的视野和思路，这些都将是我一生的财富。

感谢我人生中的另一位恩师梁虹教授，她也是我学术生涯中的启蒙者和引路人。梁老师专注于中西文化比较、大众传媒、跨文化沟通等方面的研究。她的学术视野一直在引领着我的研究方向。梁老师曾担任我的硕士导师，是她的肯定与支持，使我萌生了读博的想法。她教会我为学为人、怀抱理想。求学路上一路走来，她从未缺席，生活中的点滴烦恼，都可以向她倾诉，她仿佛是我的树洞。在博士论文选题阶段，我在宣传研究和媒介环境学选题之间摇摆不定，这使我焦急万分，梁老师睿智从容地给了我非常关键的建议，这才使我后来与媒介环境学结缘。梁老师在课堂上对媒介环境学的渗透潜移默化影响了我，她对该学派的独到见解或许早已在我心里埋下了根，直到后来回望这段历程时才发现。此时此刻，在英国出差的梁老师与我相隔万里，圣道思教、亲恩绵长，能跟随梁老师进入学术殿堂，是我一生的荣幸。

感谢何道宽教授，作为媒介环境学在国内的引介人，本书的完成离不开他对我的所有支持。面对我的电话和邮件采访，何老师总是会在百忙中及时耐心回复我，每每回复都为我提供诸多灵感；他也会及时帮我纠偏，启发我对诸多问题的更多思考。何老师一直在潜心助力媒介环境学研究的后辈力量，从我接触何老师那一刻起，他对我的引领就从未间断。他不计名利提携后辈，一生都在埋头工作，是他让我彻底明白了"脚踏实地"的真正含义，他将会是我一生的榜样。

感谢刘海龙教授、胡翼青教授能在百忙中接受我的采访，同时抽出宝贵的时间为我答疑解惑，我想，两位学者之所以能深受后辈学者的喜爱，正是源于他们对后辈无私奉献的精神。他们的言传身教也告诉我，作为一名教师，在今后也一定要像他们一样，积极主动地为学生答疑解惑，提高自己的思想觉悟。

感谢林文刚教授对我的跨洋指导，他的著作以北美学者的视角给我诸多启发。感谢陈力丹教授、邵培仁教授、陈卫星教授，作为媒介研究的领航人物，他们在不同研究内容层面提供了珍贵的一手资料和极有价值的研究经验，帮助我丰富、完善了本书的整体思路和研究高度。

感谢北京物资学院外语学院各位领导、老师、朋友和同学的大力支持，他们的热情和帮助让我感受到了这个大家庭的温暖，给了我研究和写作的动力。感谢首都经济贸易大学出版社的编辑，她们的辛勤工作对这本书的如期出版起到了关键作用。

感谢我的爱人戴广飞。开始写作这本书时女儿才两岁。他不仅一如既往地支持我的选择，还无怨无悔、任劳任怨地帮我分担了很多家务，在我最沮丧时鼓励我，遇到学术难题时开导我。我们虽处于不同领域，但他似乎无所不知，不论是学术还是生活中的困扰，他总能及时洞察我内心的担忧，鞭辟入里地帮我解开心中的困惑。感谢我的爸爸、妈妈、公公、婆婆，没有他们帮我分担照顾孩子的重任，我不可能如期完成学业，继而找到自己从小梦想的教职工作。我的女儿戴奕安永远是我的自豪和骄傲，她是一个懂事的乖孩子，知道我不能陪她是因为"妈妈要写论文"。感谢我的姐姐们，她们是我求学路上以及未来道路上的坚强后盾，在我面临人生选择的迷茫之际，是她们以无私的关爱和支持，激励我不断前进。

朱豆豆

2022 年 9 月 1 日午夜